아저씨도 읽는

아줌마
인문학

아저씨도 읽는

아줌마
인문학

초판 1쇄 발행 2022년 9월 15일

지 은 이 김도운
발 행 인 권선복
편   집 권보송
디 자 인 김소영
전 자 책 서보미
발 행 처 도서출판 행복에너지
출판등록 제315-2011-000035호
주   소 (07679) 서울특별시 강서구 화곡로 232
전   화 0505-666-5555
팩   스 0303-0799-1560
홈페이지 www.happybook.or.kr
이 메 일 ksbdata@daum.net

값 18,000원
ISBN 979-11-92486-20-8 (03100)

도서출판 행복에너지는 독자 여러분의 아이디어와 원고 투고를 기다립니다. 책으로 만들기를
원하는 콘텐츠가 있으신 분은 이메일이나 홈페이지를 통해 간단한 기획서와 기획의도, 연락
처 등을 보내주십시오. 행복에너지의 문은 언제나 활짝 열려 있습니다.

아저씨도 읽는

아줌마
인문학

김도운 지음

도서
출판 행복에너지

국가 경제와 국민의 의식 수준이 낮은 단계에서는 정치학이나 법학, 행정학과 같은 법정계열 학문이 주목받는다고 한다. 그러다가 일정 수준에 오르면 경제학과 경영학 등 상경계열 학문이 관심의 대상이 된다고 한다. 그 단계를 뛰어넘으면 철학과 문학, 심리학 등 인문계열에 대한 국민적 관심이 높아진다고 한다. 대한민국이 걸어온 길을 되돌아보면 이러한 주장은 설득력을 얻는다. 법과 권력에 관심을 두던 국민은 어느샌가 돈과 건강 등 풍요로운 삶으로 관심을 옮겨갔다. 그러더니 이제는 인간의 내재적 욕구인 진·선·미(眞·善·美)의 가치에 관심이 매우 커졌다. 그 때문인지 2010년대 이후 인문학에 대한 국민적 관심이 커지고 있다. 그저 단순히 관심이 커지고 있는 수준을 넘어서 대유행이라 할 정도이다. 인문학 관련 서적의 판매가 증가하고 유명 인문학 강사가 인기몰이해 많은 강연이 각종 매체를 통해 인문학 강연이 쏟아진다.

    먹고사는 일과는 무관한 학문이라고 외면받고 다수 국민의 관심 대상에서 멀찌감치 떨어져 있던 인문학이 서서히 국민 곁으로 다가오고 있다. 한 마디로 이제 먹고살 만해서 '나'라는 존재에 대해 스스로 생각해볼 마음의 여유가 생긴 것이다. 다수의 국민은 인문학을 통해 자신의 정체성을 확인하고 싶어 하고, 자신이 합당한 방향으로 인생을 잘 헤쳐나가고 있는가에 대해 생각하고자 한다. 인문학이 주목받는 현상은 이런 고상한 이유만으로 해석하기엔 무리가 있다. 좀 더 솔직히 하자면 다양한 인문학적 지식을 기반으로 한층 품격 있는 삶을 살고 싶어 하는 욕구가 발현된 것이라 할 수 있다. 먹고사는 문제를 해결하고 나면 인간은 누구랄 것 없이 품위와 교양을 갖고 싶어 한다. 남들 앞에서 지적으로 충만해 있음을 과시하고 싶어 하고, 세련되고 교양 있는 언어를 구사하고 싶은 욕망도 갖는다. 기품 있는 삶의 모습을 드러내 보이고 싶어 한다. 이것은 지극히 자연스러운 인간의 욕구이다.

그래서 인문학과 관련된 책도 사서 읽어보고, 명사들의 강연도 열심히 경청해본다. 그러나 처음부터 그 내용이 머릿속으로 차곡차곡 정리되지 않는다. 책이나 강연이 주는 메시지가 단편적으로는 접수되지만, 통시적으로 받아들여지지 않는다. 조각조각의 그림만 보일 뿐 멀찌감치에서 바라보는 전체의 큰 그림이 보이지 않는다. 그럴수록 뭔가 해결되고 뻥 뚫리는 기분이 들기보다는 오히려 미궁 속으로 빠져들어 가는 듯한 답답함을 느끼게 된다. 포기하고 싶은 마음도 생긴다. 그것은 단연코 인문학의 기반 지식이 허약하고 조각난 지식을 꿰맞출 통시적 안목이 없기 때문이다. 또한, 인문학에서 통상적으로 사용하는 어휘가 빈곤하기 때문이다.

무슨 내용인지 못 알아들으면 재미가 없는 것은 당연하다. 뭔가 내 귀에 들리기 시작해야 비로소 재미를 느낄 수 있다.

생활 속 인문학을 공부하기 위한 기본서를 만들고 싶다는 생각에 이 책의 집필을 결심했다. 인문학을 공부하고 싶은데 기본지식이 취약해 책을 읽어도 정리가 안 되고, 강연을 들어도 이해가 안 되는 이들을 위해 만든 책이다. 적어도 이 정도만 알고 있으면 어떤 책을 읽어도, 어떤 강연을 들어도 이해하지 못해 답답함을 느끼는 일이 없도록 해주겠다는 알량한 목표의식을 갖고 집필을 시작했다. 물론 바다와 같이 넓은 인문학을 이해하는데 달랑 한 권의 책으로 얼마나 충실한 기본서 역할을 할까마는 나름 많은 인문교양서를 읽고, 많은 인문 강의를 접하기도 하고, 직접 강연을 한 경험을 바탕으로 인문학을 접하고자 할 때 기본적으로 알아두어야 할 것에 대해 정리해 보았다. 물론 저자인 나의 기준이다.

제목은 한참 생각해서 '아저씨도 읽는 아줌마 인문학'으로 결정했다. 아줌마는 이 시대의 가장 보편적인 사람을 지칭한다. 꼭 꼬집어 사전적 의미로서의 아줌마를 지목한 것은 아니다. 그러니 학생도, 아저씨도, 어르신도 볼 수 있는 책이다. 가장 보편적인 집단인 아줌마의 눈높이에 맞춰 인문학을 공부하고자 하는 데 꼭 필요한 부분을 정리했다. 전혀 어렵지 않은 일상의 언어를 사용해 집필했다. 단편적 지식에 집착하지 않고 큰 그림을 볼 수 있는 이해력을 높여주는 쪽으로 글을 엮었다. 새가 하늘에서 본 그림이란 뜻의 조감도(鳥瞰圖)와 같은 인문학 입문 지침서를 만드는 데 주력했다. 어디에서 누굴 만나든 역사와 철학을 주제로 이야기 나눌 수 있는 대한민국을 머릿속에 상상하며 집필하는 내내 흐뭇했다.

재주와 지식이 부족하고 내세울 만한 이력도 없는 촌사람이 원고를 완성해 무작정 내밀었지만, 손색없는 편집과 디자인 솜씨를 발휘해 그럴듯한 책으로 만들어주신 도서출판 행복에너지 권선복 대표님께 진심으로 감사드린다. 내게 많은 인문학적 관심을 불러일으켜 주고 시시때때로 역사와 문학, 철학사상에 관해 이야기를 나눠주신 많은 주변인에게 감사드린다. 물질적 풍요를 누리지 못하고 살았다. 그렇지만 인문학 속에서 살았기 때문에 절대 초라하지 않았다. 인문학을 통해 배운 '검이불루 화이불치(儉而不陋 華而不侈)'를 실천하며 산 인생은 후회스럽지 않다. 아무쪼록 이 책이 필부필부가 인문학에 눈을 뜨게 하는 구실을 충실히 해주었으면 좋겠다.

2022년 성하

유성거사 **김도운**

제
1
장

총
체
론

01

인문학人文學은
무엇인가

지구상의 수많은 동물 가운데 오직 인간만이 갖는 특징이 꽤 많다. 인간만이 가지는 독특한 특징 가운데 가장 두드러진 것은 무엇인가를 알고 싶어 하고 탐구하고자 하는 본능이다. 인간은 다른 동물과 마찬가지로 식욕, 수면욕, 성욕 등 기본적 욕구가 있다. 거기에 더해 인간은 새로운 사실을 알고 싶어 하고, 그것을 축적하고 싶어 하는 욕구도 가지고 있다. 그래서 인간은 더 효율적으로 지식을 저장하고 전달하기 위해 언어와 문자를 만들었고, 언어와 문자는 인류의 발전을 가속화했다. 인간이 알고 싶어 하는 대상은 많았다. 인간이 알고 싶어 하는 수많은 대상을 압축하면 인간과 자연이라고 할 수 있다.

인간은 인간 스스로에 대해 몹시 궁금해하고 알고 싶어 한다. 물론 자연의 오묘한 법칙에도 관심이 많다. 인문학은 인간이 인간에 관해 탐구하고 궁금증을 풀어가는 학문 분야라고 할 수 있다. 인간의 사상 및 문화는 인문학의 대상이 된다. 인간이 영원히

풀지 못하고 있는 근원적인 문제, 즉 '어디에서 와서 어디로 가는 가?', '어떻게 사는 게 잘사는 것인가?' 등에 관해 탐구하는 것도 인문학의 본질이다. 그래서 인문학은 뚜렷한 답이 없는 학문이기 도 하다. 인문학은 인간이 가진 사고능력, 언어능력을 기반으로 한다. 그래서 비판적이면서 분석적 특성을 갖는다. 인문학은 인간 학이라 할 수 있다.

인간은 사회적 동물이어서 혼자 살지 않고 집단생활을 한다. 즉 사회를 이루며 그 속에서 생활한다. 그러다 보니 사회생활이 원활 하게 이루어지도록 하기 위한 체계와 규율이 필요하게 됐다. 법과 질서, 국가와 통치, 권리와 의무 등이 필요했다. 그래서 인간은 그 러한 것들을 만들었다. 인간 개개인의 문제가 아닌 집단을 이루어 사는 인간사회의 질서와 법칙이 속속 생겨났다. 그래서 개인으로 서의 인간이 아닌 집단으로서의 인간에 대한 궁금증을 갖게 됐다. 집단을 이루며 조화롭게 살아가는 인간의 습성에 관해 탐구하는 학문을 사회학이라고 한다. 개인으로서의 인간을 탐구하는 인문 학과 구별되는 점이다.

인간의 의식이나 생활방식은 시간과 공간에 따라 주어진 환경 마다 다르게 나타난다. 그 시대 그 사회에 살던 사람은 그런 생각 을 가질 수밖에 없고, 그런 문화를 구축할 수밖에 없던 필연적 이 유를 갖는다. 그래서 문화는 시간과 공간에 따라 다양하게 나타날 수밖에 없다. 흔히 문화에는 우열과 선후가 없다고 한다. 그것은 당연하다. 인문학의 출발은 바로 그런 것이다. 그 시절, 그 지역 에 살았던 사람들이 왜 그런 의식을 가졌고, 그런 행동을 할 수밖에 없었는지 마음으로 이해해야 한다. 지금 내가 처한 시간 및 공간 상황과 환경만으로 모든 현상을 이해하려 든다면 인문학에 접근할 수 없다.

그래서 인문학을 시작하려면 역사와 철학을 알아야 한다. 또한, 문학과 예술을 이해해야 한다. 역사, 철학, 문학, 예술 자체가 인문학이기도 하지만, 그보다는 그 안에 녹아있는 시대정신을 이해하는 것이 진정한 인문학이다. 그렇다고 인문학이 꼭 과거를 지향하는 것은 아니다. 현시대를 사는 바로 우리가 왜 이렇게 살고 있는지 알기 위해 노력하는 것도 적극적인 인문학 공부이다. 인문학은 사람의 표면이 아닌 내면을 살피는 학문이다. 인간이 가장 관심을 두는 대상은 역시나 인간이다. 그래서 인문학은 인간에 대해 애정을 갖는 데서 출발한다. 인간을 사랑하는 마음이 없다면 인문학은 어렵기 그지없고 재미도 없는 그런 학문이 될 것이다. 모든 인간을 나 자신처럼 사랑하는 마음으로 인문학 공부를 시작해야 한다.

02

문·사·철文·史·哲은 무엇인가

흔히들 인문학이 무엇이냐고 물으면 '문·사·철(文·史·哲)'이라고 대답한다. 문·사·철이란 문학, 사학, 철학을 일컫는 말이다. 맞는 말이다. 문·사·철 모두 인문학의 영역이고, 그중에도 핵심 요체이다. 문학은 문자를 통해 사람의 감정을 표현해 기록한 것이다. 시, 수필, 소설, 희곡 등의 글은 모두 인간의 감정을 기록한 글들이다. 인간이 어떻게 얼마나 기뻐하고 슬퍼하는지, 어떻게 얼마나 사랑하고 미워하는지 글로 표현하는 것이 문학이다. 문학은 동감을 통해 감동을 전달하는 데 목적을 둔다. 시는 가장 함축적이고 정제된 언어로 감정을 전달하기 때문에 문학의 꽃이라고 평가한다. 수필, 소설, 희곡으로 가면서 점차 구체화 되고 그런 만큼 원고량이 는다.

사학은 역사를 일컫는다. 인간이 남긴 발자취를 더듬어 그들을 이해하고, 그 당시 그들의 그런 행동이 오늘날의 우리에게 어떤 영향을 끼쳤는지 생각해보는 것이 역사이다. 그래서 역사는 현재의 거울이라고 표현한다. 역사를 알지 못하면 오늘날의 나와 우리를 돌이켜볼 수 없다. 역사에 관한 관심과 탐구 자세는 인문학을 이해하는데 가장 우선시 돼야 할 선행조건이다. 역사를 이해하지 못하고서는 철학과 문학 무엇도 이해할 수 없다. 역사적 배경에 의해, 또는 당대에 출현한 선각자에 의해 철학이 생겨나고, 그 배경 위에서 문학작품이 집필된다. 예술작품도 마찬가지이다. 역사는 문·사·철 가운데도 첫째이다. 역사를 이해하지 못하면 철학과 문학을 이해할 수 없다.

철학은 인간의 사유방식을 탐구하는 학문이다. 인간이라면 누구나 늘 생각을 하면서 살고, 그 생각은 행동을 결정짓게 한다. 같은 시대 같은 공간에서 살아간 사람들은 비슷한 환경의 영향을 받은 까닭에 비슷한 사고를 한다. 물론 같은 시대, 같은 공간에서 산 사람도 전혀 다른 사유체계를 갖기도 한다. 인간의 사고는 폭넓고 다양해서 똑같은 생각을 하고 사는 사람은 없다. 다만 비슷한 사고를 하는 사람들의 부류는 얼마든지 있을 수 있다. 비슷한 사유체계를 갖는 사람들은 학파를 형성하게 되고, 학파를 통해 철학은 발전한다. 학파나 학단을 통해 구축되는 철학은 삶과 죽음에 대한 나름의 생각을 밝히게 되고, 그것이 종교로 발전한다. 그래서 철학의 줄기를 이해하려면 종교의 역사를 알아야 한다. 각 종교의 특성과 교리를 이해해야 한다.

문학도, 사학도, 철학도 인간이기 때문에 존재하는 것이고 탐구의 대상도 역시 인간이다. 인간과 대치되는 신을 탐구의 대상으로 삼기도 하지만, 신 역시 인간의 사유 속에서 존재하는 대상이라는 점을 생각하면 종착점은 인간으로 다다른다. 문·사·철은 각기 다른 영역이고 어떠한 유기적 연관성이 없어 보이지만 실상은 하나인 듯 셋이고, 셋인 듯 하나다. 문·사·철은 맞물려 가는 톱니바퀴이다. 역사나 철학을 모르고 문학을 공부한다는 것은 불가하다. 철학을 공부하면서 역사와 문학에 벽을 친다는 것도 불가하다. 물론 역사를 공부하면서 철학과 문학을 외면하는 일도 불가하다. 문·사·철은 맞물려 있어서 함께 공부해야 한다. 따로 공부하면 이해가 안 된다.

2000년대 이후 대한민국에 인문학 열풍이 불고 있다. 그래서 너나없이 인문학에 관심을 두고 공부 좀 해보겠다고 나서지만, 만만치 않다. 그것은 문·사·철을 따로 보려는 시각에서 비롯된다. 문학 전공자이니 문학만 공부하겠다는 마음가짐을 갖는다면, 출발부터 삐걱거리게 된다. 철학도 역사도 사정은 같다. 하나도 힘든데 세 가지를 함께 공부하려니, 힘들게 느껴지는 것은 당연하다. 책을 읽어도 강연을 들어도 들은 내용이 꿰맞춰 지지 않는다. 그러나 그 단계를 넘어서면 주르륵 풀린다. 곡물을 담은 종이 포대의 상단에 실로 박음질한 부분에서 실마리를 잘 찾아서 잡아당기면 경쾌하게 풀리듯이 그렇게 풀린다. 그러니 인문학을 공부하려면 문·사·철에 두루 관심을 두고 폭넓게 공부하고자 하는 마음을 먹어야 한다.

불과 수 세기 전만 해도 학문의 범위는 그리 넓지 않았다. 조선시대를 예로 든다면 유교 경전을 줄줄이 외우고 시문집을 폭넓게 읽고 그를 바탕으로 시를 지을 수 있게 하는 것이 학문의 주류였다. 대단히 간단한 공부방식 같지만, 여기에 문·사·철이 모두 녹아있다. 현대인처럼 다양한 경험을 할 수도 없었고, 자료도 턱없이 부족했을 텐데 선비들은 무지하지 않았다. 현대인과 맞짱 토론을 해도 절대 뒤지지 않을 풍부한 식견을 갖고 있었다. 그들이 문·사·철을 아우르며 학문에 임했기 때문이다. 문·사·철을 공부하다 보면 자신도 모르는 사이에 자연계열 관련 지식도 축적된다. 그러니 문·사·철의 톱니바퀴는 오묘하기 짝이 없다. 시작이 어렵지만, 문·사·철을 함께 공부하면 어느 날 눈이 번뜩 떠지는 느낌이 온다. 그때부터 인문학은 세상에서 가장 재미있는 학문이 된다.

진·선·미眞·善·美는 무엇인가

진·선·미라는 말을 들으면 대개의 사람은 미스코리아대회를 떠올리고 1·2·3등을 떠올린다. 지난 1957년 제1회 대회를 시작으로 지속하고 있는 미인선발대회에서 1위 수상자를 진(眞), 2위 수상자를 선(善), 3위 수상자를 미(美)라는 품(品)과 격(格)으로 칭하였기 때문이다. 모 신문사의 주최로 시작된 이 대회는 한동안 전 국민에게 지대한 관심을 받았고 대단히 인기가 좋았다. 지난 2001년까지 대회의 전 과정이 TV를 통해 생중계했고, 각 언론매체가 대회와 관련한 보도를 쏟아냈다. 매년 치러지는 이 대회는 꽤 오랜 세월 국민의 관심사였던 것이 분명하다.

그러나 여성을 상품화할 뿐 아니라 사람의 타고난 미모를 서열화하고 순위를 매기는 것에 대한 비판의식이 제기되고, 여성계의 힐난이 이어지면서 공중파 방송을 통해 중계되는 일이 사라지게 됐고, 그 후 국민적 관심이 축소됐고 인기도 하락했다. 더욱이 출전자가 나이나 학력, 경력 등을 속이고 출전하는 일이 빈발하며 지탄받았고, 관계자들이 시상을 미끼로 뇌물을 수수하는 사건이 적발돼 처벌되는가 하면 채점 오류 사태가 벌어지기도 했다. 이러한 이유로 미스코리아 선발대회는 국민의 관심에서 멀어져갔다. 수상자로 선발된 여성이 화려하게 연예계로 진출하는 일도 사라지기 시작했다.

굳이 미스코리아 선발대회를 여기서 운운한 것은 진·선·미에 대한 인식 때문이다. 미스코리아대회가 오랜 세월 인기를 누리면서 다수의 국민은 진·선·미가 각각 1·2·3위를 나타내는 서열이나 등급으로 오인하게 됐다. 즉, 진은 선보다, 선은 미보다 우위의 개념으로 인식하게 됐다는 것이다. 진·선·미라는 말을 들으면 너나없이 미스코리아와 1·2·3위를 떠올리게 했으니, 미인대회의 영향력은 실로 대단했다. 대략 1980년대 이전 출생자라면 대개 비슷한 입장일 것이다. 이런 이유로 부정한 정권은 미인대회를 비롯한 연예와 스포츠 분야를 통해 국민을 정치로부터 멀어지게 하는 우민화 정책을 펼쳤다. 미인대회는 가장 대표적 우민화 정책의 표본이라고 할 수 있다.

미인대회의 서열이라는 허상을 벗기고 진·선·미의 의미에 대해 골똘히 생각해보면 인간이 추구하고자 하는 가장 본질적인 대상이 바로 진·선·미임을 깨닫게 된다. 다시 말해 인문학을 통해 인간이 얻고자 하는 궁극적 목표는 진·선·미가 된다. 모든 인간은 진실을 갈구한다. 무엇이 진실이고 무엇이 허위인지 가리고 싶어 하고, 참되게 사는 삶이란 무엇인가에 관해 관심을 둔다. 목적 없이 허투루 살기보다는 진실을 좇는 의미 있는 삶을 살고자 한다. 또한, 인간은 어떻게 사는 것이 선한 삶인지에 대해서도 늘 관심을 둔다. 착한 삶을 추구하고 좋은 것, 높은 것이 무엇인지에 대해서도 답을 찾고자 한다. 이쁜 아니라 진정한 아름다움이란 무엇인가에 대해서도 꾸준히 탐색하고 가치를 찾으려 한다. 모든 인간은 아름다움에 대해 관심이 많다. 이 또한 다른 생명체와 구분되는 인간의 특성이다.

진실하고, 선하고, 아름다운 것에 관심을 두고 삶 속에서 언제나 그것을 갈구하는 것은 인간의 본성이다. 인간이 진·선·미를 추구하고자 하는 본성에서 인문학은 탄생했다. 그래서 인문학은 늘 '왜?'라는 의문을 동반한다. 물론 자연과학도 '왜?'라는 의문을 동반하기는 마찬가지이다. 다만 자연과학이 자연에 대해 '왜?'라는 의문을 두는 데 반해 인문학은 인간에 대해 '왜?'라는 의문을 둔다. 인문학은 인간의 본성을 탐구해 인간이 진정 추구하고자 하는 바가 무엇인지 밝히고자 하는 학문이다. 그러니 자연스럽게 진·선·미에 집중한다. 인간은 누구랄 것 없이 진·선·미를 추구하고자 하는 본성을 갖고 있기 때문이다.

고대나 중세의 인간도 그러했고, 근대나 현대의 인간도 그러하고 모두 진·선·미를 추구한다. 고대 이전의 수많은 인류도 마찬가지였을 것이다. 진·선·미를 추구하고자 하는 인간의 본성은 공간도 초월해 동양인이든 서양인이든, 적도 지역에 거주하는 흑인이든 극지에 거주하는 에스키모이든 모두 같다. 문명인은 진·선·미를 추구하지만, 비 문명인은 그렇지 않다고 생각한다면 그 또한 대단한 편견이고 오해이다. 모든 인간은 진실과 선함, 아름다움을 동경하고 그것을 쫓는다. 그래서 인류가 지속하는 동안 인문학은 인류와 함께한 것이다. 진·선·미가 인간이 추구하는 가장 본질적 대상이란 사실을 알아야 인문학을 이해할 수 있고 인문학에 발을 내디딜 수 있다.

사람과
자연

   세상의 중심은 인간이다. 헤아릴 수 없이 많은 생명체가 있고, 무생물도 열거할 수 없이 많지만, 그 중심에는 인간이 있다. 인간이 세상의 중심에서 잠시 벗어나 있던 시절도 있었다. 신이 세상의 중심에 들어와 인간이 주변으로 밀려나 있던 중세 유럽이 그 사례라고 할 수 있다. 하지만 인간은 이내 제자리를 찾아 세상의 중심으로 복귀했다. 르네상스라는 인간성 회복 운동을 통해 신에 집중돼 있던 인간의 관심을 인간 자신에게 돌리는 데 성공했다. 중세 유럽 외에도 인간이 세상의 중심에서 벗어나 있던 사례는 있지만 오래가지는 않았다. 인간은 잠시 방황했다가도 언제나 제자리로 돌아와 세상의 중심을 지켰다. 그래서 세상은 모든 것이 인간중심일 수밖에 없다.

   인간의 시각으로 세상을 바라보면 세상은 둘로 나뉜다. 인간과 인간이 아닌 모든 것. 이 같은 이분법은 인간의 탐구 영역을 가르마 타게 했다. 인간이 인간에 관해 관심을 두고 탐구하는 영역을

'인문학' 또는 '인문과학'이라고 지칭한다. 생명체와 무생물체를 망라해 인간 이외의 모든 것을 자연이라고 칭한다. 인간 이외의 그 모든 것에 대해 습성을 탐구하고 본질을 이해하려고 하는 학문 분야를 '자연과학'이라고 부른다. 그래서 세상에 헤아릴 수 없이 많은 학문이 존재하는 가운데 절반은 인간에 관해 탐구하는 학문이 차지하고 있다. 그만큼 인간은 오묘한 존재이고 알 수 없는 존재이다. 또한, 우리가 알아야 하는 존재이다.

사실 따지고 보면 사람도 자연 중 일부라고 할 수 있다. 인간도 한낱 지구상에 존재하는 하나의 생명체에 불과하다. 그런데도 인간은 세상을 지배하고 있고, 언제나 세상의 중심에 서 있다. 인간을 하나의 생명체로 보고 물질적으로 분석해 탐구하는 의학의 경우, 인간을 대상으로 하는 학문임에도 인문학의 분류에 포함되지 않는다. 그저 인간을 자연 속에 존재하는 하나의 생명체로 파악하고 그 관점에서 탐구하기 때문이다. 즉, 인문학은 인간만이 갖는 특성을 그 연구의 대상으로 삼는다. 그래서 인문학이 갖는 인간에 대한 가장 큰 관심의 대상은 '이성'과 '감정'이다.

지구상의 생명체 가운데 오직 인간만이 갖고 있다는 이성은 인문학의 가장 큰 관심거리이다. 이성은 인간을 인간이게끔 하는 가장 큰 특징이다. 인간은 이성을 가졌기 때문에 행복하고 또한 불행하다. 감정은 인간을 포함한 모든 동물이 갖는 특성이다. 인간도 감정을 가진 것은 분명하다. 그렇지만 인간은 감정을 표출할 때조차 이성의 지배를 받는다. 다른 어떤 동물과도 비교되는 독특한 감정표출법을 갖고 있다. 그 또한 인문학의 중요한 연구 포인

트다. 인간에 관한 연구는 인류역사가 시작되면서부터 시작됐지만, 그 연구는 여전히 진행 중이다. 인간에 관한 인간의 연구는 인류의 종말 때까지 지속할 것이다.

자연 속에 존재하는 무수한 생명체 가운데 하나인 인간은 자연 앞에 무기력한 존재에 불과하다. 하지만 인간은 자연을 극복하기 위해 부단히 노력했고, 지금도 그 노력은 계속되고 있다. 인간은 자연을 극복하려 하는 만큼 인간 스스로에 대해서도 한계를 극복하고자 하는 욕심을 갖는다. 욕심은 욕심일 뿐 인간의 유한한 존재일 수밖에 없다. 인간이 얼마나 무력한 존재이고, 한계를 가진 존재인지 깨닫게 해주는 학문이 바로 인문학이다. 자연과학은 인간에게 도전을 주문하지만, 인문학은 인간에게 겸손과 자각을 주문한다. 인간이 나이가 들수록 인문학에 관심을 두는 것은 바로 이런 이유 때문이다. 인문학은 깨달음을 주는 학문이다. 그래서 인문학을 공부하면 겸손해지고 품격이 올라간다.

일원론과
이원론

인문학을 공부하고자 한다면 일원론과 이원론에 대해 이해하는 일이 필수적이다. 일원론과 이원론의 대립은 가장 오래 이어진 기본적인 논쟁거리라고 할 수 있다. 하지만 논쟁이라고 단정할 필요가 없다. 어차피 세상을 어떻게 인식하고 어떤 관점에서 바라볼 것인가의 차이일 뿐, 무엇이 정답이고 무엇이 오답이라는 구분을 짓는 것 자체가 무리이다. 언제부터인가 이원론적 사고에 익숙해진 인간들은 흑과 백, 명과 암, 음과 양 등 뭔가 대립적인 관계로 분리해서 설명해주어야 쉽게 이해하는 버릇이 생겼다. 사실 일원론적 관점에서 보면 흑과 백이 하나이고, 명과 암이 하나이고, 음과 양이 하나이다. 다만 대개의 인간은 인식의 한계를 갖기 때문에 그들의 이해를 돕기 위해 대칭되는 개념으로 구분해 설명하려는 것뿐이다.

일원론과 이원론을 두고 견해를 달리하는 대립 중 가장 본질적이면서 가장 해묵은 논쟁은 인간의 정신과 육체가 유기적인 하나인가 혹은 따로따로인 둘인가의 문제이다. 이 문제는 철학과 과학, 신학에 이르기까지 갑론을박이 이어지고 있다. 일원론적 시각에 의하면 뇌라는 육체적 기관이 인간의 정신 영역을 담당하고 있다. 이는 정신과 육체가 하나임을 증명하는 것이라고 주장한다. 반면 이원론자는 정신과정을 인식하고 통제하는 그 무엇을 의식이라고 규정하고 의식은 정신과정과 별개의 것이라고 주장한다. 의식은 '자신이 알고 있다.'라는 사실을 '아는 것'이라고 할 수 있다. 동물이나 인공지능의 경우, 외부 정보를 받아들여 느끼고 생각하고 행동하지만, 자신이 느끼고 생각하고 행동한다는 사실을 알지 못한다. 이는 정신과 육체가 달리 존재한다는 이원론적 주장의 근거가 된다.

이 또한 명확히 구별 지을 수 없지만, 일반적으로 동양인은 일원론적 세계관을 갖는 데 반해 서양인은 이원론적 세계관을 갖는다. 동양인은 신과 인간이 하나의 개념이다. 하늘이 사람이고 사람이 곧 하늘이다. 자연과 인간의 관계도 그러하다. 인간은 자연이고, 자연은 인간이다. 하지만 서양인은 철저한 이분법적 사고를 갖는다. 신과 인간은 엄격한 종속의 관계이며, 자연과 인간도 정확히 경계를 구분한다. 학문을 인문분야와 자연 분야로 양분하는 것도 서양식 전통에서 기인한 것이다. 동양인은 '사람이 곧 하늘(人乃天)'이라고 생각한다. 자연과 인간도 하나로 보아 물아일체(物我一體)의 개념을 갖고 산다. 반면 서양인은 신이 상부, 인간이 하부를 형성하고 있고 양자 간에는 절대 넘나들지 못하는 선을 그어놓았다. 자연을 바라보는 시각도 인간이 극복해야 할 대상이라고 여

길 뿐, 자연과 인간은 하나가 아니다.

정치에서도 일원론과 이원론의 차이는 존재한다. 백성, 시민, 국민, 주민이라고 시대에 따라 달리 불리는 민초를 바라보는 시각도 일원론적 시각과 이원론적 시각은 차이를 보인다. 동양인은 정치에서 민주(民主)라는 개념보다 민본(民本)이라는 개념을 주로 사용했다. 언뜻 들으면 민주주의와 민본주의는 같은 말처럼 들릴 수 있지만, 엄연한 차이가 존재한다. 민주란, 백성이 주인 됨을 의미한다. 주인이란 객의 상대적 개념이다. 주인과 객은 엄연히 구분돼있는 존재이다. 하지만 민본이란 백성이 근본이 되는 정치사상이다. 근본은 뿌리를 의미한다. 즉 통치자와 백성은 주인과 객의 분리된 개념이 아니라, 뿌리와 줄기로 구분되지만 결국은 한 몸임을 의미한다. 그래서 우리는 서구에서 민주주의란 개념이 유입되기 전까지 민본주의라는 말을 사용했다.

일원론은 존재하는 모든 것은 단일한 실체나 물질로 설명할 수 있다는 철학적 시각이다. 선과 악이 하나이고, 음과 양이 하나이다. 이분법적 사고에 길든 현대인은 쉽게 받아들이기 어려운 사유방식이다. 불가의 고승이나 도가적 사상을 갖는 사상가가 나누는 대화가 선문답(禪問答)[1]으로 들리는 것은, 그만큼 이분법적 사고에 익숙해 있다는 방증이기도 하다. 서양에도 일원론적 관점으로 세상을 바라본 철학자는 많다. 만물의 근원을 물에서 찾으려 했던 탈레스 등이 대표적 일원론적 철학자로 할 수 있다. 이원론은 두 개의 독립적 원리가 서로 대립하고 투쟁한다는 의식을 기본으로 깔고 있다. 빛과 어둠, 정신과 물질, 영혼과 물체 등과 같이 만물을 양립하는 개념의 대립으로 이해하려는 철학적 사유방식이다. 일원론과 이원론을 분리하는 것도 실상 이분법적 사고에 기인한다. 일원론과 이원론이 결국 하나라는 시각은 일원론적 시각이다. 이원론의 곤란을 극복하는 방편으로 다원론적 시각이 존재하기도 한다.

06

유일신교와
다신교

    종교 분야에도 일원론과 이원론의 인식 차이는 오래도록 지속하고 있다. 그 핵심은 인간과 신의 위치를 어떻게 파악하는가에서 비롯된다. 인간과 신이 하나라고 보는 견해와 인간과 신은 별개라고 보는 견해가 존재한다. 일원론적 관점에서 보면 인간과 신 사이에 간격은 없다. 인간도 깨달음을 얻으면 신의 세계에 도달할 수 있고, 신도 인간으로 내려올 수 있다. 대개 불교나 힌두교를 비롯해 등 동양사상은 일원론적 관점으로 신과 인간의 관계를 이해해 인간도 신의 영역에 이를 수 있음을 주장한다. 반면 기독교와 유대교로 대변되는 서양사상은 신과 인간의 관계를 엄격히 구분해 놓고 있다. 인간은 신의 절대권력 앞에 무조건 복종해야 하는 존재일 뿐이다. 기독교, 유대교와 뿌리를 같이 하는 이슬람교도 이원론적 관점이 명확한 종교이다.

    이원론적 관점을 가진 종교는 신이 절대적인 존재이다. 반면 인간은 유한한 능력을 갖췄을 뿐이어서, 무한한 능력을 갖춘 신의 말씀을 맹목적으로 따라야 하는 존재에 불과하다. 이런 의식을 기본으로 하는 종교가 유일신교이다. 신은 오직 하나일 뿐이고, 그 신은 전지전능하며 어떠한 이유도 조건도 없이 그 신이 가르쳐준 대로 따라야 한다. 이러한 사상을 기반으로 하므로 유일신교는 다른 신을 인정하지 않으며 더불어 타 종교도 인정하지 않는다. 유대교가 따르는 야훼, 기독교가 따르는 하나님과 그를 대신해 세상에 강림한 예수, 이슬람교가 따르는 알라신은 뿌리를 같이하는 신이다. 하지만 유일신교의 특성상 자신이 섬기는 오직 하나의 신만을 인정한다. 유대교와 기독교가 금과옥조로 따르는 십계명도 첫 조항이 '내 앞에서 다른 신을 믿지 말라'라는 점은 이들 종교가 철저한 유일신교임을 스스로 인정하는 것이다.

다신교는 유일신교와는 다른 관점이다. 신과 인간 사이에는 어떠한 간극도 존재하지 않는다. 인간은 신으로 등장할 수 있고, 신도 인간으로 내려올 수 있다. 불교에서 부처님이 세상 만물에 존재한다고 보는 시각이 바로 그것이다. 부처님은 불상 속에 존재하는 것이 아니라 내 마음속에 존재한다. 깨달음을 얻는 순간 누구나 부처가 될 수 있다는 것이 불교의 첫째 교리이다. 다만 일반 중생이 부처와의 사이에 일체감을 느끼기보다는 분리감을 갖는 것은 어리석음, 무명, 무지의 탓일 뿐이다. 무속 신앙의 경우도 다신 종교의 대표적 사례라 할 수 있다. 산에는 산신령이 존재하고, 바다에는 용왕신이 존재하고, 부엌에는 부엌 신, 화장실에는 화장실 신이 존재한다는 것이 무속인의 기본적 믿음이다. 사람의 사유체계가 일원론에서 이원론으로 옮겨가고 있는 것은 세계적 추세이다. 더불어 종교를 바라보는 견해도 다신교에서 일신교로 빠르게 옮겨가고 있다.

일신교는 단일신교와 유일신교로 구분할 수 있다. 단일신교란 선택적 일신교를 일컫는다. 힌두교의 경우 단일신교로 구분할 수 있다. 단일신교는 경쟁하는 여러 신 가운데 하나의 신만 경배하는 경우이다. 힌두교는 세상 자체가 환영(幻影)인 가운데 브라만만이 우주의 궁극적 실재라고 파악한다. 이런 면에서 힌두교는 엄격하지는 않은 일신교로 분류한다. 반면 아브라함을 계시자로 인정해 아브라함 계통의 종교인 유대교, 기독교, 이슬람교는 오직 하나의 신만 존재한다고 믿고 그 신을 조건 없이 따라야 한다는 엄격한 교리를 갖고 있다. 그래서 이들 종교를 유일신교라고 분류한다. 유일신교는 신을 위해 전쟁이나 그 밖의 어떤 행동도 불사하는 맹목적성을 갖는다. 포교를 위해 어떤 타협도 없고 어떤 희생이라고 감내한다. 그래서 세계의 종교는 빠르게 유일신교인 기독교와 이슬람교의 양강 체제로 흘러가고 있다. 특히 이슬람교의 경우 인류 역사상 생겨난 많은 종교 가운데 가장 빠른 기간에 가장 급진적으로 확산하는 양상을 보인다.

인류역사상 탄생한 수많은 종교 가운데 유일신교 사상을 기반으로 하는 아브라함 계통의 유대교, 기독교, 이슬람교를 제외한 나머지 종교는 실상 다신교적 특성을 갖는다. 몇몇 단일신교가 존재하지만, 대개는 다신교로 분류된다. 다신교에서 신이나 영적 세력은 형태가 다양하다. 대개 천상, 대기, 지상에 신이 존재한다. 농업과 수렵을 기반으로 하는 문화에서는 대부분 태양신이 절대적 존재로 등장한다. 그래서 신화적 창조는 대개 빛과 관련이 깊다. 오랜 세월 인간이 신선한 존재로 여기는 산과 강이 신적인 의미를 두는 경우도 많다. 동물과 식물이 신격화되기도 한다. 동물의 경우 활력의 정도에 따라 또는 생김새나 행동에 나타나는 특징에 근거해서 신의 체계에 등장하기도 한다. 자연물 외에 치유, 항해, 전쟁, 교육, 사랑 등과 같은 사회적 기능이 신격화되기도 한다.

신의 모습을 인간의 모습으로 표현한 신인동형설(神人同形說)은 다신교에서 널리 퍼져있는 일반적 특성이다. 산신령이나 용왕신도 인간의 모습을 하고 있다. 그리스·로마신화에 등장하는 신들도 인간과 비슷한 생김새를 갖고 있다. 이 신들은 생김새는 물론이고 인간이 갖는 사랑, 환희, 희망, 시기, 질투, 분노 등의 감정도 드러낸다. 살아있는 인간 중에서 왕이 신으로 숭배되는 사례도 있다. 중국과 일본, 고대 로마와 페르시아 등지에서는 왕은 아니더라도 문화적 영웅이 신과 근접한 위치로 떠받들어지는 경우도 심심찮게 등장한다. 초월적 현인이 신의 대접을 받은 사례도 역사상 곳곳에서 나타난다. 인간이 존재하면서부터 등장했고, 지금도 무시할 수 없는 종파로 분류할 수 있는 샤머니즘, 토테미즘, 애니미즘 등은 모두 다신교를 기반으로 한다고 보면 된다.

07

세계의 종교

인류역사상 종교가 없던 때는 한순간도 없다. 원시인류의 각종 생활 흔적 속에서도 종교의식을 행한 흔적은 빠짐없이 나타난다. 인간이 종교를 갖는 것은 죽음에 대한 두려움을 갖고 있기 때문이다. 그래서 종교는 늘 죽음과 불가분의 관계를 갖는다. 인간은 자신이 죽는다는 사실을 알지 못했다면, 종교는 만들어지지 않았을 것이다. 종교는 인간에게 있어 '죽음 극복법'이자 '죽음의 공포로부터 해방될 수 있는 탈출구'이다. 세계 인류역사상 수많은 종교가 있지만, 인간이 각 종교에 관심을 두고 주로 다루고자 하는 궁극적인 대상은 모두 같다. 그것은 다름 아닌 죽음이다. 죽음은 모든 것의 끝을 의미한다. 아무리 높은 학식과 많은 재물을 갖고 권세를 누렸다고 해도 생을 마치면 모두가 끝난다. 모든 사랑하는 것과의 이별을 고해야 하는 것이 죽음이다. 그래서 인간은 그 어떤 것보다 죽음을 가장 두려워한다. 두려워하면서도 가장 궁금해하는 것이 죽음의 세계이다.

죽음이 끝이 아닌 또 다른 시작이 되기를 바라는 인간의 욕심은 종교를 만들어내는 구실이 됐다. 그래서 각 종교는 저마다 내세의 존재를 밝히면서 죽음 이후에도 어떤 형태로든 새로운 형태로 계속된다고 주장한다. 죽음은 자기 소멸이다. 생을 통해 맺은 모든 인연과의 이별이며 완벽한 끝이다. 그래서 모든 인간은 죽음을 그 어떤 것보다 두려워한다. 그 두려움을 극복할 수 있게 설명해주고 위로해주는 것은 오로지 종교밖에 없다. 종교는 교리를 따르는 신자에게 해당 종교의 가르침을 믿고 따르면 사후에도 새로운 형태의 삶과 마주한다고 가르친다. 새로운 삶을 통해 생을 통해 인연을 맺은 모든 사람을 다시 만나 행복하게 살 수 있다고 위로한다. 죽음이 끝이 아닌 새로운 시작이 될 수 있다고 위로를 주고 생일 통해 맺은 인연도 이어질 수 있다고 가르치니 종교만 한 위안은 없다.

종교는 사후세계뿐 아니라 인간이 현세에서 마주하는 고민과 고통도 덜어준다. 인간은 언제 찾아올지 모르는 불행 때문에 늘 불안을 느끼며 살아간다. 그 불안을 떨치고 행복한 상태를 끊임없이 이어가고자 하는 욕구를 갖는다. 기본적 불안 상태에서 벗어나기 위해 궁극적인 존재나 원리를 탐구한다. 종교는 여기에 대한 답을 주고 있다. 인간은 유한한 존재이지만 우주에는 존재 원리가 있어 작동하고 있다. 인간은 그 존재 원리와 합치될 때 유한함을 극복하고 절대 경지에 올라설 수 있다. 불교에서 말하는 '해탈'이 바로 이런 상황이다. 기독교에서 말하는 '원죄에서 벗어나는 상황'도 마찬가지이다. 이밖에 종교는 인간보다 전지전능한 능력을 갖춘 절대자로 믿는 신에게 복을 구하며 안도감을 찾고자 하는 인간에게 위안을 안긴다.

종교는 그 종교가 속한 사회 구성원의 가치관이나 인간관, 세계관을 결정하기 때문에 해당 사회의 문화 형성에 막대한 영향을 끼친다. 종교는 한 문화권을 통제하고 조정하는 바로미터 역할을 한다. 어떤 문화를 이해하려면 그 해당 문화권의 종교를 이해하는 일이 선행돼야 한다. 불교와 유교를 이해하지 못하면서 한국과 한국인을 이해한다는 것은 사실상 불가능하다. 기독교를 알지 못하고 구미지역의 문화를 이해할 수 없고, 이슬람교를 알지 못하면 중동지역의 어떠한 사회현상도 받아들일 수 없다. 그래서 종교는 해당 문화권의 핵심요소가 된다. 북한과 같은 사회주의 체제 국가에서는 종교를 부정한다. 마르크스는 "종교는 인민의 아편"이라고 규정하기도 했다. 하지만 그런 사회에서조차 종교는 존재한다. 마르크스주의 자체가 종교와 같은 역할을 하고 있다. 사회주의 체제 국가는 마르크스주의가 기성종교를 대체하는 것으로 보면 된다. 북한도 종교를 혐오하지만 국가 형태는 세계 어느 나라보다 종교적이다.

세계의 종교문화권은 크게 셋으로 구분된다. 그 첫째는 유교와 도교를 탄생시킨 중화 문명권이다. 유교와 도교는 지금도 중국의 북방과 남방을 대표하는 종교로 모든 국민의 생활 속에 이들 종교관이 녹아있다. 한국과 일본도 같은 동아시아권으로 중국인과 비슷한 종교적 성향이 있다. 두 번째는 힌두교와 불교가 생겨난 인도를 들 수 있다. 인도에는 이들 두 개의 거대종교 외에 불교와 거

의 동시대에 나온 자이나교와 15세기경 이슬람과 힌두교가 혼합
돼 생겨난 시크교가 여전히 종교적 세를 유지하고 있다. 세 번째
는 기독교와 이슬람교가 탄생한 이스라엘 중심의 중동지역을 꼽
을 수 있다. 중동에서 생겨난 기독교와 이슬람교는 나날이 교세가
확산하며 세계의 양대 종교로 자리를 잡았다. 예루살렘을 성지로
하는 두 종교는 뿌리가 같지만, 적대적 입장에서 서로를 견제하면
서 세계 최대 종교 자리를 놓고 경쟁하고 있다.

08

4대 문명

　인류는 대개 400만~500만 년 전에 지구상에 등장했다고 알려진다. 이 가운데 역사 시대는 단 5000년에 불과하고 그 이전의 세계를 역사 이전의 시대라 하여 선사(先史)시대라고 한다. 역사 시대란 인류가 무언가 의미 있는 사료를 남겨 후손이 당시의 생활을 파악할 수 있는 시기를 말한다. 그러니 문자가 발명된 시기 이후를 역사시대로 구분하면 된다. 문자가 발명된 이후 인류의 삶은 이전과 비교해 비약적인 발전을 이루게 된다. 시간과 공간을 초월해 지식과 정보를 전달할 수 있는 수단이 생겼기 때문이다. 언어는 휘발성이 강해 시간이나 공간을 달리하는 이에게 지식과 정보를 전달하는 데 한계를 갖지만, 문자는 언어가 갖는 그 한계점을 극복해 주었다. 그래서 문자의 발명은 인류의 생활에 엄청난 변화를 안겼고, 문명의 발달 속도에 가속도를 붙였다. 문자가 발명된 시기는 도시가 형성된 시기와 일치한다. 종전까지 마을 형태로 거주하던 인류는 수로를 개발해 관개농업을 할 수 있는 큰 강 주변에 모여들어 종전의 마을 단위보다 한층 발전된 형태인 도시를 만들었다. 그러나 이 시기에 지배계급과 피지배계급이 생겨나 불평등이 고착화하기 시작했다는 점은 누군가에게 불행의 시작을 알리는 서곡이 됐다.

이 무렵은 인류가 오랜 석기 시대를 마감하고 구리와 주석 또는 아연을 합성한 청동기 시대를 맞은 시기이기도 하다. 인류사상 최초의 금속도구인 청동기는 주로 검, 거울, 방울 등을 만드는 데 이용되었다. 무기류도 청동기 시대가 시작되면서 비약적으로 발전했다. 검과 창을 비롯해 도끼 등이 만들어지며 이웃한 마을이나 도시, 국가를 정벌하기 위한 전쟁이 이전보다 활발해졌다. 전쟁이 잦아지면서 외부인의 침입에 대처하기 위해 성벽을 쌓고 성 한가운데는 신전을 배치하기 시작한 것도 이 무렵부터이다. 수레를 만들고 배를 건조하는 기술도 발달해 교역도 활발해졌다. 석기 시대와 비교해 모여 사는 사람의 수가 늘어나고 질서체계를 유지해야 할 필요성도 커져 법률이 구체화 되고 이를 기록할 문자가 만들어진 것도 청동기 시대의 특징이다.

신석기 시대에서 청동기 시대로 옮겨가며 문명이 비약적 발전을 이어가던 시절, 아시아대륙 3곳과 아프리카대륙 1곳에서 큰 강 주변을 중심으로 인류의 4대 문명이 싹텄다. 이들 4대 문명의 발상지는 관개(灌漑)농업²이 가능한 큰 강과 비옥하고 광활한 평야가 발달한 곳이라는 공통점을 갖고 있다. 한 가지 공통점을 추가하면, 기후가 온화해 농사를 짓기에 적당한 곳이라는 점이다. 4대 문명 발상지에서 가속도가 붙은 인류 문명은 시간을 두고 인접 지역으로 전파되었다. 이들 4대 문명은 기원전(BC) 3500년부터 2500년에 이르기까지 1000년 동안 점진적으로 성장했다. 기원전 3500년 무렵 서남아시아지역인 티그리스강과 유프라테스강 유역에서 가장 먼저 메소포타미아 문명이 발아했다. 이후 기원전 3000년 무렵 아프리카 동북부 나일강 유역과 중국 중심부 황하강과 양자강 유역에서 각각 이집트 문명과 중국 문명이 싹을 틔웠고, 마지막으로 기원전 2500년에 인도 서북부 인더스강 유역에서 인더스 문명이 시작되었다.

4대 문명 중 가장 먼저 발달한 메소포타미아 문명을 일으킨 것은 수메르인들이었다. 이들은 쐐기[3]모양의 설형(楔形)문자[4]를 만들어 사용했고, 우르 등 많은 도시국가를 건설하였다. 천문학과 수학이 특히 발달한 메소포타미아 문명은 태음력을 사용해 농사에 이용하였다. 수학에서 곱하기, 나누기, 분수, 대분수 등을 썼다. 시간이나 각도를 재는데 60진법을 응용해 1시간을 60분, 1분을 60초, 원의 각도를 360도로 나눈 것도 이들이다. 기원전 2000년 무렵에는 바빌로니아왕국을 건설해 번성하다가 기원전 1700년 무렵 함무라비 왕이 메소포타미아 전 지역을 통일했다. 함무라비 법전을 만들었고, 바빌론 신전과 운하를 만들었다. 주변 민족들의 침입으로 함무라비 왕조가 패망한 이후 아시리아의 지배를 받다가 바빌로니아를 다시 세웠다. 두 바빌로니아왕조를 구분하기 위해 구 바빌로니아와 신바빌로니아로 나눠 부른다. 서양 문명의 핵심이 되는 그리스 문명에 직접적인 영향을 끼쳤다.

중국에는 동서를 가로지르는 두 개의 큰 강이 있다. 그것은 황하강과 양자강이다. 이 두 개의 강을 중심으로 황하 문명과 양자강 문명이 싹을 틔웠다. 이들 두 문명을 함께 중국 문명이라고 칭하기도 한다. 황하 문명을 단독으로 세계 4대 문명에 포함하는 것이 정설이었지만, 중국 각지에서 다양한 유형의 문화재가 발견되는데 황하 문명만을 세계 4대 문명으로 분류하는 것은 무리가 있다는 의견이 학계에서 대세를 이루었다. 그래서 근래에는 황하 문명과 더불어 양자강 문명을 함께 중국 문명이라 하여 세계 4대 문명으로 분류한다. 중국 문명을 이룬 것은 지금도 중국 사회의 주류를 이루고 있는 한족들이었다. 이들은 기원전 3000년 무렵 황하강과 양자강 주변에서 조, 수수 등의 농사를 짓고 개, 돼지 등 가축을 기르는 정착 생활을 하며 마을과 도시를 형성해갔다. 기원전 2070년 무렵에는 황하를 다스려 민심을 얻은 우(禹)가 중국 최초의 국가인 하(夏)왕조를 건설했다. 갑골문자를 사용했고 달력을 생활에 이용하기도 했다. 한반도가 중국 문명의 영향권이었음은 당연하다.

나일강 주변 고대 이집트에는 40여 개의 부족국가가 있었고, 이 부족국가를 통일해 강력한 왕조가 성립되면서 훌륭한 문화가 발달하였다. 왕은 막강한 권력을 행사했고 태양의 아들이란 의미로 '파라오'라고 불렸다. 절대권력을 행사하던 왕이 죽으면 피라미드라는 거대한 무덤을 만들어 왕의 시체를 미라로 만들어 그곳에 보관하였다. 피라미드 근처에는 무덤을 지키기 위해 석상 스핑크스를 세웠다. 농업과 관련된 과학기술이 발달하였고, 천문학과 수학도 발전하였으며, 상형문자를 만들어 문명을 기록으로 남겼다. 상형문자는 초기에 사용하던 그림 문자가 차츰 발전한 것이다. 메소포타미아 문명 지역에서 60진법을 사용한 것과 달리 이집트 문명에서는 10진법을 사용하였다. 오늘날 우리가 사용하는 숫자가 이집트 문명에서 비롯된 것이다. 매년 되풀이하던 나일강의 홍수와 범람을 천문학과 토목기술로 막아냈다.

인더스 문명 발상지는 1921년 하라파에서 최초로 확인되었다. 이어 이듬해인 1922년 인더스강 근처 모헨조다르 지역에서 재차 확인되었다. 하라파와 모헨조다로 이들 두 지역은 현재는 모두 파키스탄에 속해있다. 이들 두 도시국가의 인구는 3만 명과 1만 5000명으로 추정된다. 그러나 이들 두 도시는 흔적도 없이 사라졌다. 이들 두 도시가 사라진 이유에 대해 자연재해 또는 외부 침략 등 여러 가지 가설이 있지만, 무엇 하나 검증된 바가 없다. 4대 문명 가운데 가장 늦게 시작됐지만, 다른 문명지보다 범위가 월등히 넓다는 것이 특징이다. 양대 도시인 하라파와 모헨조다로 외에 100개가 넘는 도시와 마을이 발달했던 것으로 알려졌다. 밀과 보리를 경작한 흔적이 발견됐고 개, 소, 돼지, 낙타, 코끼리 등을 가축으로 길렀다. 창, 검, 단검, 화살촉, 도끼, 낚싯바늘 등이 청동기 유물로 발견되었다.

09

축의 시대Axial Age

 '축(軸)의 시대'라는 용어는 독일의 철학자 칼 야스퍼스(1883-1969)가 처음 사용하였다. 그는 인류가 정신적으로 성장하는 데 중심축을 이룬 시기라는 의미로 '축의 시대'라는 용어를 세상에 내놓았다. 그가 축의 시대라는 용어를 학계에 처음 등장시켰을 때 학계로부터 찬사와 격려를 받았다. 야스퍼스가 지목한 축의 시대는 대략 기원전 900년부터 기원전 200년까지의 700년이다. 이 시기에 세계 4대 문명의 발상지를 중심으로 인류 정신이 싹트고 구축되었기 때문이다. 실제로 이 기간 인류는 지금까지 인류 역사의 핵심축을 이루는 사상을 탄생시켰다. 당대에 구축된 인문 정신을 기반으로 인류는 지금껏 그 틀 속에서 사고하고 또 행동하고 있다.

 축의 시대를 주목하는 가장 큰 이유는 이 기간에 구축된 사상이 오늘날까지도 면면히 인류의 의식세계를 장악하고 있다는 점이다. 지금도 한·중·일을 비롯한 동아시아인의 사상을 지배하고 있는 공맹의 유가 사상과 노장의 도가 사상이 이때 시작되고 완성되었다. 인도를 중심으로 남아시아인의 사상을 지배하고 있는 불가 사상과 힌두교 사상도 이때 비로소 싹을 틔워 발전하였다. 또한, 기독교 사상과 이슬람 사상의 뿌리인 유대 사상이 이 시기에 이스라엘에서 시작됐다는 점도 주목해야 한다. 서양인들의 의식 한가운데 자리 잡은 그리스의 합리주의 전통도 이때 완성되었다.

축의 시대에 동양과 서양에서 동시다발적으로 등장한 위대한 철학사상가는 인류에게 보편적인 사랑과 문명 정신을 전파하기 시작했다. 이로 인해 종족 이기주의에 빠져 있던 인류는 보편적 인류애에 눈을 뜨기 시작했다. 축의 시대는 가장 뜨겁게 창조가 이루어진 시기로 인간이 존재에 대한 본격적 자각을 시작한 시기이다. 물론 축의 시대 이전에도 인류의 철학과 의식은 존재했지만, 축의 시대를 맞아 체계적인 철학과 종교가 자리를 잡으면서 인류의 문명의식을 획기적으로 끌어올렸다. 종전까지 토테미즘, 애니미즘, 샤머니즘 등 원시적 종교가 자리 잡고 있던 인류에게 철학적 사고를 기반으로 하는 체계화된 종교의식이 싹트기 시작했고, 완성단계까지 발전하게 된 것이 축의 시대이다.

이 시기에 공자와 맹자, 노자와 장자, 붓다, 소크라테스, 플라톤, 아리스토텔레스 등의 인물들이 동양과 서양 곳곳에서 사변적이고 논리적인 철학을 탄생시켜 보급하였다. 5000년 인류 역사를 통해 인류가 가장 괄목할 만한 영적 성장을 이룬 시기가 바로 축의 시대이다. 축의 시대에 완성된 사상 체계를 현 인류는 한 발짝도 벗어나지 못하고 있다. 현대인은 물론 지금까지 역사를 이어온 모든 인류는 축의 시대에 인류의 스승이 구축한 사상 체계 속에 살고 있다. 지금껏 탄생하고 소멸한 무수한 인류사상은 모두 축의 시대 인류의 스승들이 구축한 사상 체계를 단 한 뼘도 벗어나지 못했다. 이러한 측면에서 볼 때 인류가 인류다운 본격적 역사의 여정을 시작한 시기는 바로 축의 시대라고 할 수 있다.

인간은 축의 시대에 이르러 비로소 신화의 세계에서 벗어날 수 있었다. 신화의 세계는 과학적으로 검증된 바도 없고, 논리적이지도 않은 사상 체계이다. 그러나 누구나 아무런 반박도 하지 못한 채 그렇다고 믿는 것이다. 축의 시대에 집중적으로 탄생한 인류의 스승은 인간이 신화의 세계에서 벗어나 인간에 집중할 수 있도록 했다. 그 노력으로 인해 인류는 도덕과 윤리를 깨우쳤고 자아의식을 갖기 시작하였다. 약육강식만이 진리로 알고 살았던 인류는 이 시기에 이르러 인간다운 삶에 의미를 두기 시작했다. 현재를 기준으로 2200년~2900년 전의 시대이지만 인류가 가장 깊은 철학적 사유를 한 기간이다.

그래서 일부 학자들은 단정적으로 "축의 시대 이후 인류는 단 한 번도 축의 시대를 뛰어넘는 통찰을 하지 못했다."라고 말한다. 현대인이 아무리 과학적 사고를 하고 합리적이고 체계적인 사유 체계를 가동하면서 사는 것처럼 느끼지만 착각이란 것이다. 실제로 우리 한국인의 경우를 살펴보더라도 서양에서 유입된 새로운 사상과 종교 속에 살아가는 것처럼 비치지만 내면적으로는 여전히 '충과 효'를 최고의 덕목으로 여기며 생활의 신조로 삼고 '인과 예'를 중시하는 공자의 가르침을 한가운데 품고 살아간다. 2500년 전의 사상이지만 여전히 유가 사상은 한국인의 의식을 지배하고 있다.

머릿속으로 세계지도를 떠올리며 동아시아, 동남아시아, 서남아시아, 중앙아시아, 북아프리카, 남아프리카, 동유럽, 서유럽 등으로 구분하여 각각의 권역에 있는 국가의 국민이 어떤 의식구조를 기반으로 살아가고 있는지를 살펴보면 축의 시대에 활동한 인류의 스승이 전달한 사유 체계를 벗어나지 못하고 있음을 확인하게 된다. 현대인이 제아무리 발달한 문명 속에서 살아가면서 합리적 사고를 한다고 하지만, 축의 시대 인류의 스승이 만들어 놓은 철학적 범주를 벗어나지 못한 채 그 틀 안에서 작은 변화만 도모할 뿐이다. 잠시만 골똘히 생각해보면 현대인이 얼마나 무지하고 교만한지 금세 깨달을 수 있다.

동서고금 후학에게 고전을 읽으라고 주문하는 것은 인류 역사상 가장 치열한 성찰과 의식성장이 이루어진 축의 시대 인류의 스승이 남긴 말씀에 주목하라는 주문과 궤를 같이한다. 어쩌면 그들을 뛰어넘을 수 없으니 그들의 생각에 한 치라도 더 가까이 접근하고자 노력하면서 자신을 뒤돌아보라는 주문인 것이다. 동아시아를 예로 들어보면 지금껏 인류 역사상 수를 헤아릴 수 없는 철학자와 과학자·사상가·종교지도자가 출연했지만, 그 누구도 공자를 뛰어넘지 못한다. 비교를 하는 일 자체가 무모할 뿐이다. 공자뿐 아니라 지금도 인류의 영원한 스승으로 추앙받고 있는 노자, 맹자, 장자가 모두 축의 시대를 빛낸 인물들이다. 그들은 동아시아인의 가슴 속에 여전히 살아있다.

축의 시대 이후 세상을 쥐락펴락하는 사상과 사상가가 다수 출현했지만, 하나같이 축의 시대를 구축한 인류의 스승을 뛰어넘지 못했다. 그들이 뿌려놓은 사상의 기반을 변형해 나름대로 이론을 정립하거나 해석한 것에 지나지 않는다는 주장을 펴는 이도 많다. 영국의 철학자 화이트헤드 역시 그런 생각을 하고 있었다. 그는 "플라톤 이후의 서양 철학은 플라톤의 철학에 각주를 단 것에 불과하다."라고 단적으로 이야기해 많은 학자로부터 동감을 받았다. 그러니 인류가 가장 왕성하게 사유하고, 성장하고, 자의식을 싹 틔운 축의 시대를 이해하는 것은 인문학에 발을 디디려는 모든 이들이 우선 이해해야 할 대목이다. 인류의 본격적인 역사는 축의 시대로부터 시작된다고 해도 큰 무리가 없어 보인다.

칼 야스퍼스(1883-1969)

세계의 성인聖人

사전적 의미의 성인은 '지혜와 덕이 뛰어나 길이길이 우러러 받들어 본받을 만한 사람'이라고 정의하고 있다. 더 쉽게 설명하자면 '남긴 모든 말이 구구절절 옳아 모두가 진리라고 여기게 하는 사람'이라고 할 수 있다. 흔히 학문하는 목적을 '진리탐구'라고 한다. 진리를 탐구하는 행위 자체가 학문이라는 것이다. 그렇다면 학문은 성인이 남긴 말씀을 탐구하는 행위라고도 할 수 있다. 문제는 대체 누구까지, 어디 단계까지를 성인으로 보아야 하는가이다. 누군가는 세계 4대 성인이니 5대 성인이니 또는 10대 성인이니 하며 누군가를 지칭하지만, 그 기준은 객관적일 수 없고 저마다 다르다. 그래서 단 몇 명이라고 혹은 몇십 명이라고, 몇백 명이라고 한정 지을 수도 없다.

다만 이렇게 생각하면 좀 더 범위가 구체화 될 수 있다. 그들이 남긴 말씀이 책으로 정리돼 전 세계인이 시대를 초월해 읽고 있는지를 살펴보면 된다. 특히 통칭 '경(經)' 또는 '경서(經書)' '경전(經典)'

O이라는 이름으로 불리는 말씀을 담은 책을 후세에 남긴 인물을 흔히 성인이라고 한다. 경은 인류가 남긴 수많은 책 중에 으뜸인 책이다. 시대와 공간을 초월해 누구나 인정할 수 있는 진리를 담은 책을 경이라 한다. 경은 인류의 역사가 진행되는 동안 세계인들이 계속 읽어왔고, 앞으로도 계속 읽을 책이다. 그래서 경을 남긴 사람을 통칭 성인이라고 생각하면 대략 의미에 접근한다고 할수 있다.

그래서 경을 남긴 성인은 '인류의 스승'이라고 칭한다. 유교의 바이블인 '논어', '맹자', '대학', '중용', '시경', '서경', '역경(주역)', '예기', '춘추' 등은 모두 유교 경전으로 불린다. 특히 공자의 말씀을 정리한 '논어'는 유가 사상의 최고 경전이다. 노자가 남긴 '도덕경'과 장자가 남긴 '장자'도 도가 사상의 경전으로 분류된다. 불가의 붓다는 '불경'을 남겼다. '화엄경' '금강경' '천수경' 등등 불경의 종류는 무수히 많다. 예수는 '성경'을 남겼고, 무함마드('마호메트'란 이름 대신 '무함마드'라고 부르는 것이 맞다.)는 '꾸란경'('코란'이란 용어 대신 '꾸란' 이라고 쓰는 것이 맞다.)을 남겼다. 유대교의 중심 사상을 담아 유대인들이 평생의 바이블로 여기는 '모세 5경(토라 Torah)'도 대표적 경서 가운데 하나이다. 유대인이 금과옥조로 삼는 '탈무드'도 경서의 반열에 올라있는 책이라 할 수 있다. 성인이 남긴 경서는 대개 종교서로 자리를 잡게 된다.

유교를 통해 성인을 예시해보자. 다들 알다시피 유교를 대표하는 성인은 공자와 맹자이다. 공자를 성인이라고 하는 데는 누구도 반론을 제기하지 않지만, 맹자가 성인이냐의 여부는 논란이 많다. 수직적 위계질서를 강조하는 유교 사상에 입각해 생각해보면 지존인 공자와 더불어 맹자를 같은 반열에 올리는 것이 다소 무리가 있다. 유교를 숭상하는 유생은 맹자가 성인이라는 사실은 인정하지만, 그렇다고 공자와 같은 급으로 취급하지는 않는다. 그래서 맹자를 일컬어 성인에 버금가는 인물이라 하여 '아성(亞聖)'이라는 표현을 쓴다. 이런 논리라면 노자를 성인이라 할 때 장자도 아성의 반열이라고 구분할 수 있겠다. 소크라테스를 성인이라 하면서 자연스럽게 플라톤이나 아리스토텔레스도 아성의 반열로 구분되고 있다.

가톨릭교에서도 성인이란 표현을 쓴다. 가톨릭에서 지칭하는 성인(Saint)은 '순교자나 거룩하게 살다 죽은 이 가운데 훌륭한 덕행과 모범이 인정돼 공식적으로 성인품에 오른 사람'으로 로마 가톨릭교에 의해 성인품을 받은 이들이다. 이들 성인 역시 예수와 같은 반열의 성인으로 인정받는 것은 아니다. 그렇다고 동아시아인이 말하는 아성의 개념도 아니다. 가톨릭에서 말하는 성인은 가톨릭을 교리를 이해해야 알 수 있는 개념이다. 가톨릭 성인은 거룩한 삶을 살다간 사람이고 더불어 천국에 가 있는 것으로 인정하는 사람이다. 그러니 한자는 같이 성인(聖人)이라고 사용하지만, 일반적으로 말하는 성인과는 개념을 구분해야 한다.

예시한 인물을 통해 살펴보았듯이 성인은 인류에게 남긴 가르침이 너무 커, 수백 수천 년 동안 인류가 그 말씀을 따르고 그 삶을 모방하고자 하는 사람이다. 누구까지, 어디까지 성인으로 간주해야 할지 아무도 정답을 말할 수 없다. 인류가 통상 성인이라고 누구나 인정하는 인물은 대개 축의 시대에 탄생해 활동했고, 거룩한 말씀을 남겼다. 특히 공자(기원전551-기원전497), 노자(미상), 붓다(기원전563-483), 소크라테스(기원전563-기원전483) 등은 생몰 연대가 비슷하다. 플라톤(기원전427-기원전347), 아리스토텔레스(기원전384-기원전322), 맹자(기원전372-기원전289)와 장자(기원전369-기원전289) 등은 이들과 큰 차이를 보이지 않는다. 예수는 이들보다 500여 년 늦고, 무함마드는 그보다 또 500여 년 늦다. 수천 년 인류의 사상을 지배해온 인물이 동시다발적으로 태어나 활동했다는 것은 분명 의미 있는 일이다. 인문학이 축의 시대를 주목하는 이유이다.

인문학 기본 중의 기본은 축의 시대에 동시다발적으로 태어나 인류 역사에 획을 그은 성인의 말씀을 이해하는 것에서 비롯된다. 그들의 말씀을 통해 현재의 삶에 지혜를 구하고, 어떻게 사는 것이 옳은 삶이고 인간다운 삶인가에 대해 답을 찾고자 하는 노력이 인문학을 하는 기본적 자세이다. 그러니 축의 시대를 이해하는 것이 우선이다. 왜 그 시대에 동시다발적으로 세계 곳곳에서 성인이 출현하여 말씀을 남겼을지 생각하는 데서 인문학은 출발한다. 현대인은 엄청난 과학기술 문명 속에 살아가고 있다. 그래서 과거 시대의 인물이 현대인에 비해 엄청나게 뒤떨어진 생각을 하고 비과학적으로 생활했을 것으로 판단하는 이가 많다. 그 오만에서 벗어나는 것이야말로 인문학에 제대로 들어서는 첫발이다.

죽음과 종교

사람들에게 유교가 종교라고 생각하는지 물으면 대개는 종교가 아니라고 대답한다. 분명 '유학'이나 '유가 사상'이라고 묻지 않고 유교라고 물었는데도 말이다. 유학은 학문적 측면이고 유가 사상은 철학사상적 측면으로 유가를 바라볼 때 붙이는 호칭이다. 그렇다면 유교라는 이름은 종교라는 전제 아래 붙여진 이름이 분명하다. 그런데도 대개의 사람은 유교가 종교가 아닌 단순한 학문이고, 사상이며 생활 규범이라고만 생각하는 경우가 많다. 심지어는 성균관이나 향교 등에 다니며 유림으로 활동하는 이들 가운데도 유교를 종교가 아니라고 믿는 이들이 많다. 실제로 유림으로 활동하면서 교회나 절에 나가며 다른 신앙생활을 하는 이들도 있다.

그러나 전문가들은 유교는 분명 종교라고 단정한다. 유교는 종교로서 갖춰야 할 것을 모두 갖추고 있기 때문이다. 그렇다면 종교가 갖춰야 할 것은 무엇인가. 첫째는 교리를 만든 성인이 있어야 한다. 두 번째는 교리를 정리한 경전이 있어야 한다. 세 번째는 사후 세계, 즉 죽음 이후의 세계관을 제시해야 한다. 대략 이 세 가지를 갖추면 종교라고 인정된다. 토테미즘, 샤머니즘, 애니미즘 등의 무속을 구색을 갖춘 종교로 인정하지 않는 것은 기본 3요소가 갖춰져 있지 않았다고 보기 때문이다. 무속에는 교주는 있지만, 성인이라고 인정할 수 없고 또한 그들이 남긴 말씀도 없고 더불어 경전도 없다. 논리적이고 체계적으로 사후 세계에 관해 설명하는 바도 없다. 그래서 무속은 많은 이들의 가슴속에 있고 위안을 주는 역할을 하면서도 종교로서 대접받지 못하고 있다.

유교는 이 세 가지를 갖추었음에도 종교가 아니라는 생각을 하는 이들이 많다. 유교에는 공자라는 성인이 있고 그 말씀을 기록한 논어라는 경전이 있다. 하지만 사후 세계에 대한 언급이 없어 종교가 아니라고 생각하는 이들이 많다. 곁들여 절대자에게 기대어 복을 구하는 기복(祈福) 활동이 없다는 것도 유교가 종교로 인식되지 않는 이유이다. 하지만 유교의 사후 세계는 분명하다. 우선은 사후 세계를 이야기하기에 앞서 현실에 충실하여지라고 가르친다. 현실에 충실하고, 군자의 삶을 살다간 사람은 후대와 후손이 그를 기리고 그 뜻을 받든다. 그것은 그가 영원히 사는 법이다. 거룩한 말씀과 학문적 업적을 남기고 죽는 것이 유가에서 말하는 영원한 삶이다. 또한, 자식을 낳아 잘 기르는 것이 유가의 사후 세계이다. 자식이 나를 대신해 후대의 삶을 살아주기 때문이다. 그래서 자식에 집착한다. 아들을 못 낳는 여자를 박대하는 것은 공자의 가르침이 아니라 유가 사상을 곡해한 후대의 그릇된 인습이다.

세계의 수많은 종교 가운데 아브라함 계통종교라고 분류되는 유대교, 기독교, 이슬람교는 비슷한 사후 세계관을 갖고 있다. 뿌리를 같이 하는 종교이기 때문이다. 이들 세 종교는 예수나 무함마드 등을 구세주로 보느냐, 단순 예언자로 보느냐의 차이를 갖고 갈등하고 있을 뿐 사후 세계를 바라보는 견해는 같다. 이들 세 종교는 사람이 죽은 이후 생애 동안 믿음 생활을 했는지, 베푸는 삶을 살았는지 등을 기반으로 절대자로부터 최후의 심판을 받게 되고, 그 결과에 따라 영원히 행복을 누리며 살 수 있는 천국에 가거나 반대로 영원히 고통받으며 힘들게 살아가야 하는 지옥에 갈 수 있다고 주장한다. 종교마다 천국과 지옥의 완충지대격인 '변옥(邊獄)'이나 '연옥(煉獄)'의 세계를 만들어 설명하기도 한다. 최후의 심판에서 천국행 티켓을 거머쥐려면 우선 독실한 신앙생활을 해야 한다는 것이 기본교리이다.

　유교는 앞서 언급했듯이 사후 세계에 집착하기보다는 현실의 세계에서 최선을 다하며 성실하게 살아갈 것을 주문한다. 부끄럽지 않은 군자의 삶을 살다 가기를 주문한다. 자손을 낳아 잘 가르쳐서 그들이 인류에 봉사하고 가문을 빛내며 살아가게 하는 것이 유교적 사후 세계이다. 이 구조를 이해하지 못하는 이들은 유교가 사후세계가 없고, 그래서 종교가 아니라고 생각한다. 유교는 사후 세계보다 현세에 더 큰 비중을 두는 종교이다. 뿌리를 같이 하는 힌두교와 불교는 죽은 자는 다시 태어나기를 반복한다는 윤회관을 갖고 있다. 생사를 반복하는 것은 고통일 뿐이므로 수행을 통해 윤회에서 벗어나 '열반'의 경지에 이르고 극락왕생할 수 있다고 가르친다. 수행이 부족하면 윤회의 사이클에서 벗어날 수 없다는 것이 이들 종교의 기본교리이며 사후 세계관이다.

각 종교가 제시하는 사후 세계관은 독특하다. 하지만 오랜 세월이 지나면서 인간은 성인이 가르쳐준 바와 다른 자의적 해석을 하고 스스로 그 수렁에 빠져 고통스러워한다. 자식을 잘 가르쳐 인류에 이바지할 인물로 만들어야 한다는 유교 교리가 한국에서는 이기적 교육관으로 잘못 인식돼 '남아선호사상' '학벌지상주의' 등으로 변절해 나타난 것이 그 예이다. 믿음이 굳건하고 복음을 전파하는데 온 힘을 기울이면 천국으로 가는 티켓을 거머쥘 수 있다는 그릇된 신앙의식을 갖는 기독교 신자가 늘어나고 있는 것도 본질을 벗어난 자의적 해석의 오류이다. 나라를 위해 성전(지하드)에 참여했다가 죽은 사람은 천국에서 영원한 인식을 누리며 살 수 있다는 그릇된 신념으로 종교전쟁을 일으키고 자폭테러를 일삼는 행동 등도 성인의 말씀에 반하는 인간의 그릇된 판단이다.

이성과 감정

인간은 감정과 함께 이성을 가진 유일한 생명체이다. 감정은 인간을 비롯해 모든 동물이 갖는 기본적 특성이다. 반면 이성(理性)은 오로지 인간만이 가진 심성으로 인간을 인간이게끔 하는 요인이다. 인간이 가진 이성과 감정에 관해 연구하는 것은 철학자들의 오랜 관심이었다. 아울러 인간의 이성과 감정에 대해 기본을 이해하는 것은 인문학을 공부하기 위한 선행조건이다. 인간이 추구하는 가장 '인간다운 인간'은 감정으로부터 완벽하게 벗어나 이성적 사유를 하는 인간이다. 그래서 이성은 늘 인문학의 중심에 자리 잡고 있다. 그렇다고 인문학이 이성만을 중시하고 감정을 무시하거나 천대한다는 것은 아니다. 인간의 감정만큼 솔직한 것이 없다. 때로는 아름답기 그지없는 것이 순수한 인간의 감정이다. 이성과 더불어 감정에 대해 이해하려는 노력이 인문학을 공부하는 데 필요하다.

인간의 이성과 감정에 대해 가장 보편적으로 알려진 이론은 '사단칠정론(四端七情論)'이다. '사단(四端)'은 '측은지심(惻隱之心)', '수오지

심(羞惡之心), '사양지심(辭讓之心)', '시비지심(是非之心)'의 네 가지 마음
이다. 이는 인간이 지니는 네 가지 착한 본성인 '인(仁)', '의(義)', '예
(禮)', '지(智)'가 발로된 덕성이다. 사단의 단(端)은 선(善)이 발생할 가
능성을 가진 시초를 일컫는 것이다. 측은지심을 인지단(仁之端)이
라고 표현하는 것은, 누군가를 측은하게 여기는 마음이 인간이 지
닌 덕성 가운데 인이 단초를 제공한 것이라는 의미이다. 수오지심
은 의지단(義之端), 사양지심은 예지단(禮之端), 시비지심은 지지단(智
之端)이라고 본다. 맹자에 따르면 사단은 모든 사람이 다 지니는 것
으로 일종의 선천적인 도덕적 능력이다.

맹자는 그의 저서 '맹자' 공손추편(公孫丑篇)에서 사단에 관해 자
세히 소개하고 있다. 맹자는 사단의 확충을 통해 인의예지의 덕을
실천할 수 있다고 하였다. 측은지심은 타인의 불행을 아파하는 마
음이다. 맹자는 아이가 우물에 빠지려고 할 때 누구라도 아무 조
건 없이 아이를 구하기 위해 나서게 되는 현상을 예시하며 측은지
심을 설명하였다. 인간의 이러한 소박한 자발적 행위를 보면 본
성이 착하다는 것을 알 수 있다는 것이다. 이 사단설은 맹자가 성
선설을 주장하는 대표적 철학자로 자리매김하는데 중요한 단초를
제공한다. 측은지심 외에 수오지심은 부끄럽고 수치스럽게 여기
는 마음, 사양지심은 타인에게 양보하는 마음, 시비지심은 선악과
시비를 가릴 줄 아는 마음을 각각 가리킨다.

사단과 비교되는 칠정은 사람이 지닌 일곱 가지 감정이다. 인간
이 외부 사물을 접하면 여러 가지 감정을 표출하게 되는데 이것을
칠정으로 설명하였다. 칠정은 '예기(禮記)'의 '예운편(禮運篇)'에 자세

히 설명돼 있다. 당나라 유학자인 '한유(韓愈)'도 '원성편(原性篇)'에서 칠정을 소개하고 있다. 유학자들은 인간이 가지고 있는 기본적인 감정을 '희(喜)' '노(怒)' '애(哀)' '구(懼)' '애(愛)' '오(惡)' '욕(慾)'으로 소개하고 있다. 희는 기쁨, 노는 노여움, 애는 슬픔, 구는 두려움, 애는 사랑함, 요는 미워함, 욕은 욕심냄을 각각 나타낸다. 이들 감정은 인간의 본성으로 수양 등 별도의 후천적 노력을 기울이지 않아도 누구나 갖게 되는 감정이다.

사단은 윤리적 범주에서, 칠정은 인성론의 범주에서 사용하던 말이다. 그러다가 송대(宋代)에 이르러 성리학이 일어나면서 양자는 대조적 개념으로 이해되기 시작했다. 사단은 인간 심성이 발현되는 과정에서 도덕적 성격을 띠지만, 칠정은 그렇지 못한 것으로 인식되기 시작한 것이다. 성리학은 우주 자연의 생성과 변화에 관심을 두어 이를 설명하는 방편으로 이기론(理氣論)을 발달시켰고, 이를 근거로 인간 심성의 발달 과정과 그 작용을 탐구함으로써 인간의 도덕적 실천의 철학적 근거를 해명하고자 하였다. 이 과정에서 사단칠정의 문제가 자연스럽게 부각하였다. 특히 조선 시대 내내 사단칠정론은 이기론과 연관돼 중요한 관심사로 떠올라 늘 논쟁을 몰고 다녔다. 인간은 누구나 사단과 칠정을 지니고 있는데, 감정적 요소를 잘 유지하거나 조절해서 선한 본성을 발현시켜야 한다는 것이 조선 유학자들의 일관된 주장이었다.

인간은 누구나 이성과 감정을 동시에 갖고 있다. 반면 동물은 이성이 없이 오로지 감정만 있다. 그래서 이성은 인간을 인간이게끔 하는 요소이다. 일반적으로 이성적인 인간이 참다운 인간의 모습으로 그려진다. 막 출생한 인간은 이성이라곤 전혀 없이 감정만 있다. 배고프면 울고, 춥거나 불편해도 운다. 기쁘면 방긋 눈을 마주치고 웃는다. 낯선 환경에 두려움도 느낀다. 그러다가 지속적인 인간사회와의 교류를 통해 이성적 인간으로 변모해간다. 인간 집단 속에서 성장하면서 아기는 교육을 통해 옳고 그름을 판단하는 능력이 배양된다. 그러면서 점차 감정을 버리고 이성을 키워나가며 사회성 있는 인격체로 성장해간다. 그 중간에 심한 과도기를 겪는다. 그것이 사춘기이다. 사춘기를 경험하며 인간은 감정적 인간에서 이성적 인간으로 선회한다. 사춘기를 겪고 이성적 인간이 되면 주위에서는 그러한 상황을 일컬어 '철들었다'라고 표현한다.

인간이 감정의 굴레를 벗어던지고 이성적 인간으로 독립하는 데는 대략 20년의 세월이 필요하다. 그래서 민법, 형법, 청소년보호법 등 각 법률에서는 17세, 18세, 19세 등 저마다 다른 기준을 제시해 성인으로 인정해준다. 이 무렵이 되면 이성적인 판단을 하고 사회성을 갖춘 인간으로 성장했다고 봐주는 것이다. 어린아이는 감정만 충실한 반이성적 행동을 한다. 그러나 꾸준히 교육을 통해 사회성을 기르고 환경에 적응해가는 법을 배우면서 이성적 인간으로 변화한다. 몸과 마음이 모두 성장해 홀로 판단하고 홀로 행동할 수 있을 때를 가리켜 성인(成人)이라고 한다. 물론 성인이 됐음에도 이성적이지 못해 남에게 피해를 안기고 자기 위주로 생각하고 판단하는 사람도 있다. 하지만 대체적으로는 사회발달과 더불어 이성적 인간으로 완성되는데 걸리는 기간도 점차 빨라지고 있다. 법적으로 성인의 연령을 낮춰야 한다는 의견도 이와 무관치 않다.

인간의 욕구

인간이 어떤 욕구를 지니고 있는가를 탐구하는 것도 인문학의 오랜 관심사 중 하나였다. 그만큼 많은 학자가 존재하고 많은 이론도 존재한다. 그러나 '욕구 이론'이란 말을 듣는 순간 반사적으로 떠오르는 이름이 있다. 바로 '매슬로(Maslow)'라는 이름이다. 엄청나게 많은 인문학자가 다양한 관점에서 인간의 욕구에 관해 연구하고 성과물을 내놓았는데 그 가운데 매슬로의 5단계설은 군계일학의 이론으로 받아들이고 있다. 그래서 매슬로의 욕구 단계설은 동양이나 서양이나 통용되고 있고 학문 분야도 심리학, 철학 교육학, 사회학, 문학 등등에 이르기까지 다양하게 적용되고 있다. 물론 매슬로의 이론에 반기를 드는 학자도 있고, 그와는 다른 각도로 실험하고 분석해 결과물을 내놓은 학자들도 많다. 하지만 여전히 인간의 욕구이론 분야에서는 매슬로의 이론이 독보적 위치를 차지하고 있다.

인간의 욕구에 관한 많은 이론은 골격을 같이 한다. 기본적인 욕구와 부가적인 욕구로 나눈다는 점이다. 학자마다 기본적 욕구와 부가적 욕구를 지칭하는 말은 모두 다르다. '생리적 욕구'와 '의지적 욕구'라고 표현하기도 하고, '1차적 욕구'와 '2차적 욕구'로 구분하기도 한다. 태초의 인간과 역사의 시작을 알리는 인간의 대표적 명칭을 따서 '아담적 욕구'와 '아브라함적 욕구'로 구분하기도 한다. 한번 충족되면 더는 동기로서 작용하지 않는다는 점을 부각해 '결핍의 욕구'와 충족될수록 욕구가 더욱 증대되는 점을 부각해 '성장의 욕구'라고 구분하기도 한다. 대부분의 인간 욕구와 관련한 연구에서 부각하는 점은 인간의 욕구가 주변 환경에 밀접한 영향을 받는다는 점이다. 어떤 환경에서 성장하느냐에 따라 인간의 욕구는 위축될 수도 있고, 지속 확장될 수도 있다는 것이 공통된 의견이다.

매슬로의 욕구 이론 역시 이 범주를 벗어나지 않는다. 다만 매슬로는 인간의 욕구를 5단계로 나눠 구체적으로 설명하고 있다. 기본욕구를 3단계로 구분해 설명했고, 부가적 욕구를 2단계로 나눠 설명했다. 그 골격은 생리 욕구 − 안전 욕구 − 애정·소속 욕구 − 존경 욕구 − 자아실현 욕구이다. 매슬로의 이론에 따르면 가장 기본적인 욕구가 충족되고 나면 다음 단계의 욕구를 실현하고자 하는 체계를 이룬다. 가장 먼저 요구되는 욕구는 다음 단계에서 달성하려는 욕구보다 강하고 그 욕구를 만족했을 때만 다음 단계의 욕구로 이동한다. 그러니 인간은 누구랄 것 없이 기본적 욕구를 먼저 충족하고 난 뒤에야 부가적 욕구를 충족하고픈 욕구를 갖는다는 것이다. 기본적 욕구의 경우, 생리적인 부분에 충실하지만, 부가적 욕구는 자아의 의지가 발동하는 성취 욕구가 반영된다.

가장 대표적 인간 욕구 이론인 매슬로의 욕구 이론을 살펴보면 5단계 중 1단계 욕구는 '생리의 욕구'이다. 배고픔에서 벗어나고 싶은 욕구를 비롯해 배설의 욕구 등 생리적인 현상과 관련된 욕구들이다. 한발 더 나아가 의식주에 관한 욕구와 더불어 성욕도 이 범주에 포함했다. 가장 기본적인 '생리의 욕구'를 해결하고 나면 '안전의 욕구'가 발동한다. 외부로부터의 위협과 위험한 상황에서 벗어나고 싶은 욕구가 '안전의 욕구'이다. 다음은 '애정과 소속의 욕구'로 가족을 비롯해 친척과 친구, 지인 등과 더불어 집단을 이루고 거기에 귀속되고 싶어 하는 욕구이다. 4단계는 '존경의 욕구'로 타인과 친하게 지내고 싶은 욕구이다. 자아존중과 자신감, 성취, 존중에 관한 욕구 등이 이에 해당한다. 마지막 단계는 '자아실현의 욕구'로 '성장의 욕구'라고도 표현한다. 자기를 계속 발전시켜 잠재력을 최대한 발휘하고자 하는 욕구이다. 자아실현의 욕구는 다른 욕구와 달리 충족될수록 더욱 증대되는 경향을 보인다.

인간의 욕구는 연령대에 따라 다소의 차이를 보이게 마련이다. 대개 연령이 많아짐에 따라 조금씩 상향적 경향을 보인다. 유아기에는 생리적 욕구가 절대적으로 작용하는 반면 성장하면서 안전의 욕구가 확대된다. 다음으로 소속과 애정에 관한 욕구가 증가하는 경향을 보인다. 중년기에 이르면 소득 능력이 절정에 달하게 돼 자기실현의 욕구에 집중하게 된다. 그래서 중년에 이르면 정치 활동을 하고 싶어 하고, 모임의 우두머리가 되고 싶어 하는 부류가 대폭 늘어난다. 늦은 나이에 대학이나 대학원에 진학해 만학의 학구열을 불태우는 것도 이러한 욕구 이론에 대입하면 설명할 수 있다. 노년기에 접어들어 소득이 떨어지고 질병의 고통에 시달리게 되면 좀 더 낮은 단계의 욕구로 회귀하는 것도 이 이론을 통해 설명할 수 있다.

제 2 장

사(史)의 영역

역사가
우선이다

인문학 공부를 하려면 역사를 이해하는 것이 우선이다. 역사 공부를 먼저 해야 한다는 뜻이다. 역사의 흐름이 머릿속에 저장되면 철학이나 문학을 이해하기가 한결 쉽다. 물론 역사를 단편적으로 암기하는 방식이 아니라 통시적으로 이해하는 방식을 통해 공부해야 한다. 왜 당시 저런 상황이 벌어질 수밖에 없었고, 그런 판단을 내릴 수밖에 없었는지 이해하면서 흐름을 익혀야 한다. 단편적으로 암기하는 방식이 아니라 입체적이고 분석적으로 주변 상황을 고려해가면서 이해해야 한다. 학교 다닐 때 역사를 암기 과목으로 분류했던 기억이 난다. 하지만 역사는 절대 암기 과목이 아니다. 암기해야 할 사항이 많은 것은 사실이지만 암기보다 이해가 몇 곱절 중요하다.

역사 공부를 하려니 막막할 수밖에 없다. 교재는 무엇으로 해야 하고 어디서부터 어떻게 시작해야 할지 감이 잡히지 않기 때문이다. 하지만 걱정할 것 없다. '천 리 길도 한 걸음부터'라고 하지 않았던가. 초등학생을 위한 만화 한국사나 세계사부터 시작해도 좋겠고, 중·고등학생의 교과서로 공부를 해도 좋다. 웬만한 가정집에 어떤 형태로든 역사 공부를 할 수 있는 책은 한두 권 갖춰져 있을 것으로 본다. 없다면 도서관을 이용해도 무리는 없다. 요즘 넘쳐나는 인터넷 강의를 이용해도 효과적이다. 인터넷 강의를 이리저리 서핑하다 보면 내 수준에 맞고 내 입맛에 맞는 강의를 찾을 수 있다. 대개의 인터넷 강의는 유튜브 등에 시대순으로 꽤 여러 강좌가 업로드돼 있어 연속해서 수강하면 의외로 많은 도움을 받을 수 있다. 단일 사건의 경우, 그 사건과 관련된 앞뒤 경과와 배경, 관련 인물 등을 소상히 기록한 백과사전을 참고하면서 학습하면 효과적이다. 학습 노트를 만들어 기록해가며 수강하면 더 좋은 효과를 누릴 수 있는 것은 더 말할 필요도 없다.

드라마나 영화를 통해서 역사를 배울 수도 있다. 역사적 사실을 영화나 드라마로 꾸민 작품은 의외로 많다. 그러니 그 작품을 통해 당대의 사회를 이해하는 것도 좋은 방법이다. 다만 영화나 드라마로 역사를 배우는 것은 다소 무리가 따른다. 주지하다시피 영화나 드라마는 흥미를 높이기 위해 극적 요소를 많이 첨가하게 된다. 정사에 충실하기보다는 이야기를 변형시킨 경우가 많다. 관람객 수를 늘리고 시청률을 높이기 위해 어쩔 수 없는 일이다. 그래서 영화나 드라마를 통해 역사를 학습 때는 전체적인 줄거리 정도만 이해하려고 해야 할 뿐 소소한 내용까지 맹신하려고 하면 안 된다. 드라마를 시청할 경우, 관련 서적을 곁에 두고 찾아보면서 보면 한결 이해하기가 쉬워진다. 앞서 밝혔듯이 스마트폰 등을 활용해 백과사전에 접속해 바로바로 관련 정보를 찾아보는 습관을 들이면 큰 도움이 된다.

대개 역사를 공부할 때 한국사 따로, 주변 국가 역사 따로, 세계사 따로 공부하는 것이 일반적인데 가능하다면 같은 시대에 다른 나라에서는 무슨 일이 벌어졌는지 확인해가면서 공부하면 좋다. 그래서 역사를 공부하겠다고 마음먹으면 국사와 세계사를 비교해가면서 살펴볼 수 있는 연표를 먼저 구하는 것이 좋다. 연표를 수시로 확인하면서 우리나라에 큰 사건이 있었던 때에 중국이나 서양에서는 어떤 일이 일어났는지 확인하면 역사를 포괄적으로 이해하는 데 도움이 된다. 세세한 연도를 비교해 일일이 파악하기 어렵다면 왕조 구분이라도 할 필요가 있다. 예를 들어 우리가 삼국통일을 이루던 무렵 중국에서는 어떤 왕조의 어느 왕이 통치하던 시대였는지, 그들이 우리의 삼국통일에 어떤 영향을 끼쳤는지 확인해볼 필요가 있다. 또 서양은 이때 어느 왕조에서 무슨 일이 일어났는지도 확인하면 역사를 이해하는 안목이 넓어진다. 고대사, 중세사, 근세사 등은 세기별로, 근대 이후에는 연도별로 사건을 파악하면 효율적으로 학습할 수 있다.

한국사와 세계사를 각기 따로 공부하는 것에 비하면 양자를 동시에 공부하는 것이 어려울 수 있다. 하지만 처음에 어려운 고비를 넘겨 일정 단계에 이르면 오히려 공부하기가 더 쉽고 이해하는 데 도움이 된다. 우리 민족사를 살펴보면 조선 시대에 이르러 세계관이 좁아 들어 문화의 교류나 물품의 교역이 중국에 지나치게 의존하는 현상이 나타나지만, 고려 이전까지는 전 세계를 무대로 활발한 교류와 교역을 펼친다. 그래서 세계 어느 나라가 됐든 우리 역사와 크건 작건 어떤 형태로든 영향을 주고받는 관계이다. 2000년 전 가야국을 건국한 수로왕은 야유타국(인도)의 왕녀 허황옥을 왕비로 맞았고, 삼국시대에도 유럽 각국과 교류한 기록이 있다. 주지하다시피 고려의 벽란도는 세계적인 무역항으로 성장해 연중 세계만방의 상인이 드나들며 활발한 교역이 이루어졌다. 이렇듯 인류는 역사 시작과 함께 국제교류를 이어왔다. 이러한 상황을 이해하는 가운데 역사 학습이 이루어져야 한다. 역사는 단절이 아닌 유기적 관계라는 점을 늘 기억해야 한다.

그런 경험이 한 번쯤은 있을 것이다. 단편적으로만 알고 있어 뭔가 풀리지 않는 의문을 품고 있던 사건인데 역사적 전후 배경과 국제관계 등을 이해하고 난 뒤 일시에 의문이 풀리는 경우이다. 이런 경험을 해봤다면 풀리지 않던 매듭을 풀었을 때의 희열을 안다. 그 희열은 카타르시스가 되고 다시 책을 잡게 하는 동기가 된다. 역사의 경우 특히 그러하다. 조각난 퍼즐 조각을 맞추듯 하나하나의 사건이 이어지며 큰 그림이 그려질 때, 그 그림이 내 시야에 한 눈으로 들어오기 시작할 때 역사에 대한 이해는 커진다. 역사가들이 집필한 기록을 액면 그대로 암기만 하는 단계를 벗어나 스스로 역사에 관한 평가를 할 수 있는 단계에 이르면 모든 사건을 보는 혜안이 떠질 것이다. 현대사에서 이루어지는 사건이라도 입체적이고 분석적으로 평가할 수 있는 능력이 생기게 될 것이다. 그러한 혜안으로 세상을 볼 줄 알게 되는 것은 인문학이 추구하는 궁극적 가치이며 목표이다. 역사를 이해하면 스스로 판단할 줄 아는 인간이 된다. 이어 사상과 문학에도 눈이 떠진다.

02

시간과
공간의 개념

인문학을 공부하면서 가장 먼저 해야 할 일은 역사에 관심을 두는 것이다. 역사는 인간이 살아온 발자취를 이해하는 것이다. 역사와 관련한 기본지식이 취약하면 인문학은 첩첩산중이다. 눈을 감고 있는 것처럼 한 걸음도 앞으로 나갈 수 없다. 역사가 전개되는 과정을 이해해야 당시의 사람이 그런 생각을 하며 그렇게 살 수밖에 없던 이유를 알게 된다. 그래서 역사가 우선이고 다음이 철학이다. 사람들이 그런 생각을 하게 됐는지 이해하면 그들이 왜 그런 글을 써서 기록을 남겼는지 이해할 수 있게 된다. 그러니 역사─철학─문학은 인문학을 지탱하는 받침이다. 흔히 인문학을 문·사·철이라 하지만, 군이 순서를 매기자면 사·철·문이 맞다. 역사는 인문학을 학습하는데 기본 중의 기본이다.

역사와 더불어 인문학을 공부하고자 할 때 꼭 알아야 할 것이 있으니 그것은 바로 지리이다. 지리는 자연과학으로 분류할 수 있지만, 사실은 인문학의 기본 메뉴이다. 어떤 새로운 지식을 얻고

자 할 때 기본적으로 알아야 할 것은 시간적 배경과 공간적 배경
이다. 시간적 배경은 역사, 공간적 배경은 지리를 의미한다. 역사
는 지리와 함께 시간 및 공간의 상황과 배경을 이해하는 기본이
다. 역사 공부를 할 때는 반드시 지리 공부를 병행해야 한다. 그래
야 정확히 배경을 이해할 수 있다. 돌이켜 보면 과거 초·중·고를
통해 역사를 배울 때 교과서에 지도가 대단히 소홀했다. 그래서
제대로 이해할 수 없는 부분이 많았다. 지금 와서 지도를 이해하
고 뒤늦게 상황을 제대로 깨달은 사례가 무수히 많다.

　그리스와 로마의 역사와 철학을 학습하면서 그리스가 어디에
있는지, 로마가 어디에 있는지 알지 못한다면 난처하다. 그리스와
로마가 얼마나 떨어져 있고, 해상 또는 육상으로 어떻게 연결되는
지 알아야 문화가 어떻게 흘러갔는지를 이해할 수 있다. 페르시아
가 그리스를 침략할 때 어느 경로를 이용했는지 알아야 그 전쟁의
흐름을 알 수 있다. 페르시아가 어떤 산맥을 피해 어떤 바닷길을
선택해 침략했는지 알 수 있다. 실크로드는 어디를 출발해 어디를
거쳐 어디로 연결됐는지를 알아야 동서양 교역의 역사를 알 수 있
다. 그러니 역사를 공부할 때는 반드시 지도를 참고해가면서 지리
적 특성을 파악해야 한다. 시간과 공간의 개념이 명확히 자리 잡
혀야 다음 단계로 나아갈 수 있다. 산과 강이 어디에 어떻게 자리
하는지 알지 못하면 인문학 공부는 수시로 담장 앞에 서서 한 발
짝도 앞으로 나가지 못하는 상황을 맞게 될 것이다.

　수년 전 여행사를 통해 유럽 패키지여행을 다녀온 적이 있다.
20명쯤 되는 팀이 편성돼 이들과 함께 10일 남짓한 기간 서유럽

4개국을 여행했다. 패키지여행이다 보니 다양한 지역에 사는 다양한 연령대의 일면식도 없던 사람이 팀으로 꾸려졌다. 독일-프랑스-스위스-이탈리아를 버스와 기차로 다니는 여정이었다. 60대 아주머니 두 분이 일행에 포함돼 있었다. 여행 일정이 진행되는 동안 한 테이블에서 식사할 일도 여러 차례 있었고, 관광지에서 서로 사진을 찍어 주거나 음료를 나눠 마실 일도 많았다. 대화를 나누면서 이 두 분의 아주머니 머릿속에 시간과 공간의 개념이 전혀 정립돼 있지 못하다는 사실을 알았다. 고대와 중세의 구분도 없었을뿐더러 자신이 지금 여행하는 곳이 이탈리아인지, 프랑스인지조차 인지하지 못했다.

그저 눈앞에 나타나는 풍경이나 조형물 등을 배경으로 사진 찍는 일에 열중할 뿐 현지에서만 느낄 수 있는 어떤 감동도 느끼지 못하고 있다는 사실을 알게 됐다. 현지 가이드가 관광지마다 역사, 지리, 사회, 문화 등에 대해 자세히 설명해주는데 절반 이상은 알아듣지 못하는 눈치였다. 틈나는 대로 지도를 펴 보이면 내가 아는 범주 내에서 설명해드렸지만, 한계는 분명했다. 여행을 마치는 날까지 안타까운 마음이 가시질 않았다. 두 분의 아주머니 외에도 시간과 공간 배경을 이해하지 못해 여행의 참맛을 느끼지 못하는 이들을 여럿 보았다. 안타까운 것은 젊은이 가운데도 그런 부류가 눈에 띄었다는 점이다. 그들이 조금만 역사와 지리 배경 지식이 있었다면 훨씬 값진 여행을 할 수 있었을 것으로 생각하니 애석했다.

역사와 지리에 밝으면 모든 여행은 값지고 신난다. 신비롭지 않은 것이 없고, 지루할 새가 없다. 감동은 두 배 세 배 맛볼 수 있고, 지식이 더욱 견고해짐을 느낀다. 사전에 알지 못한 지식도 훗날 자료를 찾아보면 확실한 지식이 된다. 현장을 다녀와서 몸으로 체득하는 지식을 경험했을 때의 쾌감은 실로 크다. 비행기를 타고 서너 시간 동안 창밖에 펼쳐지는 고비사막을 보고 경이로움에 빠져본 적이 있다. 적도 근처를 통과하며 남태평양의 밤에 쏟아지는 별을 바라보며 느낀 감동은 평생 잊을 수 없다. 서울보다 위도가 10도 정도 위인 파리에서 여름밤 11시까지 해가 지지 않는 백야를 경험한 것은 지금도 잊을 수 없는 추억이다. 항우와 유방이 천하의 패권을 놓고 격돌했던 중원의 들판을 차로 달릴 때는 가슴이 뜨거웠다. 역사와 지리에 대해 아는 만큼 여행의 가치는 커진다. 인문학의 즐거움이다.

03

한반도 역사와
중국 역사

　중국과 중국인에 대한 이해 없이 한반도 5000년의 역사를 이해할 수 있을까? 우리가 5000년 역사를 유지하는 동안 가장 긴밀하게 교류하며 지낸 대상은 누가 뭐래도 중국이다. 역사 시대 이전인 5000년 전으로 거슬러 올라가면 아마도 기원을 같이할 것으로 본다. 역사가 시작된 이후의 5000년을 살펴보면 우리 민족과 중국은 한순간도 무관하게 살아온 세월이 없다. 때로는 주종과 사대의 관계로, 때로는 적대적 대립 관계로, 어떤 식으로든 관계를 이어왔다. 그러니 중국과의 관계를 이해하지 못하고서는 우리의 역사를 이해할 수 없다. 중국의 역사를 이해하지 못하면 동양의 역사는 물론이고, 세계사를 이해하기도 어렵다. 그래서 한국사를 공부하려면 반드시 중국과의 관계를 이해하면서 어떤 영향을 주고받았는지 알아야 한다.

　신라가 삼국통일을 이루었다고 하지만 실상 고구려와 백제가 멸망한 것은 신라에 의해서라기보다는 당나라에 의해서이다. 동아시아의 맹주 패권 국가 중 하나였던 막강 고구려가 왜 당나라와 싸울 수밖에 없었고, 왜 신라는 당을 찾아가 고구려를 멸망시키도록 사주했는지 이해하지 않고는 삼국통일의 의미와 배경을 알 수가 없다. 왜 고려가 제후국이 아닌 황제국으로 떵떵거리며 송나라와 대등한 입장에서 외교를 전개해 나갈 수 있었는지는 중국 내부 사정을 이해하지 못하고는 알 수 없다. 동아시아의 역사는 서로 크고 작은 영향을 주고받으면서 유기적으로 연결돼 있다. 그러니 중국을 알지 못하고 어찌 동아시아를 알 수가 있겠는가? 우리는 중국에서 문자를 들여와 그 기반 위에 문화를 이루어나갔다. 각종 사상과 종교도 모두 중국을 통해 한반도에 유입되었다. 그러니 중국의 역사를 모르고 한반도 역사를 이해한다는 것은 불가능하다.

일본도 한반도 역사와 밀접한 관계가 있지만, 중국과 비교했을 때 동아시아 역사를 통시적으로 살펴보는 데 있어 영향력은 미미하다고 할 수 있다. 일본은 중국으로부터 우리가 전수한 문명을 그대로 전달받았다. 16세기에 이르러 도요토미 히데요시가 일본 전역을 통일하고 조선을 통과해 명나라를 정벌하겠다며 임진왜란을 일으켰던 때 이전의 일본은 우리에게 존재감이 크지 않았다. 하지만 그들은 임진왜란을 통해 우리에게 엄청난 변화를 일으켰다. 또한, 훗날 강제적 국권침탈을 통해 우리 민족에게 가장 치욕적인 역사를 맛보게 하기도 하였다. 지금도 중국, 미국과 더불어 한반도의 국제 정세에 가장 큰 변수로 작용하는 나라가 일본이다. 일본과의 관계는 16세기 이후에 초점을 맞춰 관찰하는 것이 일반적이다.

중국을 이해하는 데 있어 꼭 한 가지 유념해야 할 사항이 있다. 그것은 다름 아닌 중국의 역사가 곧 한족의 역사라고 이해해서는 안 된다는 점이다. 그러나 우리가 그동안 가르치고 배운 중국의 역사는 한족에게 치우쳐 있다. 그래서 다수의 한국인은 한족의 역사가 곧 중국의 역사라고 착각하고 있다. 이런 상황에서 역사 교과서를 살펴보면 아무런 사전 지식 전달 없이 불현듯 거란족이 등장하고 여진족이 등장한다. 중고생 때 역사 시간에 난데없이 거란족, 여진족 이야기가 나오면 어리둥절했던 기억이 있을 것이다. 현재의 중국 영토와 민족 구성이 완성된 것은 근대 이후의 일이다. 수천 년 동안 한족 이외의 민족이 현재의 중국 땅에서 흥망성쇠를 이어가며 역사의 한 페이지를 장식했다. 중국의 역사를 이해하려면 이들에 대한 이해도 필요하다.

한족 중심의 역사 기술을 하다 보니 한족 이외의 민족에 대해서는 이민족이라는 용어를 사용했다. 나아가 오랑캐라는 용어도 서슴지 않았다. 실상 한족은 우리 한민족도 오랑캐 민족이라고 천대했다. 오로지 한족만이 세상의 중심이고 문명을 이룬 민족이라는 중화사상이 아주 투철하다. 그러나 중국의 역사는 한족은 물론 그들이 이민족이라고 칭하는 소수민족과 주변국 민족이 함께 이루어낸 측면이 강하다. 역사서에서 불쑥불쑥 튀어나오는 흉노, 월지, 토번, 선비, 탁발, 유연, 돌궐, 거란, 여진, 몽고, 서하 등은 중국 역사에 지대한 영향을 끼치며 한족과 더불어 성장 발전한 민족이다. 원나라(몽고족), 청나라(여진족), 요나라(거란족) 등은 중국 역사의 주류로서 역할을 충실히 해냈다. 중국 역사를 공부할 때는 한족 이외에 주변 민족에 관한 공부도 반드시 겸해야 한다. 그래야 제대로 중국을 알 수 있고, 우리 한반도 역사를 알 수 있다.

한국사를 공부할 때는 반드시 중국사와 연계해 공부해야 한다. 범위를 넓혀 중원 대륙 북방에 거점을 두고 있던 소수민족에 관해서도 함께 공부해야 한다. 변방 민족은 비문명 민족이라고 괄시받고 무시 받았지만, 엄연히 동아시아 역사의 한 축을 이루고 있다. 한족은 중원에 국가를 건설해 통치하던 시간 대부분 동안 북방 이민족의 위협에 시달려야 했다. 때로는 굴욕적인 군신 관계를 맺기도 하고 대륙 전체를 통째로 빼앗기기도 했다. 그런데도 우리는 중국 한족의 역사관에 근거해 늘 북방 민족을 과소평가하고 천대한다. 역사를 이해하는 데 옳지 못한 자세이다. 북방민족이 각기 어느 시대에 어느 위치에 주둔했으며 우리 민족 또는 한족과 어떤 관계를 유지했는지 살피면 동아시아 역사를 이해하는 데 큰 도움이 된다.

한민족이 세운 왕조는 대개 500년 이상의 역사를 남겼다. 고조선과 신라는 세계인류사에 손꼽힐 만큼 오랜 역사를 자랑하기도 한다. 그러나 중국은 왕조의 역사가 상대적으로 짧다. 그래서 복잡하다고 여기기에 십상이다. 하지만 하나의 왕조가 건국되고 멸망하는 과정을 단순하게 암기하려 하지 않고, 이해하려 하면 그리 복잡하지 않게 머릿속에 정리할 수 있다. 중국의 역대 왕조 역사를 학습할 때는 반드시 당시 한반도는 어떤 왕조가 유지되고 있었는지 살펴봐야 한다. 중국이 번성할 때 한반도는 어떠했는지, 중국이 쇠퇴할 때 한반도는 어떠했는지 살펴보아야 한다. 양국 간에 친소관계는 어떠했는지, 어떤 국제교가 이루어졌는지 파악해야 거시적 관점의 역사 이해가 가능하다. 한국사와 중국사를 곁들여 공부하면 세계사도 그만큼 쉽게 접근할 수 있다.

04

춘추오패(春秋五覇)
전국칠웅(戰國七雄)

흔히 춘추전국(春秋戰國)시대라고 하는 시기는 중국 주(周) 왕조의 후반부인 동주시대를 지칭한다. 동주시대는 다시 춘추시대(BC770~BC403)와 전국시대(BC403~BC221)로 구분한다. 춘추 전국 시대는 춘추시대와 전국시대를 한꺼번에 이르는 말이다. 중국 역사상 최대의 혼란기였으며, 가장 많은 이야깃거리를 남긴 시기이기도 하다. 우리가 알고 있는 중국과 관련된 많은 고사(故事)의 대부분은 춘추 전국 시대의 이야기이다. 영웅호걸과 위대한 사상가가 봇물 터지듯 쏟아진 시기도 바로 춘추 전국 시대이다. 춘추 전국 시대를 이해하지 못하면 중국 역사를 이해할 수 없다. 더불어 한국사도 이해할 수 없다. 우리가 흔히 사용하는 고사성어의 절반 이상은 춘추 전국 시대의 일화에서 비롯된 것이다. 춘추시대와 전국시대를 나누는 기준은 제후[5]국들이 주 왕실을 인정하고 받들어 보호하는가이다. 춘추시대는 제후국이 천자[6]국인 왕실을 섬기며 외적으로부터 보호해 주었다. 그러나 전국시대에 이르러 철기시대가 정착하면서 약육강식의 이념이 보편화 되었다. 어떤 주종의 관계도 사라지고 오로지 먹고 먹히는 살벌한 전쟁만이 존재했다.

고대국가인 주나라의 역사는 서주시대와 동주시대로 나뉜다. 서주시대는 주나라가 융성하여 안정된 정치를 유지하던 시대이다. 당시의 주나라 수도는 서안(西安)이었다. 서주는 기원전 9세기 무렵부터 급격히 쇠락해졌다. 이때를 틈타 서융(西戎)이 공격을 단행해 유왕(幽王)을 살해하였다. 주 왕실은 서융의 침략을 피해 동쪽의 낙양(洛陽)으로 도읍을 옮겼다. 이때부터를 동주시대라 하는데 동주시대는 춘추시대와 전국시대로 구분된다. 춘추시대라는 이름은 공자가 집필한 노(魯)나라 역사서 '춘추(春秋)'가 발행된 시대라 하여 이름을 따왔다. 춘추시대에는 주 왕실의 세력이 약해지자 100개가 넘는 나라가 난립해 혼란기를 연출했다. 이후 끊임없는 전쟁으로 제후국은 제(齊)·위(魏)·한(韓)·조(趙)·연(燕)·초(楚)·진(秦)의 7개로 정리된다. 한(漢)나라 유향(劉向)이란 학자가 전국시대에 활동한 종횡가(縱橫家)[7]가 제후에게 제시한 책략을 나라별로 모아 엮은 '전국책(戰國策)'이라는 저서를 지었다. 이 세대를 배경으로 전국책이 편찬돼 전국시대라고 부른다.

춘추시대 제후들 가운데 패권을 잡았던 다섯 명의 패자가 등장한다. 그들을 춘추오패라 부른다. 춘추오패를 구분하는 기준은 기록마다 다르다. 15명의 인물 중 다섯 명을 꼽는데 두 가지가 일반적이다. 그밖에도 기록마다 오패를 선정하는 기준은 다르다. 일반적으로 통용되는 두 가지 중 하나는 제환공(齊桓公)·진문공(晉文公)·초장왕(楚莊王)·오합려(吳闔閭)·월구천(越勾踐)이고, 또 하나는 오합려

(吳闔閭) 대신 진목공(秦穆公)을 지목하는 분류이다. 이들 외에 앞서 제시한 5명 중 일부를 빼고 송양공(宋襄公)·오부차(吳夫差)·정장공(鄭莊公)·진양공(晉襄公)·진경공(晉景公)·진도공(晉悼公) 등을 포함하기도 한다. 이들을 일컫는 호칭은 나라 이름이 먼저 붙고 이후 개별 호칭을 붙이는 방식이 일반적이다. 이들은 대개 공(公)이라 하여 자신은 제후로 인정하였다. 왕이라고는 칭하는 사례는 있었지만, 스스로 천자라고 부르는 일은 없었다.

춘추시대부터 계속된 끊임없는 전쟁은 전국시대에도 이어졌다. 춘추시대가 주 왕실의 눈치를 봐가며 제후들이 세력 다툼을 했던 시기라면, 전국시대는 제후들이 패권 다툼을 하면서 주 나라 천자의 눈치를 전혀 보지 않았다는 점이 다르다. 천자국인 주나라는 두 개로 갈라져 전국시대까지 남아있었지만, 존재감은 미미하였다. 전국시대는 춘추시대를 거치며 살아남은 일곱 국가가 치열한 패권 다툼을 하는 시기이다. 일곱의 패권국 이외에 송(宋)·정(鄭) 등 몇몇 약소국들이 있었지만 큰 의미는 없다. 전국시대 초기에는 우열을 가리기 어려울 만큼 팽팽한 힘의 균형이 이루어졌다. 그러다가 위(魏)나라가 첫 패권을 차지하지만, 곧 제(齊)나라에게 밀리는 형국이 된다. 이후 진(秦)이 차츰 힘의 키워 가장 막강한 강국이 되었다. 서쪽 끝자락에 자리 잡은 진나라는 중원에 있는 국가들이 치고받는 사이 안정적으로 국력을 키워갔다. 전국시대 후반에 이르러 진의 국력은 더욱 막강해져 나머지 여섯 나라가 모두 진을 가장 두려워하였다.

진이 강성해지자 기원전 18년 초나라 회왕이 진을 제외한 위·조·한·연·제 등 동쪽에 있는 여섯 나라가 남북으로 동맹하는 합종책(合從策)으로 진에 맞서려 하였지만 실패하고 말았다. 진은 6개 국가와 각각 동맹을 맺는 연횡책(連橫策)을 써서 합종책을 방해하였다. 그러면서 지속해서 주변국에 대한 침략전쟁을 벌여 우위를 지켜나갔다. 진은 기원전 260년 장평전투에서 조(趙)를 완전히 제압한 이후 초·조·한·위의 연합군마저 격퇴해 기원전 221년 중국 전역을 통일하였다. 이것이 중국 대륙 최초의 통일이다. 전국칠웅이 합종책과 연횡책을 배경으로 패권 다툼을 한 것을 일컬어 '합종연횡'이라고 한다. 정치 관련 기사를 읽다 보면 큰 선거를 앞두고 정계개편이 시도되는 무렵에 합종연횡이란 말이 사용된 기사들이 특히 많이 등장한다. 바로 전국시대 칠웅 간의 다툼에서 비롯된 생존전략을 일컫는 것이다.

춘추시대는 철기가 보급되기 시작한 시점이고 전국시대는 본격적인 철기문화가 정착한 시기라고 할 수 있다. 강력해진 철제 무기를 사용하며 국가 간의 전쟁은 날로 커졌고 대량학살로 이어졌다. 철기시대는 무기와 더불어 농기구도 비약적인 발전을 이루게 된다. 전국시대에 이르러 철재 농기구와 소를 이용한 농경이 본격화한다. 관개시설도 대폭 확충돼 농업생산량이 늘고 각 제후국 수도를 중심으로 도시가 발전하며 상업도 덩달아 융성하게 된다. 천문, 역법, 수리, 토목, 건축 공예 등도 이 시기에 비약적 발전을 이룬다. 춘추 전국 시대는 극도의 혼란기로 난세에서 백성을 구하고자 하는 많은 영웅호걸이 탄생하였다. 제자백가라는 여러 무리의 학단(學團)이 형성되었고, 이로 인해 학문도 크게 발전하였다. 이때 생겨난 제자백가 사상은 지금까지 동아시아인의 사상에 큰 영향을 끼치고 있다.

05

진시황제

秦始皇帝

　　진시황제(BC259~BC210)는 전국칠웅 중 하나였던 진(秦)나라의 31대 왕이었다. 전국시대 모든 열국을 제압하고 중국 최초의 통일왕조를 이루어 스스로 황제라고 칭하였다. 진나라 왕으로 27년간 재위하고 황제의 자리에 있던 것은 10년이다. 수양제와 더불어 중국 역대 최대의 폭군으로 평가받는다. 그는 재위 기간 중 만리장성을 축조하고 도량형⁸을 통일하였다. 무엇보다 그는 중국 역사상 2000년에 이르는 황제국가의 기본 틀을 만들었다. 그는 진왕 재위 기간 중 기원전 225년 위(魏)나라를 멸망시킨 데 이어, 기원전 223년 초(楚)나라를 불복시켰다. 초나라는 전국칠웅 중 진나라 다음으로 세력이 컸던 나라이다. 이듬해인 기원전 222년 연(燕)나라, 또 이듬해인 기원전 221년에는 제(齊)나라를 차례로 무너뜨려 38세의 나이에 중국을 하나의 나라로 만들었다.

　　그는 통일 후 국왕이란 칭호가 자신에게 맞지 않는다고 하여 새로운 칭호를 찾았다. 처음에는 태황(太皇), 천황(天皇), 지황(地皇) 중

하나를 고르려 했다가 삼황오제에서 '황'과 '제'를 따서 황제라는 칭호를 만들었다. 그러면서 황제라는 칭호를 처음 사용하는 자신을 시황제라고 부르도록 했다. 시황제의 곁을 지킨 사람은 승상 이사(李斯)와 환관 조고(趙高)였다. 시황제가 국가의 통치이념으로 삼은 사상은 법가 사상이었다. 법가 사상은 이사와 더불어 한비자(韓非子), 상앙(商鞅) 등이 가장 대표적 사상가이다. 엄격한 법 적용과 더불어 신상필벌을 기본 이념으로 한다. 법가 사상은 진나라가 숭상한 부국강병책으로 진이 천하를 통일하는 데 기여하였다. 법가사상을 통해 진의 군대는 엄격한 규율을 유지할 수 있었고, 군사력도 막강하였다. 법가 사상이 기반이 된 진나라는 철저한 군국주의 국가이었다. 그리스의 폴리스인 스파르타와 같이 무를 숭상하고 혹독한 군사훈련으로 백성들을 단련시켰다. 진의 군대는 전국시대 모든 국가에 두려움의 대상이었다. 이를 기반으로 진은 전국시대 최강자로 군림할 수 있었다.

춘추 전국 시대를 통해 봉건제를 통한 통치가 이상일 뿐 현실적이지 못하다는 사실을 체감한 시황제는 통일 후 군현제를 통해 지방을 다스렸다. 전국을 36개 군으로 나누고 직접 관리를 파견하였다. 시황제는 수도인 함양(咸陽)을 최고의 도시로 만들고자 했다. 전국에서 최고 부자 12만 호를 함양으로 강제 이주시켜 살게 하였다. 궁전의 건설에도 전력하여 황제의 권위를 높이기 위해 함양궁을 축조하였다. 세인이 잘 알고 있는 아방궁(阿房宮)도 진시황제에 의해 축조되었다. 아방궁은 함양궁의 전전(前殿)으로 죄수 70만 명을 동원해 축조하였으나, 시황제 생전에 완성을 보지 못했다. 아방궁을 포함한 궁전은 기원전 270년 항우가 진나라를 멸망시키고 모두 불태웠다. 불길이 3개월간 지속했다고 하니 그 규모를 짐작할 만하다.

진시황에 관해 이야기할 때 빠지지 않는 것이 분서갱유(焚書坑儒)이다. 분서갱유는 책을 모두 불태운 '분서'와 유생들을 생매장한 '갱유'를 합해서 이르는 말이다. 기원전 213년 함양궁 연회 중 유학자 순우월(淳于越)이 군현제를 폐지하고 봉건제를 부활해야 한다는 주장을 펼치자 이를 못 마땅히 연긴 이사가 실용서가 아닌 사상서를 모두 불태우라고 주청을 올렸고, 시황제가 이를 받아들여 실행한 사건이 분서이다. 훗날 한나라에 이르러 유학자들이 암기한 내용을 바탕으로 경전이 복원되었다. 분서 사건 이듬해 진시황은 후생과 노생이란 자에게 불로장생의 약을 구해오라고 명하였으나, 그들은 황제를 비판하고 도주해버렸다. 그러자 시황제는 조정 안에 수상한 학자들이 일하고 있다며 460여 명의 유학자를 색출해 이들을 구덩이에 생매장한 사건이 갱유이다. 분서갱유를 지켜본 시황제의 장자 부소(扶蘇)가 황제에게 덕행을 권고했으나, 시황제는 이를 받아들이지 않고 오히려 분개하여 국경 근교로 유배보낸다. 이는 진시황 사후 부소가 황위를 받지 못하고 막내아들 호해(胡亥)가 황위를 계승하게 된다. 이는 진나라의 멸망으로 연결된다.

최고의 권력을 움켜쥐고 호화환락 생활을 했던 시황제는 불로장생의 욕심을 버리지 못했다. 서복(徐福)이라는 자가 봉래산에 가면 불로장생약을 구할 수 있다고 했다. 진시황은 서복에게 시켜

3000명의 소년·소녀와 금은보화를 배에 싣고 불로장생약을 구해 오도록 하였다. 그러나 서복은 돌아오지 않았다. 이들이 일본으로 가서 정착했다는 설이 있다. 시황제는 불로장생을 위해 중금속인 수은을 먹었고, 그로 인해 오히려 생명이 단축되는 비운을 겪었다. 그는 재위 기간 중 다섯 번 전국 순행을 하였다. 중국 각지를 돌아다니며 자신이 천하의 주인임을 과시하면서 송덕비를 세웠다. 기원전 210년 마지막 순행 때 그는 사구 지방을 지나다 병사한다. 그는 죽기 전 적장자인 부소에게 황위를 물려주게 하고 함양궁에서 부소가 장례를 진행하도록 유언을 남겼다. 유언장은 환관 조고에게 작성하도록 했다. 조고는 황제의 유서를 조작해 황태자 부소를 자결하도록 하고 시황제의 막내이자 26번째 아들인 호해를 황위에 오르게 했다. 이 사건은 진 제국을 멸망하게 하는 직접적 원인이 되었다.

오늘날 중국의 면적은 960만㎢로 1018만㎢인 유럽 대륙과 비슷한 규모이다. 인구도 14억 2000만 명으로 유럽 전체인구인 8억 명을 크게 뛰어넘는다. 세계 최대 인구대륙인 아시아 인구는 43억 명으로 이 가운데 33%가 중국인이다. 아시아의 뒤를 이어 인구가 많은 대륙은 아프리카로 10억 명 남짓이다. 북미와 남미는 각각 5억 명과 4억 명 규모이다. 즉, 아시아를 제외한 어떠한 대륙 인구도 단일국가 중국을 따라잡지 못한다. 중국은 인구로 보나 면적으로 보나 하나의 대륙을 뛰어넘는다. 하지만 하나의 국가를 이루며 살아가고 있다. 이처럼 중국이 통일된 하나의 국가가 유지될 수 있던 것은 진시황제의 역할이 컸다. 시황제가 중국 영토 전체를 통일하고 도량형을 통일한 후 중국은 빠르게 하나가 되었다. 시황제 이전의 춘추 전국 시대를 생각하면 현재의 유럽대륙처럼 크고 작은 수많은 나라가 각기 국가를 이루어 살고 있었다. 진시황제가 중국을 통일하지 않았더라면, 중국은 지금 유럽대륙처럼 각기 다른 국가로 살아갈 수도 있다. 그래서 중국인들은 역사상 손꼽히는 폭군이었지만 진시황을 존경하고 위대한 인물로 평가하고 있다.

진시황제(BC259~BC210)

06

사마천司馬遷
'사기史記'

　사마천(司馬遷·BC 145~BC 86)은 전한시대 사람으로 인류 역사상
가장 위대한 역사학자라는 평가를 받는다. 사마천이란 이름을 듣
는 순간 반사적으로 그의 저서 '사기(史記)'라는 책 이름이 나온다.
사기는 중국 최고의 역사서이자 최고의 문학서 이기도 하다. 그가
활동한 시기의 황제는 한(漢)무제(武帝·본명 劉徹)였다. 한무제는 고조
선을 정벌하고 한사군을 설치한 정복 군주로 우리 민족에게는 아
픈 역사를 안긴 인물이다. 그러나 역대 수많은 황제 가운데 중국
인들이 가장 손꼽는 황제 중 한 명이다. 무제에 이르러 한나라가
기틀을 잡고 국방, 외교, 문화, 경제, 사회 각 분야에서 안정을 이
루고 절정기를 맞았기 때문이다. 유교를 국가의 종교로 받아들여
적극적으로 수용하고 학문을 장려하여 한나라가 문화강국으로 성
장할 수 있도록 기틀을 만든 것도 무제였다. 무제가 당시 유교를
국교로 삼아 공맹의 사상은 이후 2000년간 동아시아인의 의식을
지배하는 중심 사상으로 자리를 잡을 수 있었다. 무제의 재위 기

간 한나라는 경제가 안정을 이룬 것은 물론이고 흉노, 남월, 서남이, 대원 등 이민족에 대한 정벌을 감행해 가장 넓은 국토를 가졌다.

사마천은 하양지방 태사령을 지낸 사마담(司馬談)의 아들로 태어났다. 태사령은 천문을 관측하고, 달력을 개편하며 국가 대사의 조정 의례를 기록하는 등의 일을 담당하는 직책이었다. 아버지 사마담은 아들 교육에 각별한 관심을 가졌고, 이에 부응해 사마천은 어려서부터 학문에 남다른 재능이 있어 신동 소리를 들으며 자랐다. 사마담은 사마천이 젊은 시절에 전국을 유람하며 문물을 익힐 기회를 제공해 주기도 하였다. 아버지의 도움 덕에 사마천은 젊은 나이에도 불구하고 폭넓은 식견을 가질 수 있었고 역사와 문화 전반에 해박했다. 사마천은 아버지의 뜻에 따라 관리가 되었고, 아버지가 돌아가신 후에는 뒤를 이어 태사령에 올랐다. 태사령이 된 후 그는 생전 아버지의 뜻을 받들어 통사를 집필할 준비를 하고 차근차근 자료를 모아갔다. 역대 최고의 역사서를 집필하겠다는 그의 의지는 결연했다. 아버지 사마담이 세상을 뜬 것은 기원전 108년이었고 사마천이 본격적으로 '사기'의 집필을 시작한 것은 기원전 103년이었다.

그러던 중 한무제가 벌인 북방 흉노족 정벌 전쟁이 그의 운명을 바꿔놓는 계기가 됐다. 당시 무제는 이릉(李陵)이라는 장수에게 5000여 명의 군사를 내어주고 흉노를 정복하게 했다. 하지만 이릉은 피나는 전투를 했음에도 불구하고 흉노의 포로가 되고 만다. 전쟁에서 패해본 적이 없는 무제는 크게 노했고, 군신들은 무제의 비위를 맞추느라 이릉을 처단해야 한다고 주장했다. 다만 사마천만이 어쩔 수 없는 상황임을 설명하며 이릉을 변호하였다. 무제는 노발대발하며 사마천을 죽일 것을 명하였다. 사마천은 하루아침에 옥에 갇혀 죽음을 기다리는 신세가 되었다. 사형을 면할 수 있는 길은 단 두 가지였다. 하나는 50만 전의 벌금을 내는 것이었고, 다른 하나는 사형 대신 거세를 하는 궁형을 택하는 것이었다. 50만 전은 엄두도 못 낼 금액이었고, 궁형은 당시 사회에서 사형보다 고통스럽고 치욕스러운 형벌이었다.

감옥에서 고민하던 사마천은 아버지의 유언을 받들고 자신과의 약속을 지키기 위해 굴욕적이지만 궁형을 선택했다. 그로부터 2년 후 사마천은 사면을 받았고 중서령이란 직책을 맡게 되었다. 중서령은 후궁들을 보좌하는 비서직으로 궁궐을 자유롭게 출입하며 사료를 살펴볼 수 있었다. 그는 중서령 직책을 맡으며 다양한 자료를 확보했고, 이후 은퇴하여 본격적인 통사 집필 작업에 돌입했다. 이런 험난한 과정을 거쳐 '사기'는 탄생할 수 있었다. 사마담이 아들인 사마천에게 어려서부터 두루 문물을 경험할 수 있게 해주고 자료를 모을 수 있게 기회를 만들어 준 것은 '사기' 집필의 단초가 되었고, 그가 죽으면서 유언으로 아들에게 중국 통사를 집필해 달라고 당부한 것은 결정적 계기가 되었다. 사마천이 죽음의 위기에 몰려 치욕적인 궁형을 당하면서까지 살아남고자 했던 것은 중국 역사상 가장 훌륭한 통사를 자신이 집필하겠다는 강한 의지 때문이었다. 이런 과정을 통해 인류 역사상 가장 위대한 역사서인 '사기'가 탄생하게 되었다.

'사기'가 갖는 중국 역사서로서의 가치는 너무 커서 적당히 표현하기가 어려울 정도이다. '사기'는 삼황오제 때부터 시작해 한무제에 이르기까지 약 3000년에 걸친 중국 역사를 기록하고 있다. 그는 '좌전(左傳)'·'국어(國語)'·'세본(世本)'·'전국책(戰國策)'·'초한춘추(楚漢春秋)' 등의 역사서를 비롯해 제자백가의 각종 사상서 등을 참고하였고, 자신이 전국을 유람하면서 채집한 자료를 기초로 삼았다. '사기'는 '본기(本紀)'·'세가(世家)'·'열전(列傳)'·'서(書)'·'표(表)'의 다섯으로 분류돼 있다. 이 책은 과거의 복잡한 사건들을 이해하기 쉽게 가지런히 잘 정리하였다. 그는 각 제후국이 자의적 관점에서 기록한 역사서를 모아 분석하고 정리하여 누구나 잘 알아볼 수 있도록 했고, 내용도 어느 쪽에 치우침 없이 기록하였다. '사기'는 단순히 중국의 역사서라기보다는 인류 고대사의 중대한 자료이면서 동시에 동아시아 역사의 결정체라고 할 수 있다. 아무리 많이 칭찬해도 지나치지 않을 책이 바로 '사기'이다.

특히 '사기'는 기존의 역사서들이 연대순으로 사건을 정리한 것과는 비교되는 전혀 다른 방법으로 역사를 서술해서 이후 모든 사가가 역사를 정리하는 방법의 모범 답안을 제시했다는 점에서도 의미를 찾을 수 있다. 다섯 가지 구분 가운데 '본기'의 경우 각국의 왕을 중심으로 주변에서 일어난 사건을 시대순으로 기록하였다. 각국에서 벌어진 왕실 이야기는 '세가'에 자세히 기록돼 있다. 공자와 진승은 왕이 아니었지만 '공자세가' '진승세가'를 따로 기록하는 파격을 선보이기도 하였다. '표'는 각국의 복잡한 사건들을 연표 형식으로 작성해 한눈에 파악할 수 있도록 하였다. '서'는 신하

정치가의 이야기를 주로 담았다. 그가 주로 다룬 인물은 개혁적이고 현실에 당당히 맞서는 인물이다. 경제, 군사, 수리, 천문, 제사 등의 이야기가 주를 이룬다. '열전'은 유명 인물들의 전기로 세상에 본보기가 되는 인물을 주로 담아냈다. 학자, 정치가, 군인을 비롯해 자객이나 협객의 이야기도 담고 있다. 특히 한족 이외에 이민족의 이야기도 다수 수록했다는 점이 독특하다.

　종전의 역사서가 건조한 역사적 나열 위주로 집필된 데 반해 '사기'는 인물이 중심이 돼 소위 말하는 스토리텔링 기법을 썼다. 재미있고 이해하기 쉽게 기록했으면서도 어느 역사서보다 사실에 기반해 구체적이고 상세한 기록을 남겨 사료적 가치를 높였다. 사마천이 '사기'를 통해 선보인 역사 서술방식은 기전체(紀傳體)[9]라 하여 편년체(編年體)[10]를 고집하던 역사서에 새로운 신개념의 역사서술 방식을 제시하였다. '사기'는 이후 모든 역사가의 집필 방식에 막대한 영향을 끼쳤다. '사기'는 역사서이면서 동시에 문학서로도 평가받는다. 그만큼 문체가 맛깔스럽고 문화 전반에 대한 기록도 상세하기 때문이다. 사마천은 '사기'를 집필하면서 주관적인 사상이나 견해를 자유롭게 서술하였다. 우리나라 역사서 중 가장 오래전에 집필되었고, 고대사를 가장 방대하게 기록했다는 김부식의 '삼국사기'도 사마천의 '사기'의 집필 방식을 모방하여 편찬하였다. 사마천의 죽음에 대해서는 정확한 기록이 없지만, 그가 '사기'의 편찬을 마치고 관료인 임안에게 '사기'를 서술하기까지 자신의 심경을 적어 보낸 서신이 무제의 노여움을 사, 하옥되었다가 처형된 것으로 알려져 있다.

07

신항로의 개척과
신대륙 점령

서세동점(西勢東漸)이란 말이 있다. 서양의 세력이 점차 강해져 동양을 지배한다는 뜻의 성어다. 21세기를 살아가는 다수의 사람은 서양의 물질문명이 동양보다 앞서 서양이 과학기술을 기반으로 동양을 물리적으로나 경제적으로 앞서있는 지금과 같은 상황이 역사 이래 지속한 줄로 착각한다. 하지만 그건 천만의 말씀이다. 적어도 15세기까지는 중국과 이슬람권을 중심으로 한 동양의 문화가 서양을 압도했다. 동양 우위의 세계 역사가 서양 우위로 뒤바뀐 시점은 16세기이다. 그 배경은 유럽인에 의한 대항해 시대의 개막이다. 바다를 점령한 서양인은 거침없이 세계 역사의 주인공으로 자리를 잡아나갔다.

이점을 이야기하다 보면 아쉬운 구석이 있다. 콜럼버스나 바스쿠 다가마, 마젤란 등 세계사에 대항해 시대를 개척한 것으로 기록돼 있는 인물들보다 앞서 이들과 비교도 안 될 정도로 큰 원정단을 이끌고 세계의 바다를 누빈 중국인이 있었다. 그는 명나라

영락제의 지시를 받고 1405년부터 1431년까지 7차례에 걸쳐 대항해에 나섰던 이슬람 출신의 환관 정화(鄭和)였다. 정화가 이끈 함대는 매번 62척의 대 범선과 수십 척의 함정으로 구성됐다. 1942년 콜럼버스가 이사벨 여왕의 후원을 받은 산타마리아호는 단 3척에 불과했다. 배의 규모도 정화의 대 범선은 길이 150m, 폭 60m로 1500t급이었지만 산타마리아호는 3척을 다 합해도 400t을 밑돌았다. 원정단도 정화는 2만 7800명 규모였지만, 콜럼버스가 거느린 인원은 88명에 그쳤다.

정화의 대항해는 콜럼버스보다 시기적으로도 87년이나 앞섰다. 바스쿠 다가마보다 90여 년, 마젤란보다 120여 년이나 앞섰다. 하지만 정화의 원정은 시기상 앞서고 규모 면에서도 압도적이었지만, 세계사에 족적을 남기지 못했다. 정화를 신뢰하고 원정의 책임을 맡긴 영락제가 사망하고 뒤를 이어 즉위한 홍희제(洪熙帝)는 대원정이 아무 소용 없는 일이며, 국력을 낭비할 뿐이라는 이유로 중단시켰다. 홍희제는 정화의 원정단을 해산시키고 원정 기록도 폐기했다. 이러한 쇄국정책으로 중국은 세계사의 새 물결에 편승하지 못했다. 유교 이념과 전통문화 수호에만 관심을 둔 기득권층은 세계사의 주도권을 중국이 움켜쥘 기회를 스스로 저버렸을 뿐 아니라 훗날 서양인에게 본토를 유린당하는 수모를 겪게 되는 단초를 제공하였다.

정화는 7차의 대원정을 통해 인도, 사우디아라비아, 아메리카, 아프리카, 이슬람, 이탈리아 등 37개국을 순항했다. 원정단은 중국 해안에 출몰하던 해적을 소탕하며 무역을 활성화했다. 엄청난 원정단 규모는 상대국을 압도했고, 이로 인해 자연스럽게 조공무역이 성사되었다. 정화는 기항하는 나라마다 군신 관계를 맺고, 그들에게 중국과의 교역을 허가해 주었다. 하지만 정화의 원정대는 서양인이 행했던 가혹행위를 저지르지 않았다. 원주민을 학살하거나 노예로 잡아 오는 일이 없었고, 종교를 강요하지도 않았다. 정화의 원정대는 동남아를 비롯한 세계 곳곳에 명나라 상인을 정착시켰다. 이들이 화교(華僑)라는 이름으로 세계 각국에서 상권을 거머쥐게 된 것이다.

정화의 대항해 원정이 큰 성과 없이 마무리되고 87년 후에 콜럼버스가 신대륙을 발견했다. 또 5년 뒤에는 바스쿠 다가마는 유럽에서 출발해 아프리카 대륙을 돌아 바닷길로 인도에 다다랐다. 또 21년 뒤에는 마젤란이 브라질을 거쳐 태평양을 횡단해 필리핀에 다다르는 세계 일주에 성공했다. 이로써 인류 역사상 처음으로 세계의 바다가 하나의 항로로 연결되었다. 지구가 둥글다는 것이 입증된 것을 물론이고 바다 끝에 절벽이 존재한다는 허무맹랑한 전설도 종적을 감출 수 있게 되었다. 빙하기 말 베링해협이 육지였을 당시 아시아에서 이동했다는 것이 정설인 아메리카 원주민과 유럽인이 수만 년 만에 처음 만나는 일이 벌어졌다. 대항해 시대 이후 세계사의 주도권은 동양에서 서양으로 넘어갔다.

동로마의 다른 이름인 비잔틴 제국(현재의 터키)은 동양과 서양을 잇는 요충지에 자리 잡고 있었다. 비잔틴은 1453년 오스만튀르크에 멸망했다. 비잔틴이 오스만튀르크의 손에 넘어갔다는 것은 동서양을 잇는 요충지가 기독교인의 손에서 이슬람인의 손으로 넘어갔음을 의미하는 것이다. 이슬람인이 동양 교역로를 장악함에 따라 유럽인은 대서양을 통해 인도로 가는 우회로를 찾기 시작했다. 유럽인이 굳이 인도를 가고자 한 것은 당시 유럽에서 최고의 인기를 구가하던 향신료인 후추를 구하고자 했기 때문이다. 동서 교역로가 이슬람교도에 의해 장악되자 유럽에서 후추 가격은 천정부지로 올랐다. 그래서 유럽의 무역인은 대서양 항로를 개척해 해로로 인도와의 무역을 이어가고자 했다.

인도로 향하고자 하는 목표는 같았지만, 방향은 다른 두 사람이 있었다. 한 사람은 지구가 둥글다는 전체 하에 바다에서 서쪽으로 계속 항해하면 인도에 다다를 수 있다고 생각했다. 그가 콜럼버스다. 콜럼버스는 이탈리아인이었지만, 1492년 스페인 이사벨라 여왕의 지원을 받아 인도로 가는 길을 차고자 산타마리아호 등 3척의 배에 88명의 선원을 승선시켜 팔로스항을 출발해 계속 서진했다. 항해 후 70일 만에 콜럼버스는 지금의 북아메리카 카나리아 제도의 산살바도르에 다다랐다. 이것은 유럽인이 아메리카 대륙에 도착해 그곳 원주민과 가진 첫 만남이었다. 콜럼버스는 그가 죽을 때까지 몇 차례 더 그곳을 다녀왔지만, 그곳이 인도라고만 믿었다. 아메리카 대륙이라고는 생각하지 않았다.

처음 도착한 콜럼버스 일행은 환대하고 호의를 베풀어주던 원주민을 학살하고 그들이 가진 진귀한 물품을 약탈해갔다. 심지어는 일부 원주민을 노예로 끌고 가기도 했다. 1차 항해 성공으로 자신감을 얻은 콜럼버스는 2차 항해 때는 17척의 배에 1500명이 넘는 선원을 이끌었다. 이들은 매번 항해가 이어질 때마다 원주민을 약탈하고 학살을 자행했다. 2차 항행 때 동행했던 아메리고 베스푸치는 이후 1499년부터 1502년까지 남아메리카 대서양 연안을 구석구석 탐방했다. 그는 그 땅이 인도가 아니라 전혀 다른 대륙이란 사실을 인지했다. 그래서 그의 이름을 따 아메리카라는 지명이 정해졌다.

이들을 시작으로 유럽인의 아메리카 항해는 이어졌고, 그곳은 원주민의 땅에서 유럽인의 땅으로 변해갔다. 18세기 초반에는 영국에서 북아메리카로 무려 30만 명이 넘는 사람들이 이주했다. 특히 청교도는 그곳 원주민을 사탄의 아들로 규정했다. 그들을 함께 살아가야 할 동반자로 여기지 않고, 교화시켜야 할 미개한 대상이라고 여겨 잔혹하게 대했다. 유럽인은 아메리카 원주민을 인도인이란 뜻으로 인디언이라 불렀다. 북미 인디언과 구별하기 위해 남미 인디언은 인디오라고 불렀다. 유럽인의 발길이 이어지기 이전 아메리카 대륙에는 대략 1300만 명의 원주민이 살았던 것으로 추정된다. 이들은 유럽에서 건너온 정복자에게 대부분 살해되었고, 현재 소수만 명맥을 유지하고 있다. 남아메리카의 인디오는 10세기 전후에 안데스 산지를 중심으로 마야, 아스텍, 잉카 제국을 건설해 수준 높은 문화를 이루기도 했다.

이런 사실로 미루어 최근 역사학계에서 일부 학자는 신대륙의 발견이란 표현을 사용하지 않는다. 발견이란 종전에 없던 대상을 찾아내는 것인데 콜럼버스가 아메리카 대륙에 도착했을 때 이미 그곳에는 많은 원주민이 살고 있었고, 그들은 나름의 독특한 문화를 이루어 발전하고 있었다. 그러니 유럽인 관점에서는 신대륙이고 발견일지 몰랐고 원주민 위치에서 보면 이미 살고 있던 터전에 유럽인이 어떤 사전 예고 없이 무단으로 침략해온 것이 맞다. 제 삼자의 위치에서 보면 아메리카 대륙 점령이 맞다. 유럽인이 아메리카에 상륙한 이후 대략 3000만 명의 원주민이 목숨을 잃은 것으로 학계는 보고 있다. 이 시기 아메리카 대륙에서 담배, 감자, 옥수수, 토마토 등의 작물이 유럽으로 건너갔다.

콜럼버스의 뒤를 이어 1497년에는 포르투칼 탐험가 바스쿠 다가마가 4척의 배에 선원과 군인, 통역원, 선교사, 역사가, 지도전문가 등을 태우고 역시 후추를 찾아 인도로 떠났다. 하지만 이들은 배를 서쪽으로 몰지 않고 남쪽으로 몰았다. 아프리카대륙 서쪽 해안선을 따라 남쪽 끝 희망봉을 돌아 다시 동쪽 해안선을 따라 인도로 향했다. 대서양을 지나 인도양으로 항로를 잡은 것이다. 바스쿠 다가마 일행은 출항 10개월 만에 결국 인도에 도착하게 됐다. 콜럼버스는 대서양을 가로질러 아메리카에 도착했고, 그곳을 인도라고 착각했지만, 바스쿠 다가마는 진짜 인도에 다다른 것이다. 아프리카대륙을 돌아 무려 6400㎞의 대장정을 통해 육로가 아닌 해로로 유럽에서 인도에 도착한 이 사건 이후 세계사의 중심은 유럽으로 옮겨갔다.

1519년에는 스페인 항해가 마젤란이 카를로스 대제의 후원을 받아 5척의 배에 270명의 선원을 태우고 항해를 시작해 남서쪽으로 배를 몰았다. 4개월 만에 오늘날의 리우데자네이루 근처에 닿았고, 계속 남하해 남미 대륙의 남쪽 끝을 돌아 태평양으로 향했다. 이때 마젤란은 잔잔한 대양이 끝없이 이어진다고 하여 태평양이란 이름을 지었다. 태평양을 횡단한 마젤란은 필리핀 세부섬에 닿았다. 그곳에서 원주민에게 크리스트교 개종과 스페인 왕국에 대한 충성을 강요하다가 전사하고 만다. 마젤란은 시체로 배에 실렸지만, 함대는 이후 예정된 항해를 계속해 마침내 인도양을 횡단해 희망봉에서 아프리카 대륙 서해안을 타고 올라와 출발지인 스페인 리스본항에 도착했다. 역사상 첫 세계 일주로 기록된다.

마젤란(1480?~1521)

08

종교개혁

우리가 흔히 종교개혁이라고 말하는 이 개혁은 기독교개혁 또는 그리스도교개혁이라고 부르는 것이 타당하다. 하지만 관행적으로 종교개혁이라고 말한다. 종교개혁이 시작된 것은 1517년으로 이 무렵 한반도는 조선 중종 대였다. 중종이 신진 사림 조광조를 기용해 정치개혁을 단행하고 기묘사화와 을사사화로 피바람이 불던 시기에 유럽에서는 루터(Martin Luther)와 츠빙글리(Ulich Zwinggli), 칼뱅(Jean Calvin) 등 이른바 종교개혁 3인방에 의해 가톨릭에 대한 대대적인 저항과 분열이 진행됐다. 종교개혁을 통해 기독교는 신교(프로테스탄트)와 구교(가톨릭)으로 양분되었다.

종교개혁에 앞서 1054년 가톨릭은 동서로 분열됐다. 로마를 중심으로 한 가톨릭과 더불어 동로마 콘스탄티노플 중심의 비잔틴교회가 동방정교회라는 이름으로 분리하였다. 분열의 싹은 9세기 로마 교황의 권위 문제와 성상 숭배 문제에서 시작되었고, 1054년 확정되었다. 이는 말 그대로 교리의 해석과 주도권을 둔 이해

다툼이었고, 그것이 분열로 이어진 것이다. 여기에 개혁이란 단어를 붙일 만한 어떤 새로움이나 신선함은 없었다. 1453년 동로마 비잔틴제국이 이슬람교도에 의해 함락되자 동방교회 총대주교는 러시아로 피신하였고, 이로 인해 동방교회의 중심은 러시아정교회가 쥐게 되었다. 20세기 들어 러시아가 공산화한 이후 러시아정교회를 포함한 동방정교회는 세력이 극도로 위축되기 시작했다. 현재 우리가 알고 있는 기독교는 가톨릭과 개신교 외에 동방정교회까지 크게 3개의 줄기로 보면 된다.

우리가 흔히 중세 유럽을 이야기할 때 '암흑기'라는 표현을 쓴다. 476년 서로마가 멸망한 이후를 중세의 시작으로 보는 견해는 일치하지만, 학자에 따라 중세의 종말을 르네상스, 종교개혁, 지리상의 발견으로 달리 본다. 어떤 기준을 잡든 대략 1000년 이상의 세월이다. 이 기간 유럽인의 모든 관심은 신으로 향했다. 인간이나 자연도 그들에게는 관심의 대상이 아니었다. 오로지 기독교에 함몰돼 모든 사고와 가치를 그들의 유일신에게 두었다. 그래서 중세는 학문적으로 건질 것이 없는 시기로 구분된다. 모든 유럽인은 신에게 매몰돼 아무것도 보지 못하고 느끼지 못했다. 모두가 눈멀고 귀먹은 생활을 했다.

그러는 사이 교회의 권력은 날로 비대해졌고 비대해진 만큼 타락했다. 이에 성 프란치스코, 페터 발도, 얀 후스, 존 위클리프 같은 양심세력이 교회의 타락과 성직자의 악행을 폭로하며 자정을 촉구하였지만, 소용이 없었다. 뒤이어 에라스무스가 교회에 만연한 미신과 악습을 공격하고 자유주의 가톨릭을 주창하였지만, 이 또한 한계에 부딪혔다. 교회의 개혁을 요구하는 이들의 목소리는 종교개혁의 신호탄이 되었다. 교회의 타락은 면죄부 판매라는 파렴치한 수준까지 이어졌다. 교회에서 판매하는 면죄부를 사면 지은 죄를 용서받을 수 있다는 것이었다. 면죄부 판매는 종교개혁을 부른 도화선이 되었다.

1517년 수도사이자 비텐베르크 대학의 신학과 교수였던 마틴 루터는 1517년 10월 31일 교회의 타락을 조목조목 비판한 95개조의 논제를 비텐베르크 내 모든 성당의 정문에 붙였다. 루터의 당돌한 행동은 교회의 부정에 염증을 느꼈던 대중과 교회의 간섭에서 벗어나고자 했던 세속 군주들의 대대적 지지를 얻어냈다. 루터는 그를 따르는 무리와 루터파를 결성해 끈질기게 로마교회와 싸웠다. 존폐 위기에 몰릴 만큼 완패를 당하기도 했다. 하지만 처음 반박문을 붙인 지 40년이 흐른 1555년 제국 의회가 루터파를 공식 인정하면서 결실을 맺게 되었다.

루터보다 3년 뒤인 1520년 츠빙글리는 취리히에서 시의회를 등에 업고 가톨릭 교회에 맞붙어 개혁의 목소리를 높였다. 츠빙글리파는 가톨릭의 개혁을 요구하는 총론에서는 루터파와 같은 지향점을 가졌지만, 연대하지 못하고 각자의 노선을 걸어 폭발력을 키우지 못했다. 성찬에 대한 소소한 의견 차이를 좁히지 못한 것이다. 츠빙글리파는 스위스와 독일 남부로 세력을 확장했고, 가톨릭을 지지하는 일부 지방 군주들과 일전을 벌이기도 했다. 츠빙글리파는 독자적 세력으로 성장해나가지 못하고 16세기 중반 칼뱅파에 흡수되었다.

법학 박사로 저서인 '기독교 강요'를 통해 명성을 얻고 있던 칼뱅은 1536년 제네바에 정착하면서 곧바로 종교개혁 지도자로 급부상하였다. 칼뱅이 이끄는 종교개혁 세력의 특징은 엄격한 규율과 종교적, 도덕적, 금욕적 생활을 강조했다는 점이다. 이들의 윤리의식은 17세기 신대륙으로 떠난 청교도에게 이어졌을 뿐 아니라, 오늘날의 장로 교파에도 직접적 영향을 주었다. 칼뱅파는 후발주자였지만 막강한 개혁 세력으로 부상해 유럽 전역에서 맹위를 떨쳤다. 훗날 교리적 이견을 주장하는 이들을 처형하는 등의 무리한 행동으로 비난을 사기도 했다.

　　유럽 대륙에서 3인방에 의한 종교개혁이 추진된 것과 별도로 영국도 비슷한 시기에 로마 가톨릭과 결별 수순을 밟았다. 영국왕 헨리 8세는 그의 아내 캐서린이 아들을 낳지 못하자 이를 빌미로 이혼을 하고자 했으나, 교황청은 이를 허락하지 않았다. 이에 헨리 8세는 1534년 수장법(首長法)을 통해 영국 교회를 로마 교회에서 분리하였다. 수장법은 영국 국왕이 영국 교회의 수장임을 천명하였다. 이때 분리해 독자 노선을 걸은 영국 교회를 '영국국교회' 또는 '성공회'라고 부른다. 성공회는 가톨릭의 전통과 프로테스탄티즘의 절충적 성격을 띠고 있다.

　　일반적으로 종교개혁이라고 불리는 중세 유럽의 기독교개혁은 국가 권력이 교회를 장악하는 변곡점이 되었다. 교회가 독점하던 권력을 획득한 각국은 근대국가로 전환할 수 있는 동력을 얻었다. 또한, 종교개혁은 근대 자본주의의 형성에 큰 영향을 끼쳤다. 성직자와 평신도의 영적 평등을 주장한 만인 사제주의는 직업에는 귀천이 없고 모든 직업은 신의 의지라는 의식의 팽창으로 이어졌다. 이러한 의식은 칼뱅파의 핵심 행동이념이었던 근검절약 정신과 만나 자본주의의 맹아를 틔웠다. 성직자가 결혼을 통해 가정을 꾸리게 되면서 가정은 신앙의 새로운 요람으로 의미하기 시작했다.

기독교의 종교개혁은 금속활자의 발명이 세상을 변화시킨 가장 대표적 사례로 지목된다. 독일 마인츠 출신의 구텐베르크는 1445년 주조 활자에 의한 활판 인쇄에 성공하였고, 1450년에는 인쇄 공장을 설립해 대량 인쇄를 실현했다. 루터가 작성한 95개 조의 반박문은 인쇄술에 힘입어 전 유럽으로 보급될 수 있었다. 아울러 성경도 독일어로 번역돼 널리 보급되었다. 인쇄술의 발달은 루터의 사상을 빠르게 지식인에게 전달하는 역할을 했다. 글을 모르는 사람을 위해서는 판화를 제작해 보급하였다. 루터의 반박문이 보급된 이후 유럽인은 중세 가톨릭 교회가 가르친 것이 성경과 동떨어졌다는 것을 깨닫고 종교개혁을 지지하는 세력으로 돌아설 수 있었다. 이렇게 시작된 개신교는 이후 수없이 많은 내부 분열을 통해 수십, 수백 개의 종파로 갈라져 오늘에 이르고 있다.

09

임진왜란王辰倭亂과
병자호란丙子胡亂

임진왜란과 병자호란을 이해하는 것은 조선의 역사와 사상, 사회상 등을 이해하는 데 꼭 필요하다. 조선은 대한민국과 시대적으로 가장 가까운 왕조이고, 조선의 풍습은 여전히 한국인의 생활에 지대한 영향을 끼치고 있다. 아울러 조선인이 가진 보편적 가치관은 현대 한국인의 가치관에 살아남아 있다. 조선을 전기와 후기로 나누는 기준점은 임진왜란이다. 임진왜란은 임진년(1592년)에 왜(일본)가 20만 대군을 이끌고 한반도를 침공해온 전란이다. 통상 정유년에 재차 침입한 정유재란이 끝날 때까지 이어진 7년을 임진왜란이라고 한다. 정유재란(1597~1598년)이 마침표를 찍으며 조선을 망국의 위기까지 몰고 갔던 기나긴 전쟁은 끝난다.

병자호란은 병자년(1636년)에 청나라가 2만 명의 군사를 이끌고 쳐들어와 한반도를 유린한 전란이다. 호란이란 오랑캐(胡·여진족)가 일으킨 전란이란 뜻이다. 임진왜란 때 침공한 왜군의 1/10에 불과한 2만 명의 군사가 쳐들어와 단 2개월 만에 끝난 전쟁임에도 불구하고 삼전도의 굴욕이라고 기록하고 있는 한민족 역사상 가장 수치스러운 항복을 했고, 수많은 전쟁 포로가 청나라로 끌려가는 일이 발생했다. 앞서 여진족(당시는 국호를 청이라 하지 않고, 후금이라 했다.)은 1627년 정묘년에 조선에 쳐들어와 형제의 외교 관계를 유지하기로 약속받고 스스로 물러선 적이 있다. 이를 정묘호란이라 한다. 조선은 후금과의 약속을 지키지 않았고, 이들은 9년 후에 국호를 청(淸)으로 바꾸고 재침공하였다.

임진왜란과 병자호란은 44년 만에 발생했다. 임진왜란이 7년간 이어졌고, 중간에 정묘호란이 발생했던 것을 고려하면, 조선 백성은 반세기 동안 끊임없이 전쟁의 소용돌이에 휘말린 것이다. 임진왜란과 병자호란의 양란을 통해 조선은 경제가 초토화되었고, 사회질서가 무너졌는가 하면 외교 관계에도 큰 변화를 겪게 되었다. 임진왜란 이전과 이후의 조선 사회 모습은 획기적으로 변했고, 이 때문에 임진왜란은 조선 전기와 후기를 가르는 기준선이 된다. 조선과 관련된 역사적 사건을 살펴볼 때는 임진왜란 이전의 사건인지, 이후의 사건인지를 먼저 살펴보아야 이해의 폭을 넓힐 수 있다.

이성계가 조선을 건국한 것은 1392년이다. 그로부터 정확하게 200년 후인 1592년에 임진왜란이 발생한다. 임진왜란이 발생하기 전까지 200년간 조선은 아무런 전란을 겪지 않는 태평성대의 세월을 보낸다. 이 기간 일본은 난보쿠초(南北朝)시대[11]와 무로마치(室町)시대[12]를 거쳐 전국시대라 불리는 센코쿠시대[13]를 맞았다. 센코쿠시대에 쇼군과 다이묘 간의 치열한 권력 쟁탈전이 벌어진다. 특히 전국시대를 거치며 일본열도 전체에서 전쟁이 끊이지 않는 극도의 혼란기를 보낸다. 전국시대를 마감하고 일본열도를 통일한 사람이 도요토미 히데요시다. 그는 일본을 통일한 후 야심과 욕망을 감추지 못하고 대륙 정벌을 통해 진정한 천자가 되고자 마음먹었고, 그 욕망을 실현하기 위해 임진왜란을 일으켰다.

명나라를 침공하기 위해 출병하니 조선이 길을 내어달라는 것이 히데요시의 요구였다. 나아가 히데요시는 조선과 왜가 동맹을 맺고 명나라를 정벌하자는 주장을 했다. 하지만 조선 정부는 이같은 주장을 무시한 채 별다른 방비책 없이 지내다가 임진왜란을 맞게 되었다. 앞서 조선 선조는 서인 황윤길과 동인 김성일을 각각 정사와 부사의 자격으로 일본 통신사로 파견해 정세를 파악하도록 했으나, 이들은 귀국 후 각각 다른 보고를 올린다. 황윤길은 전쟁 위험성이 있으니 대비해야 한다고 했지만, 김성일은 왜가 침입할 정황을 전혀 발견하지 못했다고 보고한다. 아울러 히데요시는 쥐의 눈을 가진 인물로 두려워할 존재가 아니라고 말해 선조를 안심시킨다.

왜의 침입이 없을 것이라고 단정한 조선 조정은 각 지방에 명하여 성을 쌓는 등 전쟁에 대비한 방어책을 마련하는 것조차 중지시켰다. 하지만 1592년 4월 14일 왜군은 부산포를 통해 거침없이 밀려와 20여 일 만에 한양성을 점령했다. 선조는 개성, 평양을 거쳐 의주까지 몽진하는 수모를 겪었다. 선조는 밀려오는 왜군을 감당할 방법이 없다고 판단해 전란 중 조선을 통째로 명나라에 넘기는 구상을 하기도 했다. 대책 없던 전쟁은 이순신을 앞세운 수군의 활약, 각 지역에서 봉기한 의병의 선전, 명나라 원군의 지원 등에 힘입어 전세를 뒤집는 데 성공했다. 1597년 도요토미가 돌연 병사하면서 왜군이 철수해 7년간의 전쟁은 끝나게 되었다.

임진왜란은 히데요시의 광기가 일으킨 전쟁으로 사전에 막을 방법이 없었다. 하지만 병자호란은 외교적 재치를 발휘했더라면, 충분히 사전에 막을 수 있는 전쟁이었다는 점에서 아쉬움이 크다. 당시 조선의 주류인 사대부의 사고는 화이론(華夷論)이 지배하고 있었다. 우리에게 문명을 전달한 중국 한족 이외의 어떠한 민족도 오랑캐로 치부해 멸시하는 세계관이다. 한족의 명나라가 쇠퇴하고 여진족의 후금(청나라)이 무서운 기세로 일어서고 있는데도, 조선의 지배세력은 오로지 화이론의 세계관에 갇혀 그들의 화친 요구를 받아들이지 않았다. 그에 대한 보복으로 청은 조선을 초토화하고, 인조에게 굴욕적인 항복을 받아냈다. 병자호란 이후 명나라는 멸망했고, 조선은 청나라와 군신의 관계를 맺고 속국이 되었다.

조선왕조 500년의 역사를 살펴보면 개국 후 임진왜란 이전까지의 시기와 50년 가까이 임진왜란 및 병자호란을 겪은 시기, 양난 이후의 시기로 구분할 수 있다. 개국 후 임진왜란 이전까지 200년은 외부 전란이 없었다. 한반도 역사상 200년간 외부의 침입이 없던 시기는 드물다. 이때 조선 조정은 개국에 적극적으로 협조한 훈구파(勳舊派)[14]가 100여 년간 안정적으로 국정을 끌었고, 이후 등장한 사림파(士林派)[15]가 도학 정치를 앞세워 개혁을 시도하는 등 정치발전을 도모하였다. 정계 진출 초기 4대 사화를 겪으며 처참히 무너졌던 사림은 전열을 가다듬어 지속적으로 정계에 진출해 훈구파를 완전히 몰아내는 데 성공했다.

훈구파가 사라진 이후 사림은 학문적, 정치적 견해에 따라 분열하며 붕당정치를 이어갔다. 임진왜란이 발생한 때는 붕당정치의 초기 무렵으로 동인과 서인이 정치적으로 대립하고 있던 때이다. 붕당의 폐해는 양란을 겪고 난 이후에도 지속해 서인의 갈래인 노론이 장기집권을 하게 된 무렵까지 극심하게 전개됐다. 양난이후 조선은 무너진 국가 질서를 바로잡고자 부단히 노력했으며, 그로 인해 예학이 학문의 주류로 부상하는 기현상이 벌어졌다. 그여파로 예송논쟁이 벌어지고 붕당 간의 정쟁은 극에 달했다. 여진족 청나라에 복수해야 한다는 북벌론이 거론되고 계획이 수립되지만, 실행에 옮기지 못했다. 그래서 북벌론은 실제가 없는 명분으로만 존재했다.

병자호란 이후 표면적으로는 청나라와 사대관계가 이어졌다. 왜와 관계도 히데요시 사망 이후 정권을 잡은 도쿠가와 이에야스가 국교회복을 간곡히 요청하면서 조선 통신사를 왜에 파견하는 등 평화상태로 변화했다. 대륙의 청나라와는 표면적이나마 사대관계가 유지돼 평화를 보장받을 수 있었고, 바다 건너 왜와도 평화가 유지되었다. 조선 500년사를 놓고 볼 때 양대 전란으로 최악의 위기에 몰렸던 중대 50년 남짓을 제외하고는 국제관계가 평화롭게 이루어졌다. 다만 조선의 외교는 대단히 소극적이고 중국 의존적이었다. 삼국시대나 통일신라, 고려 등이 아라비아나 유럽인과 교류하며 활발히 국제사회에 적응했던 것과 비교하면 조선의 국제 외교 관계는 대단히 지엽적이었다.

앞서 밝혔듯이 히데요시의 광기 때문에 발발한 임진왜란은 우리가 막을 수 있는 성격의 전쟁이 아니었다. 다만 대비를 철저히 해 피해는 줄일 수 있었지만, 조선은 그렇게 하지 못했다. 병자호란의 경우, 외교적 융통성만 발휘했더라면 충분히 막을 수 있는 전쟁이었기에 막아내지 못한 아쉬움이 크다. 병자호란 이후 청나라와 표면적으로나마 우호 관계가 유지되면서 조선은 전기 태평성대 때 세종이라는 성군을 맞아 발전하고 성장했던 것처럼 성장의 기회를 맞았다. 전기의 성군이 세종으로 대표된다면 후기의 성군은 정조이다. 정조는 애민정신이 투철한 성군으로 정조 대에 조선은 다시 한번 중흥기를 맞는다.

하지만 정조는 48세의 나이로 요절했다. 정조의 서거 이후 조선은 어렵게 잡은 중흥의 기회를 상실한 채 나락으로 빠져든다. 순조-헌종-철종에 이르는 3대에 걸쳐 어린 국왕이 즉위하며 수렴청정이 이루어지고, 더불어 안동 김씨와 풍양 조씨의 세도정치가 국가를 몰락의 위기로 내몰았다. 철종 서거 후 12세의 나이에 왕위에 오른 고종의 뒤에서 실권을 잡은 흥선대원군이 개혁을 칼날을 뽑아 들어 세도 가문을 척결하고 국가 기강을 바로 세우려 정진했으나, 10년 만에 물러나며 조선은 다시 위기를 맞는다. 이때부터 민비 일가의 여흥 민씨 집안이 다시 세도정치를 벌이며 조선은 망국의 길로 접어든다. 밀물처럼 밀려오는 외세에 조선은 맥없이 무너지고 결국 일본에 국권을 강탈당하게 된다.

조선 후기 역사를 놓고 볼 때 가장 아쉬운 점은 정조대왕의 요절이다. 정조는 세종대왕과 더불어 조선의 손꼽히는 성군이다. 이 무렵 학문적으로 형이상의 철학에만 몰두하는 성리학을 대신해 경제를 일으켜 백성을 잘살게 하고, 복지를 구현해야 한다는 의식에 바탕을 둔 실학이 융성하며 조선은 중흥기를 맞는다. 오랑캐라며 멸시로 일관하던 청나라의 선진 문물을 받아들여야 한다는 의식이 확산하며 외교 관계도 안정을 이루었고, 국가 내부의 기강도 잡혔다. 그러나 정조는 48세이던 1800년도에 요절하고 만다. 이후 조선은 세도정치가 이어지며 민생이 피폐해지고, 국가경쟁력도 바닥으로 곤두박질한다.

임진왜란과 병자호란은 조선사에서 가장 뼈 아픈 시간이었다. 오직 한족이 세운 명나라만 믿고 의지하며 사대했던 조선은 명나라의 붕괴 이후 방향타를 잃었다. 심지어는 명나라가 패망한 이후에도 줄곧 명나라를 그리워하며 명나라에 대한 충성을 버리지 않았다. 집권세력의 중화주의 이념은 무서운 것이었다. 하지만 백성의 생각은 달랐다. 양란을 겪으며 보여준 양반 집권세력의 무능함과 비겁함을 목격하게 됐고, 그들의 위선을 실감하게 됐다. 집권세력의 중화 사대주의 집착으로 백성은 엄청난 시련을 감내해야 했다. 특히 병자호란 때는 50만 명 이상의 조선 백성이 청나라 노예시장으로 팔려가는 고초를 겪었다. 이들이 조선족의 뿌리이다. 오로지 대의명분만을 생각하는 집권세력의 잘못된 신념이 한민족 역사에는 최고의 굴욕을 안겼고, 당시 백성에게는 감당 못 할 아픔과 상처를 주었다.

제국주의

　제국주의는 특정 민족 또는 국가가 다른 민족이나 국가를 무력으로 침략하여 자신들의 지배권을 확대하려는 정책이나 행위를 말한다. 고대부터 유난히 강성한 국가가 출현하며 타 국가를 침략해 그들을 통치권 아래 두고 물자나 자원 등을 수탈하고 약소국 국민을 노예로 부리는 일이 있었다. 고대 로마제국이나 알렉산더제국 등이 그 예가 될 수 있고, 중세에는 몽골제국과 이슬람제국이 그 사례라고 할 수 있다. 하지만 흔히 제국주의라고 말할 때는 19세기 유럽 열강과 일본·소련 등이 아시아와 아프리카 및 아메리카를 무단 점령하고, 점령한 약소국에서 자원과 노동력을 수탈하고, 자신들이 생산한 제품을 판매하는 시장화를 추구한 정책을 일컫는다.

　흔히 말하는 근대의 제국주의는 15세기 이후 본격화되었고, 19세기에 이르러 절정에 달했다. 15세기는 대항해 시대를 맞아 유럽 각국이 아메리카 대륙과 인도·동인도제도 등에 앞다퉈 진출하여 식민지 삼고, 원주민을 학살하거나 노예로 삼은 것을 비롯해 자원을 약탈한 것이 근대 제국주의의 시작이다. 하지만 본격적 제국주의는 19세기 중엽부터 1차 세계대전이 끝날 때까지를 칭한다. 20세기 이후 제국주의가 종적을 감췄다고는 하나 여전히 다수의 강대국이 무력의 행사를 통해 약소국을 점령하는 일이 발생하고 있고, 표면적으로는 경제 및 기술 원조를 하면서 이면에서 착취를 일삼는 행태를 신제국주의라고 비난하는 목소리도 있다.

제국주의 대열에 합류한 국가는 대부분 유럽의 열강이었다. 아시아에서는 유일하게 일본이 일찌감치 근대화에 성공해 축적된 기술력과 자본력을 바탕으로 제국주의 대열에 동참하였다. 일본 제국주의의 발톱에 희생된 여러 나라 가운데 우리도 포함됐다. 그래서 우리는 1910년 경술국치부터 시작해 1945년까지 35년간 일본 제국주의(일제)의 통치를 당한 것이 민족 5000년 역사 중 가장 수치스러운 일로 기억되고 있다. 초기 제국주의를 주도한 것은 영국·프랑스·포르투갈·네덜란드·스페인 등이었고, 제국주의가 기승을 부린 19세기에 이르러 한발 늦게 식민지 확보 경쟁에 뛰어든 나라는 러시아·이탈리아·독일·미국·일본 등이었다. 제국주의와 식민지는 19세기를 대표하는 용어라 할 수 있다.

제국주의를 바라보는 시각은 다양하다. 제국을 하나의 경제공동체로 바라보아 인적·물적 자원과 상품의 판로 문제 등의 문제점을 해결할 수 있다는 긍정적 시각으로 보는 견해가 있는가 하면, 소수의 특정 계급에만 이익을 줄 뿐 다수의 사람에게는 실효적 이익이 없다는 견해도 있다. 경제보다 안보의 측면에서 제국주의를 바라보는 견해도 있다. 이들은 국가가 안보 확보를 위해 다른 국가보다 전략자원과 완충지 등을 선점하는 것은 당연하다는 견해로 다분히 승자독식의 의식을 반영한다. 가장 받아들이기 어려운 견해는 제국주의 점령을 통해 식민국가 국민을 독재로부터 해방하고 더 나은 생활 방식을 소개해줄 필요가 있다고 생각하는 것이다. 일제가 우리의 국권을 찬탈하고 식민 지배를 하면서 내세운 '식민지 근대화론'이 대표적 견해라고 할 수 있다.

이 밖에 마르크스주의 이론가들의 주장도 설득력 있게 받아들여지고 있다. 이들은 한 국가의 자본주의가 고도화되고 독점화되면 과잉 생산된 물품을 소진하기 위해 판로개척이 심화하는 자본주의 후기단계로 접어드는데 이것이 제국주의로 표출된다는 견해다. 이런 관점에서 마르크스주의자는 제국주의를 독점 자본주의라고 칭한다. 하지만 자본주의 이전의 고대나 중세에 진행된 제국주의에 대해서는 마르크스주의 이론으로 설명하기가 어려워진다. 또한, 러시아와 같이 사회주의를 주창하던 국가의 제국주의 합류에 대해서도 설득이 부족하다. 마키아벨리·베이컨·굼플로비치·히틀러·무솔리니 등은 우월성을 가지고 태어난 사람이 다른 사람을 지배하는 것은 자연 생존의 법칙이라는 매정한 견해를 보였다.

마르크스 이론이 그나마 설득력을 얻는 것은 18세기 영국에서 시작된 산업혁명 이후에 제국주의가 가속했다는 사실 때문이다. 또한, 식민지가 된 국가의 국민은 유럽인의 경제진출을 거부하였으나 유럽인은 이를 무력으로 제압해 그들의 의사와 상관없이 식민지화를 강행했다. 이런 과정에 제국주의 시대에는 곳곳에서 유혈사태가 벌어졌고, 강대국 간의 물고 뜯는 식민지 쟁탈전이 이어졌다. 제국주의가 팽창하던 시기에 이성과 신뢰, 자유와 진보, 인간의 존엄성 등은 존재하지 않았다. 약육강식의 논리에 사로잡힌 찬탈세력에 의한 살육과 강탈, 착취와 억압이 존재할 뿐이었다.

이 시기 전 세계 국가의 2/3가량이 식민지로 전락하는 불운을 겪었다. 특히 아시아와 아프리카 대부분 국가는 식민지화되면서 약탈당했고, 억압당했다. 그러면서 저항의 움직임이 곳곳에서 시작됐다. 한반도에서 벌어진 3.1만세운동은 식민지국이 제국주의 세력에 저항한 최초, 최고의 민족 저항운동이었다. 그래서 3.1운동은 세계사에 의미 있는 중요 사건으로 기록돼 있다. 아울러 3.1운동의 영향으로 중국에서 5.4운동이 일어난 것을 비롯해 수많은 국가에서 민족적 저항이 본격화했다. 특히 우리 민족은 3.1운동 이후부터 만주와 연해주·하와이·상해 등지를 중심으로 다각적인 독립운동을 시작하였다. 우리의 독립운동은 많은 식민국가에 지대한 영향을 끼쳤고, 민족 문제를 스스로 해결해야 한다는 자각을 안겨주었다.

제국주의를 논할 때 빠질 수 없는 저서가 있다. 그것은 다름 아닌 찰스 다윈의 '종의 기원'이다. 영국 슈루즈버리 출신의 저명한 과학자인 다윈이 1859년 발행한 '종의 기원'은 진화론을 담고 있다. 다윈은 책을 통해 모든 생명체는 적자생존과 약육강식의 법칙에 따라 진화한다고 주장했다. 생명과학 도서인 이 책은 사회과학 서적으로 활용되었다. 다윈의 이론은 '사회다윈주의'라는 이론으로 변질해 진화론을 인간사회에 적용되었다. 즉, 강대국이 약소국을 제압하고 강탈하는 것이 보편적 약육강식의 자연법칙이라고 주장한 것이다. 이러한 해석은 제국주의와 파시즘을 정당화하는 데 동원되었다. 다윈은 인간도 하나의 종이라고 믿어 노예제도조차 반대한 양심적 과학자였고 사회다윈주의자가 아니었지만, 제국주의 세력은 그의 뜻과는 상관없이 자신을 정당화하기 위한 논리로 다윈을 활용하였다.

찰스 다윈(1809~1882)

11

산업혁명

사전에서 혁명은 '기존의 사회 체제를 변혁하기 위하여 이제까지 국가 권력을 장악하였던 계층을 대신하여 그 권력을 비합법적인 방법으로 탈취하는 권력 교체의 형식'이라고 정의하고 있다. 더 쉽게 말하자면 억눌려 있던 대중이 소수의 권력자를 몰아내고 새로운 권력체계를 구성하는 것을 일컫는다. 소수가 음모하여 대중이 누려야 할 권력을 찬탈하는 것을 '쿠데타'라 하여 혁명과 구분하여 사용한다. 통치 형태가 바뀌는 것 외에 사회·경제적으로 급격한 변화를 겪는 것을 혁명이라고 일컫기도 한다. 산업혁명이 대표적이다.

산업혁명은 인류가 이제껏 이룬 많은 혁명 중에도 가장 위대한 혁명이라 할 수 있다. 그러면서도 역설적으로 인간을 불행에 빠뜨리게 한 혁명이기도 하다. 산업혁명 이전에 인류는 수천 년간 농경사회를 기반으로 살았다. 태어난 곳에서 농사를 기반으로 생업을 유지하며 가족 중심의 삶을 살았다. 웬만한 물건을 자급자족이라 하여 스스로 만들어 사용했다. 산업혁명이 발생하기 전 인류는 아주 소박하게 살았다. 산업혁명이 인간을 불행에 빠뜨린 사건이라고 앞서 말한 것은 지배와 피지배 계층의 간극이 더욱 커지고 생산력과 자본력 앞에 인간성이 처참히 무너지기 시작했기 때문이다.

산업혁명이 가장 먼저 일어난 곳은 영국이었다. 증기기관을 발명하며 인간이나 동물의 힘을 빌리지 않고 기계의 힘을 활용해 제품을 대량 생산할 수 있는 길이 열렸다. 아울러 증기기관을 활용한 기차가 운행되기 시작하면서 교통 분야에서도 혁혁한 변화가 일어났다. 증기기관을 이용해 가장 먼저 활성화된 산업은 면직물과 모직물 분야였다. 이전과는 비교도 할 수 없을 만큼의 면화와 양모가 필요하게 되었다. 특히 양모의 소비가 늘면서 지주가 소작농을 몰아내고 양을 키우는 목장을 만드는 일이 보편화 됐다. 농장에서 쫓겨난 소작농은 도시로 몰려와 저임금 노동자로 전락했다.

오늘날의 전기나 디젤기관과는 큰 차이를 보이겠지만, 증기기관을 장착한 기계의 생산력은 사람이나 동물의 힘을 이용하던 종전과 비교할 수 없는 수준이었다. 그래서 엄청난 물건이 시장에 쏟아졌고, 대중의 생활 수준도 크게 향상되었다. 자본력을 통해 생산설비를 가진 이들은 막대한 부를 축적하면서 부르주아[16]라는 신흥 세력으로 성장했다. 반면 엄청난 노동력을 제공하고도 저임금으로 빈민 생활을 할 수밖에 없던 다수의 노동자는 프롤레타리아[17]라는 새로운 신분이 돼 부르주아와 대치점에 섰다. 그런 가운데 프롤레타리아 계급은 산업사회가 안긴 물질적 기반을 토대로 혈통에 의한 신분제를 부정하는 시민 정신을 키워나갔다.

산업혁명 이후 사회는 부익부 빈익빈이 점차 가속했다. 물질의 생산력은 폭발적으로 늘어났지만 거기서 발생한 이익의 배분은 공평하지 못했다. 산업사회 초기에 노동자는 하루 평균 17~18시간의 노동을 했다고 전해진다. 여기에는 여성이나 아동도 포함된다. 도시로 인구가 몰리면서 전에 없던 도시문제가 생기기 시작한 것도 산업혁명의 후폭풍이었다. 인구 밀집과 주택 부족, 교통난, 상하수도 등 도시 기반 미흡, 질병의 창궐, 범죄의 빈발 등은 도시가 팽창하면서 발생하는 피할 수 없는 문제들이었다.

대량 생산이 가능해지면서 천연자원의 사용도 덩달아 증가했다. 석탄의 사용이 증가했고, 철강 또한 이전과는 비교할 수 없을 만큼 많이 사용되었다. 자본가는 제품의 생산을 최대화하고 이를 통해 더 많은 이익을 창출하기 위해 혈안이 되었다. 이런 문제를 단숨에 해결할 방법은 해외에 식민지를 구축하는 것이었다. 산업화의 손길이 미치지 못한 약소국을 점령해 자원을 제공하는 공급처 역할과 동시에 기계화로 생산된 많은 물건을 판매하는 시장 기능을 하는 곳이 바로 식민지였다. 19세기에 팽창한 제국주의는 산업혁명이 가져다준 산물이었다. 19세기와 20세기는 강대국에 의한 식민지 쟁탈전이 벌어져 약육강식이 일반화되었다.

1760~1830년대의 산업혁명은 영국 중심이었고, 영국은 홀로 강대 부국으로 존재하기 위해 기계화 기술 유출을 극도로 차단했다. 하지만 산업화의 물결은 막을 수 없는 대세였다. 영국 자본가 윌리엄과 존 코커릴이 1807년 벨기에에 기계화 공장을 세운 것을

시작으로, 1848년에는 프랑스도 공업국으로 변모했다. 뒤늦게 산업혁명의 시대를 맞은 독일도 풍부한 자원을 바탕으로 고속성장을 시작했다. 20세기에 이르러 독일은 영국을 위협할 단계까지 성장했다. 이 무렵 미국과 일본도 산업혁명의 대열에 합류했고, 소련도 기세등등하게 발전의 속도를 높였다.

산업혁명은 단순히 산업구조의 변화만 끌어낸 것이 아니었다. 인류의 삶을 송두리째 바꾸어 놓았다. 농업이 주류이던 농경사회는 모든 것이 가족 단위로 이루어졌다. 농업을 끌고 가는 노동력 자체가 가족에서 확보되었다. 하지만 산업혁명 이후 가족은 흩어져야 했고, 더는 생산을 위한 노동 공동체로 기능을 유지하지 못했다. 농민은 농사짓던 터전을 양 목장으로 내주고 일자리를 찾아 도시로 이주했다. 자본을 통해 생산설비를 가진 자와 가지지 못한 자의 격차는 상상을 초월할 만큼 벌어졌다. 돈의 가치가 단순한 교환의 가치를 뛰어넘어 부를 축적하기 위한 수단이 되었다. 물질만능주의와 인간 소외는 피할 수 없는 산물이 되었다.

12

프랑스대혁명

　현대인은 생활 속에서 '인권'이란 말을 자주 한다. 아주 보편적인 용어가 돼 있기 때문이다. 하지만 이 용어가 사용되기 시작한 것은 1789년 이후다. 그 이전에는 모든 인간에게 보편적으로 통용되는 인권의 개념이 없었다. 오늘날 거의 모든 국가는 헌법을 갖고 있고, 그 헌법은 하나같이 인간의 존엄을 인정하는 내용을 담고 있다. 인간의 존엄을 인정하는 내용은 1789년 프랑스대혁명 때 시민들로 구성된 국민의회가 발표한 '인권선언'에 기반을 두고 있다. 특히 "사람은 태어나면서부터 자유롭고 평등하다. 주권은 왕이 아닌 국민에게 있다."라는 내용은 근대 이후 각국의 헌법정신에 기초를 이루고 있다.

　중세에서 근대로 넘어오는 시점에 각국은 왕정시대의 종지부를 찍고, 공화정[18]으로 넘어오는 과정에서 시민 대중이 주도하는 혁명이라는 과정을 겪게 된다. 수많은 혁명 가운데 유독 프랑스에서 진행된 혁명은 대혁명이라고 부른다. 그만큼 혁명을 통해 주창한 내용이 혁신적이었고, 희생된 인원의 수도 많았기 때문이다. 프랑스대혁명으로 프랑스에 공화국 정부가 들어서자 주변국인 오스트리아·프로이센·러시아 등이 전쟁을 일으켜 공화정의 확산을 막아내려 했지만, 나폴레옹을 앞세운 프랑스는 이를 모두 막아냈다. 이후 나폴레옹은 국민투표를 통해 황제로 등극했으나, 유럽동맹국과의 워털루 전쟁에서 패한 뒤 세인트헬레나섬에 유배돼 생을 마쳤다. 프랑스혁명보다 59년 뒤인 1848년 유럽 전역에서 혁명이 번져 근대를 맞았다.

　프랑스대혁명을 이해하기 위해서는 루이 14세에 대해 알아야 한다. "짐이 곧 국가다."라는 말을 해 절대왕정을 대표하는 인물로 손꼽히던 루이 14세는 파리 근교에 초호화 궁전의 대명사로 지목되는 베르사유 궁전을 지어 귀족들과 방탕한 생활을 이어갔다. 그러면서 주변국 국정에 관여하며 수시로 전쟁에 참여하는 등 국력을 소진했다. 루이 15세를 거쳐 즉위한 루이 16세가 왕권을 잡았을 때 프랑스 재정은 바닥을 보였고, 신분제도의 불합리성으로 인한 민중의 불만은 극에 달했다. 당시 프랑스는 성직자가 1신분, 귀족이 2신분, 나머지 평민이 3신분으로 분리돼 있었고 1·2신분은 전 국토의 30%가 넘는 토지를 보유하고 주요 관직을 독차지하고 있었지만, 세금은 단 한 푼도 내지 않았다.

　재정 문제가 심각해지자 루이 16세는 1789년 베르사유 궁전에서 3개 신분이 모이는 삼부회를 개최하여 1·2신분에 대한 과세를 시도했지만, 그들의 강력한 저항에 부딪혀 실패하였다. 이로 인해 3신분에게 추가 과세의 부담이 지워질 상황이었지만 삼부회에서 극소수 제한적 인원이 참가한 3신분은 이를 막아낼 힘이 없었다. 3신분 대표들은 삼부회를 박차고 나와 '국민의회'라는 자신들만의 의회를 만들어 저항했다. 루이 16세가 회의장을 폐쇄하자 국민의회는 테니스장에서 회의를 열고 국왕이 새로운 헌법을 제정할 때까지 투쟁하겠다는 내용을 담은 '테니스코트 선언'을 발표했다. 혁명의 도화선이 만들어진 것이다.

국왕이 군대를 소집해 국민의회를 해산하려 한다는 소문이 돌자 시민은 민병대를 조직해 바스티유 감옥을 습격해 무기를 탈취하고 수비대원을 학살했다. 이후 혁명은 들불처럼 번졌고, 국민의회는 봉건제 폐지 선언에 이어 '인권선언'을 발표했다. 시민 세력의 저항이 거세지자 루이 16세는 인권선언을 승인했다. 루이 16세가 사태를 피해 그의 부인인 왕비 마리앙투아네트와 마리앙투아네트의 친정인 오스트리아로 도주하려다 국경 근처에서 혁명군에게 붙잡히는 사건이 발생했다. 오스트리아에 파병을 요청해 혁명군을 제압하고자 했지만, 수포가 되었다. 분노한 혁명군은 재판과정을 거쳐 루이 16세와 왕비 마리앙투아네트를 단두대에서 처형하였다.

이때 시민 세력은 온건파와 강경파로 나뉘어 있었고, 각각 지롱드당과 자코뱅당을 꾸렸다. 의회에서 지롱드당이 우측에 앉고, 자코뱅당이 좌측에 앉았다. 이 전통이 오늘날 우파와 좌파 개념의 기원이 되었다. 왕비 도주 사건으로 자코뱅당의 입지에 힘이 실려 이들이 주도권을 잡은 가운데 그 대표였던 로베스피에르는 무자비한 공포정치를 진행하며 지롱드당 수장 당통을 포함해 3만

5000명에 이르는 시민을 단두대에서 처형했다. 투옥되는 인사도 50만 명에 이르렀다. 상황이 심각해지자 혁명군은 로베스피에르를 탄핵하고 그를 단두대에서 처형했다. 자연스럽게 권력의 중심은 반대파인 왕당파로 옮겨갔다.

하지만 로베스피에르를 제거하고 집권은 반대파는 부유층에 끌려다니는 무력한 모습을 보였고, 5명의 총재로 구성된 총재정부 형태로 정권을 이끌었다. 이 정부의 무능은 극에 달했고, 이러한 가운데 1799년 나폴레옹이 쿠데타를 일으켜 총재정부를 몰아내고 실권을 잡았다. 혁명 발발 직후부터 혁명의 파급을 염려한 주변국이 군대를 일으켜 프랑스를 침공했다. 혁명의 소용돌이에 휘말렸던 프랑스는 영국·오스트리아·프로이센 등에 연전연패하며 위기를 맞았으나, 뒤늦게 시민으로 구성된 의용군이 파리로 몰려들어 기적적으로 프랑스를 구해냈다. 군대를 장악한 나폴레옹은 3인의 통령정부를 수립했고 임기 10년의 제1통령에 취임하였다.

주변국과 연이은 전쟁에서 잇단 승리를 거머쥔 나폴레옹은 시민의 환대 속에 1804년 실시한 국민투표에서 99.8%라는 엄청난 지지를 얻어 프랑스 초대 황제로 등극했다. 시민 혁명을 통해 왕정을 무너뜨리고 어렵게 공화정을 이룩했지만, 프랑스는 황제가 통치하는 제정의 시대로 회귀한 것이다. 황제가 된 뒤 힘을 얻은 나폴레옹은 주변국이 동맹을 맺고 여러 차례 침공하였으나, 이를 모두 막아냈고 역으로 주변국을 침공해 그들을 점령해 나갔다. 유럽 대부분이 나폴레옹의 손아귀에 들어왔다. 하지만 60만 대군을 이끌고 1812년 단행한 러시아 원정에서 대패한 것을 시작으로 연패하고 몰락했다. 나폴레옹은 한 차례 실각 후 재기를 노렸지만 결국 다시 일어서지 못했다.

나폴레옹 정권의 몰락 후 유럽 각국은 프랑스혁명을 이끈 시민 정신이 확산하는 것을 막고 나폴레옹 전쟁으로 복잡해진 국경 문제를 해결하기 위해, 1815년 6월에 오스트리아 빈에 모여 회의를 개최했다. 회의의 주된 의제는 유럽을 프랑스대혁명 이전의 모습으로 되돌리자는 것이었다. 실제로 각국은 시민의 자유주의와 민족주의 운동을 억압했다. 이러한 혼돈의 시대를 거쳐 1830년 프랑스에서는 재차 혁명이 일어났고, 1848년에는 전 유럽이 혁명의 불길에 휩싸였다. 이로써 프랑스대혁명의 가치는 빛을 내기 시작했고, 혁명을 통해 궁극적으로 얻고자 했던 시민이 주도하는 세상이 열렸다. 오늘날 대부분 국가가 누리는 인권의 가치, 공화정 체제 등은 프랑스대혁명을 통해 발화된 것이다.

13

세계
1·2차대전

인류가 벌이는 일 중 가장 참혹한 짓이 전쟁이다. 무고한 사람이 수없이 죽게 되고, 살아남았다 해도 전쟁에서 패하면 정복자의 지배를 받아 비참한 삶을 살게 된다. 인류 역사상 존재했던 수많은 노예의 대부분은 전쟁에서 패하거나 포로가 된 자들이었다. 전쟁이 발생하면 삶의 터전이 폐허가 되고 인류가 소중히 간직해야 할 문화유산이 사라진다. 하지만 불행하게도 인류의 역사는 전쟁의 역사라 해도 과언이 아닐 정도로 크고 작은 전쟁이 끊이지 않았다. 지금도 전쟁은 계속된다. 전쟁의 이유는 다양하다. 땅을 빼앗고, 노예를 확보하기 위해 전쟁을 벌이기도 했고, 자원을 약탈하기 위한 전쟁도 있었다. 종교나 신념이 달라 총과 칼을 든 사례도 부지기수다.

그나마 다행스러운 것은 1950년대 이후의 전쟁은 국지적으로만 전개될 뿐 주변국으로 확대되지 않는다는 점이다. 이는 전적으로 세계 1차와 2차 대전의 영향이라고 할 수 있다. 인류 역사상 가장 참혹한 전쟁이었고, 가장 많은 사상자를 낸 양대 전쟁을 치르고 나서 인류는 뒤늦게나마 자성을 하고 전쟁을 막기 위한 제도 마련에 돌입했다. 다시 대규모 전쟁이 발발하면 전쟁 당사국은 물론이고 인류 전체가 공멸할 수 있다는 위기의식이 확산한 것이다. 1차 대전 이후 추가적 전쟁 도발을 막고 약소국의 안전을 도모한다는 데 뜻을 두고 출범한 국제연맹은 제 기능을 못 하고 흐지부지 소멸했다. 그러나 2차 대전 이후 출범한 국제연합이 나름의 역할을 하며 3차 대전 발발을 차단하고 있다.

두 차례의 세계대전은 이전의 전쟁이 그러했듯이 자국의 이익을 앞세우는 국가 이기주의에 기반하고 있다. 산업혁명 이후 공업 생산력이 폭발적으로 확대되면서 열강은 경쟁적으로 식민지를 확보해 자원의 공급처와 제품의 판매처로 삼으려 했고, 이것이 세계대전으로 연결됐다. 세계대전 이전의 전쟁은 국가 대 국가, 민족 대 민족의 대립 양상을 보였지만, 세계대전은 '동맹' '연합' 등의 이름으로 연대한 양대 세력이 맞붙는 전면전으로 치러졌다. 대전이란 이름처럼 세계 모든 나라가 전쟁의 직·간접적 영향권에 들었다. 양대 대전은 전쟁과 관련한 모든 역사 기록을 갈아치웠을 뿐 아니라 인류사의 대전환을 끌어냈다.

식민지 개척에 가장 적극성을 보인 영국은 1880년대 이집트 카이로(Cairo) 남아프리카공화국 케이프타운(Cape town) 인도의 캘커타(Calcutta)를 연결하는 거대한 식민지 벨트를 구축하고자 하는 3C 정책을 세워 실행을 추진했다. 같은 시기 프랑스는 아프리카 북부 알제리를 거점 삼아 남동쪽 인도양 섬나라인 마다가스카르

(Madagascar)까지 연결하는 아프리카 횡단정책을 구상했다. 후발주자로 제국주의 경쟁에 뛰어든 독일은 본국의 베를린(Berlin)과 오스만제국의 비잔티움(Byzantium·현재의 이스탄불), 이라크 바그다드(Bagdad)를 잇는 철도를 부설해 이를 기반으로 식민지 기반을 닦으려는 의도를 보였다. 이를 독일의 3B 정책이라 한다. 열강의 이같은 정책이 부딪히며 세계대전의 싹은 움트기 시작했다.

1882년 독일이 숙적인 프랑스를 고립시킬 목적으로 범게르만주의를 앞세워 오스트리아, 이탈리아와 3국 동맹을 결성했다. 이에 맞서 영국, 프랑스, 러시아는 범 슬라브주의를 기반으로 3국 협상을 체결해 독일의 팽창을 견제하기 시작했다. 그러던 중 슬라브계인 러시아의 도움으로 오스만 제국의 식민지에서 벗어나 독립한 발칸반도의 보스니아와 세르비아가 통합을 준비하고 있었으나 갑자기 오스트리아가 보스니아를 합병했다. 그리고는 오스트리아 황태자 부부가 보스니아의 수도 사라예보를 방문했다가 세르비아 출신의 청년에게 피격돼 즉사하는 일이 벌어졌다. 1914년 7월 28일 오스트리아는 즉각 세르비아에 선전포고했다. 이것이 1차 대전의 시작이었다.

세르비아에 대한 선전포고에 러시아가 즉각 대응에 나섰고, 오스만제국과 불가리아는 3국 동맹에 힘을 보냈다. 그러자 일본과 중국은 3국 연합에 가세했다. 동맹국의 핵심 전력은 독일이었다. 너머지 나라는 사실상 허울뿐이었고 독일이 혼자서 전투를 이끌었다. 독일은 서부전선에서 영국·프랑스와 맞붙어 전과를 올렸고, 동부전선에서는 러시아에 맹공을 퍼부었다. 1차 대전부터 장갑차·탱크·전투기·기관총 등이 개발돼 전장에 투입돼 재래식 무기를 대신했다. 당연히 대량 살상으로 이어질 수밖에 없었다. 더욱이 참호를 파고 그 속에서 전투에 임하는 양상이 시작돼 전쟁은 장기전으로 흘러갔다.

서부전선 해상에서 영국 함대가 맹위를 떨치자 독일은 U-보트라는 이름의 중형 잠수함을 활용한 무제한잠수함작전을 펼쳤다. 해상을 오가는 선박의 국적을 파악하지 않고 무작위로 잠수함에서 공격을 퍼부어 함선을 침몰시키는 작전이었다. 무제한잠수함작전으로 인해 미국 상선이 3척이 피격되며 다수의 미국인이 사망하는 사건이 발생했다. 1차 대전에 참전하지 않고 군수물자를 생산하고 판매해 막대한 경제성장을 이루던 미국은 이 사건을 계기로 참전하게 된다. 미국의 선전포고 후 중남미 다수의 국가가 연합국에 가담해 독일을 상대로 참전한다.

미국의 참전 후 전세가 급반전해 독일에 끌려다니던 연합국의 전력이 급상승했다. 이 무렵 러시아는 볼셰비키 혁명이 일어나 연합국을 탈퇴하고 전쟁에서 빠져 자국 문제 해결에 들어간다. 동맹국 중 오스만제국과 불가리아·오스트리아가 전세의 불리함을 깨닫고 먼저 항복한다. 독일은 끝까지 남아 항전하던 중 국내에서 전쟁반대파가 바이마르공화국을 건국하며 연합국에 항복했다. 이로써 1914년 7월 28일 시작된 1차 대전은 1918년 11월 11일 종지부를 찍었다. 단기전으로 끝날 것이란 기대와 달리 전쟁은 3년 4개월간 이어졌다. 세계열강이 거의 참여한 장기전이었다.

그런 만큼 피해도 컸다. 1차 대전의 사망자는 1000만~1500만

명으로 추산한다. 이 기간 스페인 독감이 발병해 1700만 명이 목숨을 잃는다. 독감은 어마어마한 속도로 퍼져 인류의 목숨을 앗아갔지만, 전쟁에 빠진 다수의 국가는 방역보다 전쟁에 몰입하는 모습으로 일관했다. 전쟁에 참여하지 않은 스페인은 독감의 발병과 확산에 대해 언론 등을 통해 널리 알렸다. 그래서 스페인에서만 독감이 발생한 것으로 오해하는 사람이 많았고, 이 독감은 스페인 독감으로 명명됐다. 1차 대전이 주요국가의 총력전으로 진행되면서 남성을 대신해 여성의 사회진출이 활발해지면서 여성의 참정권이 구축된 것은 주목할 일이다.

1차 대전에서 패한 독일은 승전국과 베르사유조약을 체결하고 막대한 전쟁 보상금을 물어야 했다. 독일은 1919년 6월 28일 연합국과 전쟁 이후의 국제관계를 확정하는 내용을 담은 베르사유조약을 체결했다. 연합국이 독일에 제시한 조건을 가혹했다. 독일은 해외 식민지를 잃어야 했고, 알짜배기 땅인 알자스 로렌 지방을 프랑스에 반환해야 했다. 향후 육군 병력 운용 인원은 10만 명이내로 제한됐고, 해군 군함 보유량도 10만 톤 이내로 제한됐다. 공군과 잠수함의 보유는 아예 불허됐다. 독일이 물어야 하는 전쟁 배상금도 어마어마해 330억 달러(1320억 마르크)에 달했다. 이러한 가혹한 조치로 인해 독일은 경제적 파탄 지경에 이른 것은 물론이고, 독일 국민 사이에는 엄청난 불만이 누적되기 시작해 2차 세계대전을 촉발하는 계기가 되었다.

1차 대전 기간 엄청난 군수물자를 만들어 이익을 챙겼던 미국은 전쟁 종결 후 과잉 생산되는 물자를 처분하지 못해 대공황이 발생했다. 검은 목요일이라 불리는 1929년 10월 24일을 기해 미국 경제는 멈춰 섰다. 1차 대전 승전국인 영국과 프랑스도 불황이 급습했으나 이들은 식민지를 더욱 가혹하게 수탈하는 방법을 통해 위기에서 벗어나고자 했다. 반면 패전국인 독일과 이탈리아는 새로운 식민지 개척을 통해 자국의 문제를 해결하고자 했다. 미 무렵 독일과 이탈리아는 각각 나치즘과 파시즘이란 전체주의[19] 국가관으로 국민을 무장해 전쟁 의지를 끌어올렸다. 일본도 국민에게 전체주의와 군국주의[20] 사고를 주입해 전쟁 참여 분위기를 조성했다. 이들은 추축국이란 이름으로 동맹을 맺고 결속했다.

히틀러 집권 이후 호전적 분위기를 한껏 끌어올린 독일은 1938년 오스트리아와 1939년 체코슬로바키아를 합병해 몸집을 키우더니 1939년 9월 1일 폴란드를 침공했다. 이에 영국·프랑스·러시아가 발끈하며 독일에 선전포고했고, 이것이 2차 대전의 발단이 됐다. 독일은 전쟁 초기 무서운 기세로 프랑스를 포함한 유럽 대부분을 점령했다. 다만 바다 건너 영국이 버텨주면서 유럽의 싹쓸이는 면했다. 독일은 급기야 불가침 조약을 체결했던 러시아까지 침공했고, 이에 러시아가 연합국에 합류하며 전쟁은 확대되었다. 이 무렵 일본은 중국을 침공해 중일전쟁을 일으켜 세계 곳곳이 전쟁의 소용돌이에 휘말렸다. 첨단 대량파괴 무기가 보편화한 2차 대전은 곳곳을 불바다로 만들었다.

5000년 아시아 패권국인 중국을 넘어뜨린 일본은 기세가 올라 급기야 1941년 12월 7일 건드려선 안 될 존재인 미국까지 공격하기에 이르렀다. 하와이 진주만을 무차별 포격해 군 시설 등에 엄청난 피해를 줬을 뿐 아니라 민간인과 군인 등 2000명 이상의 미국인이 사망했다. 1차 대전에 이어 2차 대전까지 미국이 참전하게 된 것이다. 미국 참전 이후 전세는 급격히 연합국의 우세로 기울었다. 미국이 미드웨이 해전에서 일본에 대승을 거뒀고, 소련은 스탈린그라드 전투에서 독일에 치명적 패배를 안겼다. 상황이 기울자 이탈리아가 추축국 중 가장 먼저 항복했다. 여기에 노르망디 상륙작전이 성공하며 프랑스가 해방됐고, 독일이 항복하며 전쟁은 막바지로 치달았다.

그러나 일본만은 결사 항전을 다짐하며 여성까지 총동원령을 내리는 등 자세를 굽히지 않았다. 1941년 3월 10일 미국은 전투기를 이용해 도쿄와 그 주변에 폭탄을 쏟아부어 초토화했으나, 그래도 일본은 뜻을 굽히지 않았다. 결국, 미국은 개발에 성공한 원자폭탄 사용을 결심하고 히로시마와 나가사키에 각각 리틀맨과 팬맨으로 명명된 원자폭탄을 투하했다. 인류 역사상 최초이자 마지막이라고 기록된 이 두 발의 원자폭탄은 치명적 피해를 안겼고, 1945년 8월 15일 일본은 추축국 중 마지막으로 항복했다. 이로써 2차 대전은 발발 6년 만에 끝났다.

2차 대전이 진행될 당시의 세계인구는 23억 명이었다. 2차대전을 통해 최소 5000만 명 이상이 목숨을 잃었다. 그러니 세계대전이 한 차례 더 발생한다면 인류는 종말을 고할 수밖에 없다는 사실을 세계인은 깨달았다. 특히 원자폭탄의 사용은 세계인에게 엄청난 공포감을 안겼다. 그 결과물로 만들어진 것이 국제연합(UN)이다. 2차 대전은 인류 역사상 가장 많은 국가가 참전해 가장 많

은 사람이 목숨을 잃고, 가장 큰 피해가 발생한 전쟁이다. 2차 대
전 종전 후 식민지 상태였던 많은 국가가 독립하였지만, 대부분
자국 내부의 독재정권에 의해 다수 국민이 핍박당하고 있다. 그런
면에서 세계대전은 끝났지만, 아직 세계인의 마음에 봄은 찾아오
지 않았다.

1차 세계대전

2차 세계대전

14

냉전冷戰시대

1차와 2차 세계대전은 몇몇 강대국 간의 패권 다툼이 원인이다. 더 많은 식민지를 확보해 자국에서 발생하는 문제를 해결하는 동시에 자국의 이익을 최대화하려는 의도에서 전쟁은 벌어졌다. 2차례의 대전을 통해 6000만~7000만 명의 사망자가 발생했고, 세계 곳곳은 폐허가 됐다. 돌이켜 보면 모두가 패자인 전쟁이었다. 엄청난 규모로 벌어진 세계대전이 끝나면 모두가 평화롭게 살 수 이는 시대가 올 것이라고 사람들은 굳게 믿었다. 그러나 세계대전이 끝났어도 사람들은 결코 평화롭지도, 행복하지 못했다. 2차례의 세계대전이 화력을 앞세운 전쟁이었다면, 2차 대전이 끝난 후에는 화력을 직접 사용하지는 않았지만 냉랭한 분위기 속에 세계 각국은 양대 진영으로 갈려 새로운 냉전(Cold War)의 시대를 맞았기 때문이다.

냉전이란 용어는 미국 재정전문가로 대통령 고문이던 버나드 바루크가 1947년 의회 토론에서 처음 사용하였다. 직접 총을 들지는 않지만, 잠시도 긴장을 늦출 수 없는 삼엄한 분위기가 세계를 얼어붙게 했다. 1945년 5월 독일이 연합군에 항복하자 미국·영국과 소련 사이에 불안전했던 전시 동맹이 해체되었다. 2차 대전을 치르는 동안 미국과 소련은 연합군이란 이름으로 한데 모여있었지만, 이들의 지향점은 달랐다. 독일의 항복 이후 양국은 속내를 드러내기 시작했다. 1차 대전 중 볼셰비키 혁명으로 공산당 정권을 수립한 소련은 1948년 동유럽 각국에 좌익 정부의 설립을 지원했다. 이는 소련의 항구적 동유럽 지배를 의심하게 하기에 충분했다. 아울러 소련의 영향력이 동유럽을 넘어서 서유럽과 그 밖의 지역으로 확대될 것을 염려하게 했다.

소련은 독일의 전쟁 재발을 막아야 한다는 명분 아래 동유럽 국가들에 대한 지배권을 지속해서 유지할 생각이었다. 물론 소련 공산당 정부는 공산주의 체제를 세계 각국에 보급해 공산주의 이데올로기로 세계를 통일하고자 했다. 이에 대해 미국과 영국이 반기를 들며 냉전체제가 시작되었다. 냉전은 1947년과 1948년에 걸쳐 고착되었다. 미국은 마셜플랜을 밝히며 자국으로부터 원조를 받은 서유럽 국가를 영향력 아래 두려고 있다. 소련은 미국의 행보에 아랑곳하지 않고 인접한 동유럽 국가에 대한 영향력을 키워나갔다. 폴란드·체코슬로바키아·유고슬라비아·동독·불가리아·헝가리·루마니아·알바니아 등에 차례로 공산정권이 들어섰다.

냉전을 이해하려면 트루먼독트린과 마셜플랜에 대한 이해가 선행돼야 한다. 당시 미국 대통령이던 트루먼은 1947년 3월 12일 공산주의 폭동의 위협을 받고 있던 그리스와 소련의 팽창으로 공산화 위기에 놓여있던 터키에 즉각적인 경제 및 군사 원조를 선언했다. 이것이 트루먼독트린이다. 국방부 장관이던 조지 C. 마셜은 1947년 6월 5일 하버드대학교 연설에서 전쟁의 후유증으로 피폐해진 유럽 국가를 대상으로 미국이 재정지원을 할 의사가 있음을 밝혔다. 이로써 7월에 유럽경제협력위원회가 미국에 제출한 유럽 경제 재건안은 미국 의회의 승인을 받았다. 그러나 마셜플랜은 반소·반공주의를 전제로 한 것이었다. 소련은 처음부터 참여를 거부했고, 동유럽 국가들도 이 계획에서 탈퇴했다.

미국 지원을 받은 18개국 모임에 미국과 캐나다가 합류하면서 유럽경제협력기구는 지금까지 존속하고 있는 OECD 경제협력개발기구(Organization for Economic Cooperation and Development)로 발전하였다. 미국의 원조를 받은 유럽 국가들은 4년간 국민총생산이 연평균 15~25% 성장하며 산업 경쟁력을 회복했다. 당연히 미국의 영향력이 커질 수밖에 없는 상황이 되었다. 더욱이 1994년 이후에는 경제원조가 군사 원조로 성격이 바뀌기 시작했다. 자연스럽게 군사동맹인 북대서양조약기구(NATO)가 형성되는 원인이 되었다. 이들과 대척점에 서게 된 수련과 동유럽 국가들은 1955년 바르샤바조약기구(WTO)를 결성해 미국을 위시한 서유럽 국가들에 맞섰다. 냉전의 시작이었다.

1948년~1953년 냉전은 절정에 달했다. 소련은 1948년 원자폭탄 실험에 성공하며 미국이 유지하던 핵 독점을 종식했다. 1949년 중국은 공산당이 정권을 장악해 소련 등 공산주의 국가에 힘을 보탰다. 소련의 지원을 받은 북한은 1950년 미국의 지원을 받고 있던 남한을 침공하여 3년간의 전쟁이 벌어졌다. 유럽에 이어 아시아·아프리카·중동을 놓고 미국과 소련은 계속해서 세력 경쟁을 벌여나갔다. 물러설 수 없는 팽팽한 경쟁 관계가 이어지는 가운데 미국과 소련은 대륙간탄도미사일 개발에 착수했다. 소련은 미국 주요 도시를 공격할 수 있는 핵미사일을 쿠바에 설치하려 했다. 3차 세계대전 발발 직전에 양국은 합의해 미사일은 철수됐다.

1962년 미국과 소련은 서로 핵무기를 사용할 의사가 없음을 밝혀 오랜 기간 지속한 일촉즉발의 위험이 가라앉았다. 1990년 동독과 서독으로 갈려있던 독일이 통일 독일 정부를 수립했고, 2차 대전 승전국들이 이를 승인해주면서 냉전체제는 막을 내리기 시작했다. 1990년 유럽안전보장회의 소속 34개국이 대결과 분열을 종식하는 내용을 담은 파리헌장에 서명함으로써 냉전은 소멸하였다. 이듬해인 1991년 냉전체제를 이끌었던 한 축인 소련이 무너졌다. 소련은 러시아를 비롯해 14개 공화국으로 분리되었다. 1917년 러시아혁명을 거쳐 형성된 소련이 70여 년 만에 역사 속으로 사라지게 된 것이다. 소련의 붕괴는 냉전의 재점화 불씨를 완전히 소멸시켰다.

냉전 시대를 지내면서 세계 각국의 피로도는 극도로 상승했다. 체제의 대립 속에 과도한 군비경쟁을 통해 국력을 소모해야 했고, 체제와 진영이 다른 국가 간의 교역은 이루어지지 않았다. 오직 이념 대립만 존재했다. 실익은 아무것도 없었다. 체제에 대한 교조적 맹신이 있었을 뿐이다. 각국은 실리보다 이데올로기를 앞세웠다. 양 체제의 극한 대립 속에 당 시대를 살던 세계 시민은 늘 불안과 공포에 떨어야 했다. 언제 어느 곳에서 어떤 형태로 전쟁이 재발할 수 있는 위기감이 상존했기 때문이다. 합리적 공조와 실리적 타협은 없었다. 냉혹한 이데올로기 경쟁만 존재했다. 인류 공영이란 헛구호에 불과했다. 그래서 피곤할 수밖에 없었다.

세계 각국은 냉전 시대의 피해에서 벗어날 수 없었다. 그런 가운데 한국전쟁을 치른 남한과 북한은 다른 어떤 나라와 비교할 수 없는 극심한 피해에 시달려야 했다. 언제 전쟁이 재발할 수 있다는 위기감 속에 소모적 군비경쟁은 지속했다. 온 국민을 대상으로 하는 이념화 교육으로 국민의 의식마저 피폐해질 수밖에 없었다. 냉전이 이어지는 동안 다른 어떤 가치도 이데올로기를 넘어설 수 없었다. 남한의 경우 반공보다 더 큰 국가적 목표는 없었다. 어린이부터 노인에 이르기까지 모든 국민은 시도 때도 없이 북한 타도와 멸공을 외쳤다. 북한을 비롯한 공산 진영 국가는 계획경제 체제 아래 경제성장이 멈춰서 극심한 빈곤을 겪으며 군사력 증강에만 몰두해 상대적으로 고통이 컸다.

제3장

철(哲)의 영역

소크라테스
Socrates

    인류의 4대 성인(聖人)이란 말이 공공연하게 사용된다. 성인이란 지혜와 덕이 뛰어나, 길이 본받을 만한 사람을 일컫는다. 더 쉽게 설명하자면 모든 하는 말이 옳은 말이고 진리이며, 모든 하는 행동이 옳은 일이고 모범인 사람을 성인이라고 한다. 종교적 측면에서 볼 때는 각 종교마다 성인을 규정하는 범위가 차이를 보인다. 인류의 4대 성인이라 하면 인류 5000년 역사를 통틀어 지혜와 덕이 출중해 후세의 모든 사람이 본받아야 할 4명의 위대한 성인을 지칭한다. 왜 굳이 4명을 지목했는지, 어떤 기준으로 4명을 지목했는지 뚜렷하지 않다. 그래서 4명을 지칭할 때 기준에 따라 1~2명씩 차이를 보인다.

    일반적으로 4대 성인이란 용어를 처음 사용한 것은 일본의 이노우에 엔료(1858~1919)라는 사상가로 알려졌다. 그의 생몰연대를 통해 유추할 수 있듯 19세기 말에서 20세기 초에 처음 등장한 말로 보인다. 불교에 정통했던 사상가로 알려진 엔료는 붓다와 더불어 공자, 예수, 소크라테스를 4대 성인이라고 지목했다. 그러나 이후 사상가마다 또는 학계나 종교계마다 4대 성인을 보는 시각은 달랐다. 이들 4명 중 소크라테스를 빼고 무함마드를 넣기도 하고, 예수를 빼고 이마누엘 칸트를 넣는 사례도 있다. 보는 시각에 따라 성인의 기준이 다를 수 있으니 특정인을 4대 성인으로 선정하는 것은 어쩌면 무의미한 논쟁일 수 있다. 반드시 4명이어야 한다는 주장도 설득력이 없다. 인류에 지대한 영향을 끼친 성인이 단 4명으로 국한된다는 것은 받아들이기 어렵다. 기준이 뚜렷하지 않기 때문이다.

아무튼 소크라테스(BC 470~BC 399)는 가장 보편적으로 인류 4대 성인을 말할 때 지목되는 인물 중 한 명이다. 신격화된 나머지 성인과 달리 그는 인간으로서 아주 평범한 일상을 살다 갔다. 그는 현실을 뛰어넘는 세계에 관한 어떤 발언도 하지 않았고, 사후세계나 구원에 대해서도 언급한 바 없다. 그러나 그가 세상을 떠난 지 2500년이 넘는 세월이 흘렀지만, 인류는 그를 기억하고 있고, 그가 남긴 말에 주목하고 있다. 그는 서양 합리주의 사고의 단초를 제공한 인물이며, 인류가 최초로 신의 영역에서 탈피해 인간에 집중할 수 있도록 길을 터준 인물이다. 그가 있었기에 플라톤과 아리스토텔레스가 있을 수 있었고, 이들 3인방이 있었기에 그리스는 여전히 인류 문명의 꽃으로 평가받고 있다.

소크라테스는 고대 그리스 아테네의 철학자이다. 늘 문답을 통해 대화하기를 즐겼으며, 그 문답을 통해 상대가 스스로 무지를 깨달을 수 있도록 유도했다. 당시 아테네에는 돈을 받고 지식과 화법을 가르치는 소피스트[21]가 횡행했다. 소피스트에 의해 말장난에 가까운 화법이 확산해 아테나가 혼란에 빠질 즈음 소크라테스는 시민들에게 끊임없이 질문하고 생각하도록 유도했다. 그의 질문은 상대를 귀찮게 할 정도였다고 전해진다. 그래서 그의 별명은 '아테네의 등에'[22]였다. 소나 말 등의 피를 빨아먹는 등에가 소나 말을 괴롭혀 움직이게 만드는 것처럼 소크라테스가 아테네인이 귀찮아할 정도로 질문을 던져 많은 생각을 하게 했다는 이유로 그에게 붙여진 별명이었다.

세계 모든 사람이 소크라테스라는 이름을 들었을 때 가장 먼저 떠올리는 말은 "너 자신을 알라(Know yourself)."와 "악법도 법이다."이다. 이 중 "악법도 법이다."라는 말에 대해 그가 그런 말을 하지 않았다는 주장이 많아 논란이 거세다. 하지만 "너 자신을 알라."라는 소크라테스의 철학을 한 마디로 축약한 말로 어떠한 논란이 없다. 그는 늘 무지(無知)에 대한 깨달음을 강조했다. 소크라테스가 늘 강조한 무지에 대한 깨달음은 동시대를 살았던 중국 노자(老子)의 견해와 일맥상통한다. 노자도 '지무지상의(知無知上矣)'라 하여 "무지를 깨닫는 것이 최상이다."라고 했다. 같은 시대 수천만 리를 떨어져 살았던 두 인물이 어쩌면 이토록 같은 말을 했는지 놀랍기 그지없다.

소크라테스 이전 철학자의 관심은 신과 자연이었다. 그가 인간의 생활과 성격, 행위에 관해 관심을 두기 시작하면서 철학의 대상은 자연스럽게 사람으로 옮겨갔다. 그래서 철학자 키케로는 "소크라테스가 철학을 하늘에서 땅으로 끌어 내렸다."라고 평가했다.

그의 제자 플라톤과 아리스토텔레스가 인류 역사에 길이 남을 명저를 저술한 것과 달리 소크라테스는 어떠한 글이나 저서를 남기지 않았다. 그런데도 그가 가장 위대한 철학자이며 성인의 반열에 오른 인류의 스승이라는 점에서 누구도 반론을 제기하지 못한다. 소크라테스가 있었기에 고대 그리스는 서양문화의 진원지로 평가받고 있다. 소크라테스로 인해 인간을 바라보는 철학이 시작되었다. 그것은 서양철학의 기반이 되었다.

소크라테스는 페르시아전쟁(BC 490~BC 448)에서 그리스가 승리하고 그리스 도시국가 사이에서 아테네가 주도권을 잡아가던 시기에 태어났다. 그가 39세 되던 해 아테네와 스파르타가 그리스 패권을 놓고 한판 대결을 벌인 펠레폰네소스전쟁(BC 431~BC 404)이 발발했고, 그 전쟁은 그가 71세의 나이로 사망하기 5년 전까지 이어졌다. 그래서 그의 삶과 죽음은 시대적 상황과 무관치 않다. 펠레폰네소스전쟁에서 승리한 스파르타는 아테네를 점령했고, 친스파르타 인사와 반민주주의자 30명으로 구성된 과두정치[23] 체제를 세워 공포정치를 실시했다. 이들은 소크라테스에게 교육을 그만두라고 명령했지만, 소크라테스는 듣지 않았다.

과두정치가 끝나고 민주정이 회복됐지만, 아테네를 지배한 신흥 정치세력은 진리와 도덕에 가치를 두고 살아가는 소크라테스가 위협적으로 받아들여졌다. 그래서 소크라테스를 희생양으로 삼기 위한 음모를 꾸몄다. 그들은 소크라테스가 청년을 부패하게 했고, 나라에서 인정하는 신을 섬기지 않고 다른 신을 섬긴다는 이유로 법정에 세웠다. 배심원들 앞에서 너무도 당당하게 자신을 변호하는 소크라테스의 모습은 재판관과 배심원들에게 조롱받는 기분을 느끼게 하기에 충분했다. 결국, 소크라테스는 사형을 선고받았다. 모함을 받고 죽을 날을 기다리는 신세가 되었지만, 담담한 모습을 잃지 않았다. 결국, 그는 독배를 마시고 의연하게 죽었다.

아내 크산티페를 비롯해 친구와 제자들이 소크라테스가 갇혀있는 감옥을 찾아갔다. 친구 크리톤이 어떤 금전적 부담을 감내하더라도 관리들을 매수할 테니 탈출하라고 권했지만, 소크라테스는 "나는 아테네 법이 시민에게 주는 특권과 자유를 누리며 살았다. 그런데 이제 그 법이 내게 불리해졌다고 지키지 않는 것은 비겁하다."라며 탈출 권유를 거부했다. 이 때문에 그가 "악법도 법이다."라고 말했다는 일화가 전해지는 것이다. 세상 사람 누구나 그가 남긴 말 중 "너 자신을 알라."와 "악법도 법이다."를 기억한다. 이 말은 전 인류가 2500년 넘게 소크라테스를 기억하게 한 말이다. 그의 철학이 이 두 마디 말에 녹아있다.

소크라테스는 인간 행위의 진정한 주체는 영혼(자아)인데도 불구하고 아테네 시민은 명예나 재산, 육체 등 자기 소유물에 영혼을 종속시키고 있다고 보았다. 그래서 아테네의 정치적, 도덕적 부패가 일어난다고 주장했다. 이러한 그의 사상을 함축된 말이 "너 자신을 알라."이다. 소크라테스는 사람들의 철학적 관심을 외적 자연에서 내면의 영혼으로 바꾸는 역할을 했다. 그는 사람들에게 무지를 깨닫게 해주는 방법으로 문답법을 사용했다. 끊임없이 질문해서 그가 스스로 무지를 깨닫고 철학적 사유를 할 수 있게 유도했다. 소크라테스는 아무런 저서도 남기지 않았지만 "너 자신을 알라."라는 핵심 요체 한 문구만으로 지금까지 인류에게 깨달음을 안기고 있다.

플라톤

Platon

플라톤(BC427~BC347)의 가치에 대해 가장 함축적으로 표현한 말은 "서양철학은 플라톤의 각주에 불과하다."라는 말이다. 이 말은 영국의 철학자이자 수학자인 알프레드 노스 화이트헤드가 한 말이다. 그는 "플라톤 이전의 철학은 플라톤으로 흘러들어와 플라톤에게서 나왔다."라고 말했다. 그런데 한 가지 주목해야 할 점은 "플라톤은 소크라테스로부터 태어나 소크라테스가 되었고, 소크라테스로 죽었다."라고 말했다는 점이다. 단적으로 플라톤이 저명한 철학자가 될 수 있던 것은 소크라테스의 덕이라는 것이다. 소크라테스는 아무런 저서를 남기지 않았지만, 플라톤은 방대한 저서를 남겼다. 플라톤이 쓴 책에는 대부분 스승인 소크라테스가 등장한다.

플라톤은 30여 편에 이르는 저술을 남겼고, 이 책의 주인공은 대부분 소크라테스다. 플라톤이 20세 되던 해 소크라테스의 제자가 되었고, 그가 29세 되던 해 소크라테스가 죽었다. 10년이 안

되는 기간 스승과 벌인 토론을 토대로 플라톤의 저서는 완성되었다. 동양사상의 축을 이루는 '논어'와 비견할 수 있는 서양의 책을 지목하자면 플라톤의 '국가론'을 꼽을 수 있다. 플라톤은 소크라테스의 생전 언행을 자기 방식으로 되살려 강조하여 저술로 완성하였다. 그러니 공자가 생애에 걸쳐 남긴 말씀이 제자들에 의해 '논어'로 완성된 것과 같이 '국가론'은 소크라테스의 가치와 철학이 플라톤에 의해 반영된 저서라고 할 수 있다. 그래서 혹자는 소크라테스의 저작권을 침해한 책이 플라톤의 '국가론'이라고 말하기도 한다.

플라톤은 아테네의 부유한 귀족 출신으로 정치가가 꿈이었지만, 소크라테스가 억울하게 처형당하는 모습을 지켜보고 정치에 꿈을 접고, 철학자가 되기로 방향을 선회했다. 그러면서 스승을 죽인 아테네의 정치에 강한 불만을 품고 평생토록 이상적인 국가의 체제에 대해 고민했다. 그렇게 탄생한 책이 '국가론'이다. 10권으로 구성된 '국가론'은 1권과 2권에서 정의가 무엇인지에 대해 논쟁하는 내용을 담았다. 2권 말부터 10권까지는 대화의 형식을 빌려 소크라테스의 견해를 담았다. 5권, 6권, 7권에서는 철인(哲人)정치와 이상국가에 대해 주로 언급했다. 철인통치를 통해 최고의 선(善)인 이데아(idea)를 실현하는 것이 이상국가의 실현이라고 한 주장은 인정을 베풀어 왕도정치를 실현해야 한다고 주장한 맹자의 사상과 일치한다.

플라톤은 '국가론'에서 통치자에게 오직 통치권만 배분하여 법만으로 지배하는 것을 막고, 법 이전에 철인의 덕과 지혜로 통치할 수 있도록 해야 한다고 했다. 그래서 플라톤이 주창한 정치 체제를 귀족제 또는 귀족정치라 한다. 특히 그는 통치자를 세습시키지 말고 선발을 통해 탁월한 이성으로 훈련된 자, 즉 철인을 가려내 그에게 통치를 맡겨야 한다고 주장했다. 그는 철인 왕의 통치만이 구성원 각자의 영혼이 조화를 이룰 수 있는 환경을 제공할 것이라는 강한 믿음을 갖고 있었다. 특히 통치자에 대한 교육의 중요성을 주장하며 귀족을 6세부터 50세까지 교육하되 20세와 30세에 시험을 통과하게 하고, 50세에 완성의 경지에 달한 자를 철인으로 추앙해 그들이 순번제로 국가를 통치해야 한다고 했다.

플라톤의 스승인 소크라테스는 올바른 사람, 올바른 삶은 올바른 교육이 전제돼야 한다고 주장했다. 이를 입증하기 위해 유명한 태양, 선분(線分), 동굴의 세 가지 비유를 인용한다. 태양의 비유는 우리 삶을 눈에 보이는 모사의 현실과 눈에 보이지 않는 이데아의 세계로 묘사하는 개념이다. 선분의 비유는 지성에 의해 알려지는 가지적(可知的) 영역과 가시적(可視的) 영역을 선분으로 옮겨 명확성과 불명확성의 관점으로 두 영역을 설명한 개념이다. 동굴의 비유는 두 세계와 관련된 교육의 과정을 묘사한 개념이다. 지상에서 우리가 감각적으로 볼 수 있는 것은 불완전한 그림자일 뿐이고, 눈으로 볼 수 없는 이데아야말로 영원한 존재라고 본 것이다.

플라톤은 도시국가 시라쿠사의 참주 디오니시오스 2세를 통해 가능한 최선의 국가를 만들어 볼 계획을 세웠으나, 실현되지 못했다. 단 한 사람을 잘 설득하면 모두에게 좋은 결과를 얻을 수 있다는 확신이 무너졌다. 참주를 가르치는 일은 플라톤의 꿈이었다.

소크라테스의 죽음이 젊은 시절 플라톤에게 정치 권력에 대한 환멸을 느끼게 했다면, 노년기의 플라톤의 꿈을 앗아간 것은 시라쿠사[24]에서 이상주의를 실현하려다 실패한 것이었다. 그는 40세 이후 아카데미아를 설립하고 철인 양성에 나섰다. 거듭된 실망 속에서도 철인정치에 대한 희망을 잃지 않은 것이다. 플라톤은 전 생애를 통해 자신을 소크라테스의 완성이라고 의미를 부여했다. 그래서 소크라테스가 주장한 철인정치의 실현을 위해 모든 것을 바쳤다. 소크라테스와 플라톤의 만남은 서양철학을 잉태하게 했고, 나아가 세계 인류사에 전환점을 안겼다.

플라톤은 문학 분야에도 많은 관심을 가졌다. 특히 시(詩)에 대해 많은 관심을 보였는데 그의 저서 '시학(詩學)'에서 그의 문학에 대한 견해가 드러난다. 철인 양성에 남다른 관심을 보인 플라톤은 시가 철인을 양성하는 데 방해가 된다고 주장한다. 심지어 시인은 부도덕하고 무가치한 대상을 모방하므로 진리의 세계로 나가는 데 방해가 된다고 했다. 시가 감정을 자극하고 이성을 마비시키는 역할을 한다고 유해성을 지적한 것이다. 그는 문학이란 진리를 추구하는 보편적 도덕성을 가지고 쓸모있는 가치를 만들어 낼 때만 문학이 가진 본래의 의미와 목적을 실현할 수 있다고 강조했다. 현대까지 여전히 논란거리로 남아있는 문학에 관한 논쟁 중 유미주의(쾌락적 기능)가 아닌 실용주의(교시적 기능) 입장을 견지한 것이다.

올바른 사람, 올바른 삶은 교육 때문에 좌우되는데 시는 올바른 삶으로 이끄는 유용한 교육이 아니라는 게 플라톤의 생각이다. 이러한 그의 시각은 스승인 소크라테스의 직접적 영향을 받았다. 소크라테스는 시인이 하는 거짓말이 청소년을 건전한 시민으로 기르는 데 유용하지 않으면 그것은 고상한 거짓말이 될 수 없고, 타락한 거짓말일 뿐이라고 했다. 그러면서 거짓말을 전달하는 시인은 추방돼야 한다고 했다. 플라톤은 한술 더 떠 "시인은 그들의 작품 뒤에 숨어서 관객들이 시의 세계는 진짜 세계가 아니라는 사실을 망각하게 만든다. 그리고 관객들은 환상의 세계를 더욱 사랑한다. 환상의 세계는 정열만 흥분시키며 철학적 관심으로부터 눈을 돌리게 한다."라고 폄하했다.

플라톤은 여러모로 스승 소크라테스의 직접 영향권에 들어있다. 소크라테스의 존재와 그의 사상은 플라톤의 저술을 통해 전해졌고, 현재에 이르고 있다. 반면 플라톤의 사유 체계는 예외 없이 소크라테스의 직접적 영향을 받았다. 플라톤은 소크라테스보다 43년 후에 태어났다. 그들이 살았던 시기는 펠레폰네소스 전쟁이 한창이던 때로 극도의 혼란기였다. 하지만 소크라테스와 플라톤은 극도의 혼돈기에 서양 사상의 맹아를 틔우는 엄청난 업적을 이루었다. 특히 플라톤이 40세이던 기원전 387년에 세운 아카데메이아는 철학을 기본으로 수학(數學)과 수사학(修辭學) 등 다양한 분야의 학문을 탐구했다. 아카데메이아는 오늘날 대학의 기원이 되었다. 플라톤은 여기서 제자들에게 풀어야 할 문제를 제시하고 강연을 하며 여생을 보냈다.

03

아리스토텔레스
Aristoteles

학문이 언제부터 오늘날과 같이 인문과학과 자연과학으로 양분되었는지는 잘 모르겠다. 양자는 넘을 수 없는 벽처럼 인식돼 현대인은 둘 중 하나를 선택해야 하는 상황으로 받아들인다. 대학에 처음 진학해 1학년과 2학년 교양과목 위주로 수업을 들을 때 놀라운 사실이 한 가지 있었다. 거의 모든 과목을 수강할 때마다 첫 교시는 해당 학문의 기원에 대한 강의가 진행됐는데 하나같이 아리스토텔레스 이야기부터 시작된다는 점이다. 문학도 그러하고, 법학도 그러하고, 보건학이나 심리학 과목을 수강할 때도 아리스토텔레스 이야기는 빠지지 않는다. 그가 대체 누구이길래 모든 학문 분야에 정통하였으며, 기초를 마련했는지 놀랍다. 물론 고교 교육과정에서도 그의 이름은 수없이 듣게 된다.

학술 활동 단체에 아카데미라는 이름을 자주 인용하는데 이는 플라톤이 설립한 아카데메이아를 인용한 것이다. 아리스토텔레스는 아카데메이아에서 플라톤으로부터 수학했다. 아카데메이아에서 활동한 많은 플라톤의 제자 중 아리스토텔레스는 단연 돋보였다. 그야말로 군계일학의 실력을 뽐냈다. 하지만 그는 아카데메이아의 후계자가 되지 못했다. 아카데메이아는 플라톤 사망 후 그의 조카인 스페우시포스가 뒤를 이어 이끌었다. 자신이 그토록 깊은 애정을 갖고 활동했던 아카데메이아의 운영이 스페우시포스에게 넘어가자 그는 36세 되던 해 아테네를 떠나 12년간 아소스·스타기로스·마케도니아 등지에 머물렀다. 37세 결혼했고 49세에 아테네로 돌아와 아카데메이아와 경쟁 관계인 '리케이온'을 열었다.

그의 나이 42세 때 마케도니아 필리포스 2세의 초청으로 그의 아들 알렉산드로스를 가르치기 위해 펠라로 갔다. 아리스토텔레스는 알렉산드로스를 철학 지식을 겸비한 용맹한 군주로 교육하려 했다. 그래서 알렉산드로스에게 그리스인의 우월함을 가르치며 미개국을 정복하더라도 그들과 피를 섞지 말 것을 강력히 주장했다. 하지만 알렉산드로스는 막상 정복에 나서자 그리스인과 비그리스인의 결혼을 허용하였을 뿐 아니라 자신도 페르시아 귀족 가문의 딸을 아내로 맞았다. 이런 면에서 아리스토텔레스의 가르침은 알렉산드로스에게 깊이 침투하지 않았다고 본다. 다만 알렉산드로스는 자신의 아버지가 정복 전쟁을 벌이며 파괴한 아리스토텔레스의 고향 스타기로스를 재건하였다. 아리스토텔레스는 그곳에 머물며 철학 학파와 교류하였다.

아리스토텔레스가 남긴 방대한 저술 중 '니코마코스 윤리학'은 서양 윤리사에 지대한 영향을 끼쳤다. 아리스토텔레스가 '리케이온'에서 강의하기 위해 쓴 원고를 아들 니코마코스가 정리한 것이다. 이 책을 통해 아리스토텔레스는 윤리학의 목적을 가장 훌륭한 선의 탐구라고 했다. 이 책에서 일관되게 주장하는 주제는 '인간의 선(善·아가톤)이란 무엇인가?'였다. 그는 인간에게 가장 선한 것을 행복이라 칭했으며, 이를 '인간의 탁월성에 의한 영혼의 활동'이라고 규정했다. 그는 자신만을 위한 삶이 아니라 이웃과 함께 나누는 삶이라면 더 행복해질 수 있음을 강조했다. 결국, 아리스토텔레스는 덕(德)이 행복을 결정한다고 본 것이다.

'니코마코스 윤리학'이 개인의 문제를 다룬 명저라면 '정치학'은 정치적 문제를 다룬 그의 또 다른 명저이다. 아리스토텔레스는 개인뿐 아니라 국가 또한 윤리의 탐구에서 가장 좋은 선은 행복이라고 했다. 이것은 자기 본성의 실현과 덕의 실행으로 얻어지며 이성을 지닌 인간 고유의 덕은 이성적인 삶의 영위라고 설명했다. 국가의 입법자들은 국민이 선한 습관을 들이도록 장려하여 선한 국민을 만드는 데 주력해야 한다고 주장했다. 아리스토텔레스는 과도함과 부족함은 악덕의 특징이며, 중용이 덕의 특징이라고 했다. 아리스토텔레스가 주장한 중용은 마땅함이다. 마땅한 감정을 갖고 마땅한 행동을 했을 때 덕을 실천한 것이라 했다. 덕의 실천이야말로 행복에 이르는 길이라고 그는 보았다.

최근에도 가장 많이 발행되는 책 종류 중 하나가 행복론이다. 특히 한국에서는 행복을 추구하는 자기계발서의 발행이 어느 나라보다 많다. 하지만 이들 책 가운데 상당수는 행복을 추구하는 내용을 담았다기보다는 성공의 방법을 담은 성공학으로 분류할 수 있다. 성공학 책은 대개 남다른 발상으로 남과 달리 행동하며 가혹하게 자신을 단련하고 수련할 것을 주문하는 내용이 많다. 이는 아리스토텔레스가 주장한 진정한 행복과는 거리가 멀다. 서양 사회에서 발행되는 행복론 관련 책의 대부분은 니코마코스 윤리학을 기반으로 했다고 해도 과언이 아니다. 서양철학이 플라톤의 각주라면 서양 행복론은 아리스토텔레스의 각주라고 보면 된다.

자신의 스승인 플라톤의 스승 소크라테스가 신을 부정한다는 죄목으로 독배를 마셔 죽음에 이르렀음을 아리스토텔레스는 잘 알고 있었다. 프로타고라스가 '인간의 만물의 척도'라는 말을 했다가 박해받고 처형의 위기를 모면했던 사실도 잘 알고 있었다. 당대 아테네의 철학자는 신 중심의 질서를 부정하고 인간 중심의 질서를 세우려 했다. 아리스토텔레스도 신성 모독죄로 몰려 위험에 처할 뻔한 상황을 맞았다. 그래서 그는 혼란스러운 사회 분위기에 맞춰 언행을 조심했다. 특히 신에 대한 언급을 자제했다. 그런데도 그는 신에 대한 언급으로 아테네 시민들로부터 고발당할 위기에 처하게 됐고, 이를 피해 피신하던 중 62세의 나이에 위병으로 세상을 떴다.

소크라테스에 대한 언급이 없이 플라톤을 이야기할 수 없듯이, 플라톤에 대한 언급 없이 아리스토텔레스를 이야기할 수 없다. 아리스토텔레스는 플라톤에 대해 경외심을 지녔으면서도 동시에 비판적인 태도를 보이기도 했다. 그는 플라톤 수하에서 20년 가까이 충실히 군계일학의 학자로 연구 활동을 했다. 플라톤이 80세로 세상을 뜨고 조카인 스페우시포스가 뒤를 이어 아카데메이아의 학장이 되자 그는 아테네를 떠났다. 그가 아테네를 떠난 것은 플라톤과의 결별을 의미한다. 그리고 12년 만에 아테네로 돌아와 아카데메이아와 경쟁 관계인 리케이온을 설립했다. 완전한 홀로서기가 시작된 것이다. 플라톤은 스승 소크라테스의 학문을 충실히 이어받아 정리하는 역할을 한 데 반해 아리스토텔레스는 스승인 플라톤의 사상을 흡수한 뒤 독립해 독자적 영역을 구축했다. 그의 학문적 기반은 오늘날 모든 학문 분야의 기초가 되었다.

아리스토텔레스(BC 384~BC 322)

공자
孔子

중국은 기원전 770년부터 221년까지 춘추 전국 시대라는 극도의 혼란기를 보냈다. 춘추시대는 공자가 춘추(春秋)라는 저서를 남긴 때라 하여 붙여진 시대명이다. 전국시대 역시 유향이 '전국책(戰國策)'이라는 저서를 남긴 때라 하여 붙여진 시대명이다. 극도의 혼란기를 맞아 중국 전역에서는 다수의 사상가가 저마다의 학설을 주장하며 세상을 구할 계책을 내놓았다. 이들은 저마다 학단(學團)을 형성해 제자를 양성하며 자신의 주장을 설파하였다. 학단을 일컬을 때는 가(家)라고 하였다. 유가, 도가, 법가, 병가, 묵가 등이 대표적이고 그 외 무수히 많은 학단이 존재했다. 학단은 저마다 이론의 창시자이자 무리를 이끄는 대표 학자가 있었다. 그들에게는 '자(子)'라는 존칭을 붙여 우대했다.

학단은 세상의 혼란을 잠재울 수 있는 비법을 가지고 제후국을 찾아다니며 자신들이 뜻을 펼 수 있도록 기회를 달라고 요구했다. 여러 학자(子)가 다수의 학단(家)을 이룬 형태를 제자백가(諸子百家)라고 한다. 그들이 저마다의 이론을 앞세워 세상을 구할 비법을 역설하며 경쟁하던 모습을 백가쟁명(百家爭鳴)이라 했다. 여러 학단이 경쟁하며 울어댔다는 표현인데, 이는 서로 자신의 이론을 살펴봐 달라며 경쟁한 모습을 비유적으로 표현한 것이다. 공자가 유가를 이끈 것은 맞지만 엄밀히 말해 공자는 유가의 창시자가 아니라고 본다. 공자는 스스로 자신이 '옛것을 살려 새로운 것을 알게 하는 전수자'라고 칭했다. 주(周)나라 때 꽃피웠던 문화적 가치와 사회적 규범이 존속되도록 전수해야 할 의무가 있는 사람이라고 생각한 것이다. 유가는 당대에 존재했던 많은 학단 또는 학파 중 하나라고 볼 수 있지만 다른 학단에 비해 따르는 자가 많았고, 비교적 폭넓은 지지를 받기도 했다.

공자가 이끄는 유가는 인(仁)과 덕(德)을 강조했다. 각국의 제후(왕)는 공자가 말하는 인과 덕이 세상을 이끄는 좋은 방안이라는 데는 부정하지 않았다. 그러나 그들은 언제 어느 때 어느 나라로부터 침략받아 나라가 위태로워질 수 있는 백척간두의 위기에 처해있었기 때문에 공자의 사상을 받아들일 마음의 여유가 없었다. 그래서 공자의 사상은 어느 나라에서도 수용되지 못했다. 공자는 당대의 소문난 학자이며 인격자였기 때문에 대놓고 무시를 당하거나 외면받지는 않았지만, 제후들은 공자의 주장이 당장 위기를 구할 묘책은 아니라고 생각했다. 그래서 훗날 나라가 안정되면 그때 인과 덕을 앞세우는 유가 사상을 받아들이겠다는 모호한 답변만 했을 뿐 유가 사상을 당장 수용해 국치 이념으로 삼지 않았다.

훗날 한비자(韓非子)와 이사(李斯)가 주축이 된 법가사상을 수용한 진(秦)나라가 춘추전국의 혼란을 잠재우고 최초로 중국 전역을 통일했다. 진나라 시황제는 법가사상에 근거해 엄격한 법치로 백성을 다스렸다. 법가의 통치이념은 매우 가혹했다. 법을 위반한 백성은 가혹한 형벌을 피할 수 없었다. 말 그대로 공포정치가 판을 쳤다. 백성의 원성이 자자할 수밖에 없는 지경에 이르렀다. 백성의 마음을 얻지 못한 진나라는 시황제가 죽고 나서 곧바로 국력이 쇠퇴해져 중국의 최초 통일이라는 어마어마한 업적을 이루었음에도 15년 만에 패망하고 말았다. 진나라를 멸망시키고 새로운 나라를 세운 이는 유방(劉邦)이었다. 유방이 세운 한(漢)나라는 7대 황제인 무제(武帝)에 이르러 유교를 국가 통치이념으로 공식 받아들였다.

백가의 사상경쟁은 무제가 유가 사상을 받아들이면서 막을 내렸다. 중국 역대 왕조 중에서 가장 안정적으로 가장 오랫동안 유지된 한나라가 유가를 통치이념으로 삼으며 중국 전역에 공자의 사상이 뿌리를 내렸다. 아울러 유가 사상은 한반도와 일본 섬으로 전파되어 한·중·일 동아시아 삼국에 유교사상이 활착했다. 한 왕조 이후 들어선 여러 왕조는 도가나 불가 등 다채로운 사상을 수용했지만, 유가를 중심 축에 두었다. 중국 역사를 통틀어 유가가 배척받은 시기는 통일 진(秦) 왕조와 중화인민공화국 수립 이후 얼마간이라고 볼 수 있다. 그래서 공자의 사상은 동아시아 전역에서 가장 널리, 또 가장 오랫동안 사람들의 의식을 지배하게 되었다. 우리 한민족도 2500년 동안 공자의 말씀을 금과옥조로 여기며 살았다. 충효와 근면·성실·면학을 강조하는 공자의 사상은 아시아의 대표적 사상으로 자리 잡았다.

중국은 유럽 전체 인구의 2배가 넘는 인구를 가진 대국이다. 한국과 일본도 인구 대국으로 분류된다. 한·중·일 3개국 인구를 16억 명 이상으로 볼 때, 전 세계 인구의 20% 넘는 사람이 공자의 사상을 떠받들며 살아가고 있다고 보아야 한다. 공자의 사상은 2500년 동안 동아시아를 지배했고, 최근 들어서는 서양에서도 공자의 사상에 많은 관심을 보여 그 영향력이 날로 확산하고 있다. 그러니 세계 역사를 통틀어 공자만큼 많은 이에게 자신의 사상을 각인시킨 인물은 없다고 보아야 할 것이다. 굳이 비견할 인물을 꼽자면 예수와 무함마드를 들 수 있을 것이다. 예수는 공자보다 550년 늦게 탄생한 인물이다. 무함마드는 1120년 뒤의 인물이다. 그러니 사상이 보급된 역사는 비교할 바가 못 된다. 공자는 사후 세계에 대해 말하지 않았다. 그래서 유가사상을 종교로 보지 않는 시각이 있다. 그런데도 이토록 오랜 세월, 이토록 많은 사람이 그의 사상을 따랐다는 것은 놀라운 일이다.

공자는 춘추시대인 기원전 551년에 태어나 기원전 479년에 죽어 72세의 일기를 살았다. 평생 주나라 시대의 정치와 문화를 흠모하여 혼란에 빠진 시대를 구해내야 한다는 생각을 하고 살았다. 그의 고향은 노(魯)나라 산동성 곡부(曲阜)였고, 아버지 숙량흘(叔梁紇)이 65세 되던 해, 당시 16세이던 어머니 안징재(顔徵在)를 맞아 야합하여 서자 신분으로 태어났다. 공자가 3세 되던 해 아버지가 세상을 떠 홀어머니의 가르침을 받고 자랐다. 공자는 어려서부터 지칠 줄 모르는 향학열을 불태웠고, 그의 학문과 재능을 소문이 자자했다. 30세에 이르러는 훌륭한 스승으로 이름을 알리기 시작해 그의 문하에 제자들이 몰려들었다. 공자는 교육을 직업으로 삼아 생활수단으로 확립한 첫 번째 인물로 꼽힌다. 교직의 효시가 공자라고 보는 데 별다른 이견이 없다.

공자는 17세가 되어 말단 관직을 맡게 됐고, 이후에도 학문을 게을리하지 않았다. 그러던 중 36세가 되던 해 노나라에 반란이 일어나 제후 소공이 쫓겨나는 일이 발생했다. 공자는 소공과 함께 제나라로 망명해 제나라 왕과 신하를 가르치는 일을 맡게 되었다. 그곳에서도 공자는 훌륭한 스승으로 명성을 쌓았다. 제나라 왕 경공은 공자를 고문으로 세우려 했으나, 대부 안영이 반대하여 좌절되었다. 실망한 공자는 2년 만에 귀국하였고, 다시 노나라 정공의 눈에 들어 지위가 오르게 되어, 52세 때는 노나라 최고 직책인 대사구에 올랐다. 하지만 노나라는 재기하기 어려운 지경에 이르렀고, 정공마저 사치와 환락에 빠져들었다. 이에 실망한 공자는 모든 벼슬을 하직하고 제자들과 함께 여러 나라를 떠돌며 자신의 정치를 펴고자 했지만 만만치 않았다.

12년간의 외유를 마치고 68세가 되어 공자는 다시 노나라로 돌아왔다. 노나라에 돌아온 후 공자의 삶은 순탄하지 않았다. 아들인 백어(伯魚)가 먼저 세상을 떠났고, 아끼던 제자 중 안회(顔回)와 자로(子路)도 스승보다 앞서 세상과 등졌다. 아들 백어는 일찍 죽었지만, 공자의 손자 자사(子思)가 그의 학통을 이어받았다. '중용(中庸)'의 저자인 자사에게 학문을 익힌 이가 맹자이다. 공자가 죽고 나서 제자들은 스승인 공자의 어록을 모아 논어(論語)를 편찬하였다. 논어는 동아시아인이 가장 아끼는 고전이다. 논어를 통해 공자는 자신이 추구하던 이상세계를 세상에 알릴 수 있었다. 공자 가르침의 핵심은 자기수양을 통한 세상의 교화였다. 논어는 유가의 으뜸 경전이 되어 오늘날까지 동양인의 필독서로 자리 잡았다. 법가사상을 수용해 천하를 통일한 진시황은 유가의 경전을 모두 불태우고 유학자를 생매장하는 잔혹한 분서갱유(焚書坑儒)를 저질렀지만, 내용을 암기하고 있던 유학자들의 기억을 통해 전한시대에 이르러 논어를 비롯한 유교 경전은 서서히 복원될 수 있었다.

공자는 중국 역사를 통해 중국인이 가장 존경하는 인물이며, 중국인의 의식에 가장 큰 영향을 끼친 인물이다. 나아가 한반도와 일본에도 가장 큰 영향을 끼쳐 동아시아인의 의식 세계를 지배한 인물로 지목된다. 한반도에 공자의 사상이 전래된 것은 삼국시대이다. 삼국시대 고구려, 백제, 신라는 모두 불교를 국교로 하는 불교국가였다. 통일신라 때도 불교는 국가종교로서 굳건히 자리를 지켰다. 고려 때도 불교가 국가종교로 이어졌다. 하지만 삼국시대와 통일신라시대, 고려시대를 거치는 동안 유교는 통치이념으로 수용돼 불교 못지않은 영향을 끼쳤다. 조선왕조가 개국하면서 국가종교이자 통치이념으로 받아들여져 500년간 조선은 유교 국가로 유지됐다. 아직도 공자의 사상은 한민족의 사상과 생활습관에 막대한 영향력을 행사하고 있다.

05

맹자
孟子

유가에서 가장 주목받는 인물은 공자와 더불어 맹자가 꼽힌다. 공자는 실질적인 유학의 창시자로 추앙받으며 성인으로 존경받는다. 공자를 세계 4대 성인으로 꼽는 데 이론이 없다. 이에 반대 맹자를 수식하는 말은 아성(亞聖)이다. 아성이란 성인에 버금가는 인물이란 뜻이다. 즉, 공자와 동급으로 성인의 반열에 올릴 수는 없지만, 그에 뒤지지 않을 성인으로서의 자질을 갖췄다는 의미이다. 그러나 성인과 아성의 차이는 극명하다. 일례로 공자의 탄생지인 곡부에는 연중 세계 각국에서 추모객과 관광객의 발길이 끊이지 않는다. 곡부와 그리 멀지 않은 곳에 있는 맹자의 탄생지인 추(鄒)에는 찾는 발걸음이 거의 없다. 세상 사람은 2인자를 기억하지 않는다. 하지만 맹자가 어떤 업적을 남겼는지 알게 되면 그에게 2인자란 호칭을 부여하는 것이 부적절함을 느끼게 된다.

맹자는 공자보다 179년 후인 기원전 372년에 추(鄒)나라에서 태어났다. 이름은 가(軻)로 공자의 손자인 자사(子思)에게 수학하였다.

그러니 공자의 학통을 온전히 이어받았다고 할 수 있다. 공자는 춘추시대를 살았지만, 맹자는 전국시대를 살았다. 춘추와 전국 모두가 혼돈의 시대로 분류되지만, 굳이 비교하자면 전국시대의 혼란은 춘추시대를 뛰어넘는다. 전국시대로 접어들면 각국은 주(周)나라 중심의 체제 자체를 부정하고 약육강식의 패권 경쟁을 벌인다. 전국시대에 이르러서는 춘추시대에 그나마 남아있던 대의명분이 완전히 자취를 감추어 먹고 먹히는 쟁탈전이 벌어진다. 당연히 민생은 더욱 힘들어지고 세상은 각박해진다. 그래서 인(仁)과 의(義)를 강조하는 유가 사상은 제후들의 관심 밖으로 밀려나고 병가(兵家), 법가(法家), 종횡가(縱橫家) 등이 통치이념으로 수용된다.

맹자도 공자와 마찬가지로 3세가 되면서 아버지를 여의고 홀어머니 밑에서 자란다. 맹자의 어머니는 대단한 교육열로 널리 알려진 인물이다. 맹자의 어머니와 관련해 알려진 두 개의 일화는 현재까지 자녀교육의 지침으로 널리 알려져 있다. 두 개의 일화는 '맹모삼천지교(孟母三遷之敎)'와 '맹모단기(孟母斷機)'이다. 맹모삼천지교는 맹자의 어머니가 맹자의 교육을 위해 묘지, 시장, 학교 근처로 세 차례 이사한 이야기이다. 학교 근처로 이사 가니 비로소 맹자가 공부하는 환경에 익숙해지더라는 내용이다. 맹모단기는 맹자가 공부하러 떠났다가 지쳐 집으로 돌아오자, 그의 어머니가 짜고 있던 베를 잘라 학문을 중간에 포기하는 것은 짜던 베를 잘라 못 쓰게 만드는 것과 같다고 가르쳤다는 내용이다.

맹자에 대해 말할 때 빠지지 않는 그의 학설은 인간의 본성이 선하게 타고난다고 주장한 성선설(性善說)이다. 그는 인간이 태어나면서부터 인(仁)·의(義)·예(禮)·지(智)를 충분히 실현할 가능성을 갖는다고 주장한다. 맹자는 인의예지의 네 가지 본성을 사단(四端)이라 하여 설명하였다. 인은 남의 어려움을 그냥 보아 넘길 수 없는 측은한 마음을 측은지심(惻隱之心), 의는 정의롭지 못한 일을 부끄러워하는 수오지심(羞惡之心), 예는 타인에게 양보하는 사양지심(辭讓之心), 지는 옳고 그름을 판단할 줄 아는 시비지심(是非之心)으로 각각 설명하였다. 즉, 측은지심은 인지단(仁之端), 수오지심을 의지단(義之端), 사양지심을 예지단(禮之端), 시비지심을 지지단(智之端)으로 보았다. 여기서 단(端)은 극(極), 끝, 시작, 원인 등의 뜻으로 보면 된다.

이에 반해 순자(荀子)는 인간이 본래 악한 존재라는 성악설(性惡說)을 주장해 맹자와 대조되는 견해를 보였다. 인간이 태어나면서부터 가지는 감성적 욕망에 주목한 순자는 그것을 방임해두면 사회적 혼란이 일어난다고 보았다. 그래서 수양은 사람에게 잠재해 있는 것을 기르는 것이 아니라, 외부의 가르침이나 예의에 의하여 후천적으로 쌓아야 한다는 것이 순자의 생각이었다. 순자의 사상은 한비자(韓非子)에 의해 법가 사상에 수용되었다. 법가 사상은 인간은 법을 통한 상벌(賞罰)로 다스려야 한다는 한비자의 법가 사상으로 전수되었다. 한비자의 법가 사상은 진(秦)나라에 수용돼 시황제가 통일 제국을 다스리는 통치이념이 되었다. 그러나 백성의 원성을 사게 되어, 진 왕조는 곧 무너지고 말았다. 고자(告子)는 "인간은 본래 선하지도 악하지도 않은 존재로, 악하게 키우면 악하고, 선하게 키우면 선하게 된다."라며 성무선무불선론(性無善無不善論)을 주장하기도 했다. 맹자의 성선설로 시작된 인간 본성에 대한 논의는 이처럼 다양하게 전개되었다. 현대에도 인간의 본성에 대한 논쟁은 여전히 활발하다.

맹자에 관해 논할 때 또 빠뜨릴 수 없는 것이 그의 왕도정치(王道政治) 사상이다. 맹자는 "무력으로 남을 복종시키면 진심이 아니라 힘이 모자라기 때문에 억지로 복종하며, 덕으로 남을 굴복시키면 사람은 기뻐하며 진심으로 굴복한다."라며 군주는 권력보다 도덕적 규범을 통해 백성을 다스려야 한다고 주장했다. 또 "백성이 제일 귀하고 사직은 그다음이며 군왕이 가장 가볍다."라는 혁신적 주장을 했다. 이러한 왕도정치 사상은 당시의 시대상으로 미루어 보면 상당히 진보적인 정치사상이다. 왕도정치 사상은 공자의 예치(禮治) 사상을 발전시킨 것으로 통치자와 백성이 모두 선하다는 성선설을 전제로 한다. 통치자는 백성이 전쟁이나 세금·부역 등 다른 일에 시달리지 않고 평화롭게 살 수 있게 해주고 교화시켜야 한다는 것이다.

맹자는 민생경제에도 큰 관심을 보였다. 백성에게 생계를 보장하는 물질적 상황을 만들어주어야 한다는 것이 핵심이다. 맹자는 조세 경감, 자유무역, 천연자원의 보존, 노약자를 위한 복지대책 수립, 공정한 분의 분배 등 당시 사회에서는 수용하기 어려운 정책을 과감하게 주장했다. 그는 "생계 수단이 든든하고 안정적이어야 든든한 마음을 가질 수 있다."라며 '항유산(恒有産) 항유심(恒有心)'을 주장했다. 백성의 경제적 자립을 강조한 것이다. 또 "백성이 살기 좋게 하고 죽어도 장례를 치르는 데 부족함이 없게 하는 것이 왕도의 시작"이라며 민생의 안전이 무엇보다 우선돼야 함을 강조했다. 교육에 관한 관심이 컸던 맹자지만, 민생을 우선하여 민생이 안정된 후에 인륜을 가르쳐야 한다는 견해를 밝혔다. 그의 저서 '맹자(孟子)'는 논어(論語), 대학(大學), 중용(中庸)과 더불어 유교의 사서 경전으로 꼽힌다.

노자
老子

    중국 철학의 양대 산맥은 유가와 도가다. 전국시대를 대표하는 철학자인 공자와 노자는 중국 5000년 역사상 가장 대표적인 철학 사상가이기도 하다. 공자에 대한 기록이 넘쳐나는 것에 비해 노자에 대한 기록은 대단히 제한적이다. 심지어는 그가 실존하는 인물이 아니라는 주장도 제기되고 있고, 그의 생몰연대 또한 알려지지 않았다. 다만 사마천의 '사기(史記)' 기록에 공자가 노자를 찾아가 학문에 대한 자문을 구하고 온 사실이 기록돼 있어 동시대를 살았던 인물이라는 추측을 하고 있을 뿐이다. 하지만 '사기'의 기록도 믿을 수 없다는 반응을 보이는 학자도 많다. 그만큼 노자는 모든 것이 베일에 가려 있는 인물이다. 더욱이 그는 스스로 드러내지 않고 자신을 내세우지 않아 그에 대한 기록은 전설처럼 전해 내려오는 수준이다.

    노자는 춘추시대 초(楚)나라 고현(苦縣) 출생으로 이름은 이이(李耳)다. 그는 머리카락과 수염이 유난히 희었기 때문에 사람들은 그를 노자(老子)라고 불렀다. 그의 출생은 평범하지 않았다. 그의 어머니가 떨어지는 별을 예찬한 뒤 무려 62년간 임신하였다고 전해지며, 그는 태어나자마자 말을 했다고 한다. 초나라 정치는 포악했고, 세금은 무거웠다. 노자 역시 이러한 가혹한 초나라 정치에 염증을 느끼고 천자의 나라였던 주(周)나라로 터전을 옮겼다. 주나라에서 40여 년간 도서를 관장하는 수장실 사관을 지냈다고 전해지지만, 이 또한 믿을 수 없다는 견해가 많다. 그만큼 노자의 생애는 철저하게 가려 있고, 뚜렷한 기록이 없다. 더욱이 그는 학단을 꾸리지도 않았고, 제자도 두지 않았다. 다만 '도덕경(道德經)'이란 책이 전해질 뿐이다.

'사기'에는 노자와 공자가 만난 일화가 소개돼 있다. 공자가 노자를 찾아와 '예(禮)'에 관해 물었고 노자는 이에 대답하기를 "군자는 덕을 몸에 갖추고 있더라도 겉으로는 어리석게 보여야 한다. 당신이 가진 교만, 지나친 욕심, 위선적 표정, 지식 등을 모두 버려라. 그런 것들은 아무런 도움이 안 된다."라고 했다고 한다. 공자는 노자를 만나고 돌아와 제자들에게 "노자는 마치 용과 같은 인물로 전혀 짐작 가는 바가 없다."라고 극찬했다고 한다. 사기의 이 기록으로 인해 노자가 공자와 동시대를 살았던 인물이라고 추정하고 있다. 이 일화에서도 노자가 공자보다 얼마나 나이가 많았는지, 혹은 적었는지에 대한 기록이 없다. 그래서 노자의 출생연도는 여전히 불확실하다.

노자는 자신의 이름이 널리 알려지는 것을 원치 않아 재능을 숨긴 채 도와 덕을 닦으며 살았다. 그러나 그의 비범함과 해박한 학문이 입소문을 타 당대의 사람에게 널리 알려져 있었다. 그가 오래 머물렀던 주나라는 천자국이었지만 주변 제후국의 세력이 막강해지며 하루가 다르게 쇠퇴해갔다. 그는 주나라를 떠나 서쪽으로 이동하다가 함곡관(函谷關)에 이르러 관령인 윤희(尹喜)의 눈에 띄었다. 윤희는 그가 소문으로 듣던 대단한 학자인 노자임을 알아보고 함곡관에 머물며 가르침을 달라고 간곡하게 요청했다. 그의 부탁이 하도 간곡하여 노자는 그곳에 사흘간 머물며 5000여 자의 글을 남겼다. 이것이 '도덕경'이다. 함곡관에 머물며 도덕경을 지은 뒤의 노자 행적에 대해서는 아무것도 알려지지 않았다.

도덕경은 노자가 남긴 모든 것이라 해도 과언이 아니다. 단 5000자에 지나지 않지만, 어느 책과도 비교할 수 없는 깊이를 인정받고 있다. 도덕경은 노자가 지은 것으로 보는 견해가 정설이지만, 훗날 도가 유파들이 편집한 책이라고 보는 견해도 있다. 모두 81장인 도덕경은 상편과 하편으로 나뉜다. 상편은 도경 37장이며, 하편은 덕경 44장이다. 도경과 덕경을 합해 도덕경이라 부른다. 사기에는 이 책이 '노자서'라고 기록돼 있다. 한나라 6대 황제인 경제(景帝·劉啓)는 노자의 사상을 존중했던 인물로 그가 유교 경전과 대등한 예우를 해줘야 할 책이라 하여 '도덕경'이란 이름을 붙였다. 그래서 이후 경전으로 격상되었다. '주역(周易)'의 경우 점보는 책정도로 여기다가 도가의 우주 이치 내용이 보강되면서 경전으로 격상된 책이다. '대학(大學)'과 '중용(中庸)'도 도가 사상의 영향을 많이 받았다.

상편인 도경에서는 '도(道)'의 정의를 풀어냈다. 노자는 도에 대해 '만물의 근원이며 우주 운행의 원리이고, 우주와 천지 만물의 창조자이자 이 모든 것을 주재한다. 도는 되돌아감의 성질이 있어 세상 모든 것은 한쪽으로 가다가 끝에 이르면 다른 쪽으로 가는 원리를 따른다.'라고 설명했다. 그는 도의 성질에 대해 '만물의 생명에 기운을 주고 유약하여 다투지 않는 물과 같다.'라고 하였다. 물의 성질이 도와 같다고 도덕경에 소개한 말인 '상선약수(上善若水)'는 노자의 사상을 가장 함축적으로 표현한 말로 널리 알려져 있다. 그는 가장 약한 것이 가장 강한 것이 될 수 있음을 강조했다. 부드럽고 유약한 것이 강한 것을 이긴다고 설명하고 있다. 혀가 이보다 강해 나이가 들어 이가 모두 빠진 후에도 혀는 남아서 할 일을 다 한다고 예를 들었다.

덕경은 덕의 쓰임에 관해 설명했다. 노자는 '허정(虛靜)'과 '무위(無爲)' 즉 '아무것도 행하지 않음'을 강조했다. 인간을 향해 인위적, 과장적, 계산적, 자기중심적 행위를 버리고 장식이 없는 순박한 자연 그대로의 품 안으로 들어갈 것을 강조했다. 그는 삶의 가장 이상적인 형태인 '무위자연(無爲自然)'으로 회귀하기 위해서는 유가가 주장하는 인의(仁義)의 도덕적 관념조차 버려야 한다고 했다. 정치도 백성을 통제하려 하지 말고 무위의 정치를 해야 한다고 주장했다. 국가는 백성 수가 많지 않은 작은 국가가 이상적이라고 했다. 도가 사상을 따르던 유파들은 은둔생활을 지향하였다. 그 영향으로 도가 사상의 한 줄기가 도교라는 종교형태로 변질하였다. 도교는 노자를 시조로 받들어 추앙하고 도덕경을 경전으로 받아들이지만, 실상 노자 사상과 도교는 연관성이 희박하다.

도가 사상은 인간이 자연의 명령에 따르며 욕심 없이 깨끗하게 살아야 한다는 내용의 철학사상인 데 반해, 도교는 모든 인간은 자연의 섭리대로 그냥 놔두면 죽게 되어있으니 자연을 거스르고 운명을 개조해야 한다는 의견을 주장하는 종교이다. 도교는 불로 장생의 신선이 되는 것을 이상으로 삼는다. 그래서 도교의 핵심을 '신선사상'이라고 한다. 유가에서 말하는 도는 인간의 윤리에 국한된 개념이지만, 노자가 말하는 도는 천지 만물의 존재 이유이고 우주의 근본 원천이다. 유가는 혼란한 사회를 바로잡는 방법으로 도덕을 통한 질서회복을 제시했지만, 노자는 어떠한 인위적인 작용도 부정했다. 자연으로 돌아가 꾸밈없이 사는 것만이 현실을 구제하는 길이라고 제시했다.

유학자도 철학자로서 노자를 존경했고, 그의 사상을 상당 부분 수용하고자 하였다. 유가의 사상은 도가 사상의 영향을 받아 발전하였고, 체계화하였다. 일반 백성은 노자를 성인으로 받들었고, 일부는 신으로 받들기도 하였다. 당나라 시대에는 황실의 조상으로 숭배하기도 하였다. 도교는 그가 활동했던 시대보다 600년 이상 후대인 후한시대에 성립되었다. 도교를 통해 노자는 신화적인 인물로 받들어졌다. 종교적 시각에서 그는 인류의 구세주로 추앙받았다. 노자가 신격화된 것에 대해서는 여러 가지 이유가 있겠지만, 그의 탄생과 관련한 기적적인 이야기의 영향이 컸을 것으로 본다. 그는 어머니 뱃속에서 62년간 있었다고 하고, 태어날 때도 옆구리에서 나왔다고 전해진다.

노자는 서양인에게 가장 관심받는 동양의 철학자이다. 많은 수의 동양고전이 번역돼 서양세계로 전파되었지만, 노자의 도덕경이 으뜸이다. 도덕경은 번역된 책만 100종이 넘는다. 독일 학자 한스 요아힘 슈퇴리히는 "세계에 단 세 권의 책만 남기고 모두 불태워 버린다면 '도덕경'은 그 세 권 가운데 반드시 포함돼야 한다."라고 말해 그치를 인정했다. 특히 현대사회에 이르러 인간에 의한 환경파괴가 심화하고 있고, 인간성 상실이 사회문제로 부상하면서 서양 철학자 사이에서 노자와 도덕경에 관한 관심이 커지고 있다. 노자는 모든 것이 감춰진 인물이다. 그는 "알면서도 모르는 척하라. 학문은 날로 보태는 것이고, 도를 행하는 것은, 날로 덜어내는 것이다. 더 덜어낼 것이 없는 지경에 이르러야 진정한 학문이다."라고 했다. 도덕경은 불과 5000자에 불과하지만, 내용이 지극히 함축적이고 철학적이어서 어렵다. 그런데도 지금껏 동양 사상의 최고봉으로 대접받고 있다. 내용이 소략하면서도 어렵다 보니 주석서가 1500권에 이르러 방대했지만 전해 내려오는 것은 350권 전후다.

07

장자
莊子

장자가 기원전 369년부터 기원전 289년까지 기간에 살았다는 기록이 있지만, 자세한 생몰연대는 알 수 없다는 기록도 있다. 노자와 더불어 도가 사상의 체계를 정립했다 하여 도가 사상의 투톱으로 지목한다. 유가 사상을 알리 공자와 맹자의 사상이란 의미로 공맹사상이라고 하듯 도가 사상도 노자와 장자의 사상이라 하여 노장 사상이라 칭하기도 한다. 유가의 맹자는 공자의 학통을 이어받은 손자인 자사에게 직접 수학하였지만, 장자는 노자의 학통을 직접 이어받았다고 말할 수 없다. 여러 기록이나 전해지는 말에 의하면 장자는 누군가를 스승으로 삼아 학문을 배운 것이 아니라, 스스로 책을 읽으며 자신의 독자적 사상 체계를 형성해 나간 것으로 보인다. 실제로 그의 자유분방한 성격은 여러 문헌을 통해 전해지는데 그 성격대로라면 틀에 얽매이는 제도적 교육을 받지 않았을 것으로 보인다.

장자는 전국시대 송(宋)나라 몽(蒙) 지역의 상구현(商邱懸) 출신으

로 이름은 주(周)이다. 고향에서 칠원(漆園)의 하급 관리를 지냈다
는 기록이 있을 뿐 벼슬길에 나서지 않았다. 장자는 자신의 이름
을 딴 저서 10만 자로 쓰인 '장자(莊子)'를 남겼다. 저서 장자는 모
두 33편으로 구성돼 있다. 1권~7권의 내편은 장자가 스스로 지은
것이 분명하지만, 8편~22편의 외편과 23편~33편의 잡편은 장자
가 기술한 내용과 위작이 혼재돼 있을 가능성이 크다고 학계는 보
고 있다. 서진(西晉)의 곽상(郭象)은 장자의 저작에 처음 주석을 단
인물이다. 곽상이 장자를 노자와 더불어 도가 사상의 원류로 끌어
올렸다. 여러 자료를 통해 장자는 유가의 맹자와 동시대를 살았을
것으로 본다. 하지만 두 사람 모두 서로에 관해 글이나 말을 남긴
것이 없어 서로 모르고 지냈을 것으로 본다.

　장자가 쓴 '장자'는 노자가 쓴 '도덕경'과 여러모로 비교된다. 도
덕경은 대단한 함축적이고 철학적이어서 내용이 어렵다. 이에 반
해 장자는 우화를 통한 사례 중심으로 전달하고자 하는 바가 분명
하여 이해하기 쉽다. '장자'는 철학서이면서 문학서의 성격이 강
하다. 주제도 대단히 광범위하고 설득적이다. 적적한 비유를 통
해 상황을 설명하는 능력이 탁월해 그의 천재성이 곳곳에 드러난
다. 이런 이유로 장자의 철학은 불가에서 많이 수용되었다. 불교
의 선(禪) 사상은 장자 철학의 영향을 많이 받았다. 중국불교는 장
자가 도(道)를 설명하면서 '도가 없는 곳이 없다.'라고 한 말을 인
용해 '미천한 것을 포함해 모든 만물에 불성(佛性)이 깃들어 있다.'
라고 설명한다. 장자의 범신론이 중국불교에 수용된 것이라 할 수
있다. 장자의 사상은 중국 산수화에도 큰 영향을 끼쳤다. 또한, 그

의 자유롭고 비유적인 문체는 중국 시가(詩歌)에도 지대한 영향을 행사하였다.

장자를 이해하기 위해서는 먼저 그가 '도(道)'에 대해 어떻게 설명하고 있는지를 이해해야 한다. 장자는 말로 설명하거나 배울 수 있는 도는 진정한 도가 아니라고 했다. 도는 시작도 없고, 끝도 없고 한계나 경계도 없다고 했다. 인생의 도는 영원한 변형에 따라 흘러가는 것이며, 도 안에는 좋은 것, 나쁜 것, 선한 것, 착한 것이 없다고 했다. 오줌이나 똥에조차 도가 깃들어 있다고 단정했다. 장자는 또 자유에 대해서도 중요한 가치를 부여한다. 덕 있는 사람은 환경, 개인적 애착, 인습, 세상을 낫게 만들려는 욕망 등의 집착에서 벗어나 자유로워져야 한다고 주장했다. 그는 생계를 위해 고향마을에서 하급 관료로 일한 적은 있지만, 초나라가 재상자리를 제안했을 때도 고민 없이 단숨에 거절하는 자유주의자다운 면모를 보였다.

장자는 뛰어난 학문과 지혜가 알려져 여러 번 벼슬길에 나갈 기회가 있었지만, 본인이 거절했다. 장자가 가장 자별하게 지낸 친구는 양혜왕 때 재상을 지낸 혜시(惠施)였다. 혜시와는 정이 깊었고, 그와 논쟁하기를 즐겼다. 혜시가 죽은 뒤에는 대화할 상대를 잃었다며 한탄했다는 기록이 전해진다. 혜시와의 일화는 장자의 아내가 죽어 조문 갔을 때가 가장 널리 알려져 있다. 장자의 부인이 죽어 혜시가 조문하러 장자를 방문했을 때 장자는 돗자리에 앉아 대야를 두드리며 노래를 부르고 있었다. 혜시가 어찌 이럴 수 있느냐고 따져 묻자 장자는 이렇게 답했다. "아내가 죽었는데 왜

슬프지 않겠는가? 아내는 애당초 생명도, 형체도 기(氣)도 없었다. 유와 무 사이에 기가 생겨났고, 기가 변형돼 형체가 되었으며, 형체가 다시 생명으로 모양을 바꿨다. 삶이 변해 죽음이 되었으니 이는 4계절이 순환하는 것과 같다. 아내는 지금 우주 안에 잠들어 있다. 내가 슬퍼 우는 것은 자연의 이치를 모르는 것과 같다. 그래서 슬퍼하기를 멈췄다."

죽음에 대한 장자의 생각이 여실히 드러난 또 다른 일화가 있다. 장자의 임종이 가까워져 오자 제자들이 모여 그의 장례식을 성대히 치르고자 논의를 시작했다. 이를 들은 장자가 제자들에게 말했다. "나는 천지로 관을 삼고, 일월로 연벽(連璧), 성신(星辰)으로 구슬을 삼으며 만물이 조상객이니 모든 것이 다 구비되었다. 무엇이 더 필요한가?" 이 말을 들은 제자들이 "매장을 소홀히 하면 까마귀와 솔개의 밥이 될 수 있다."라며 장자를 설득하려 했다. 이에 대해 그는 이렇게 말했다. "땅 위에 있으면 까마귀와 솔개의 밥이 되고, 땅속에 있으면 땅강아지와 개미의 밥이 된다. 까마귀와 솔개의 밥을 빼앗아 땅강아지와 개미에게 준다는 것은 공평하지 않다." 이 일화를 통해 장자가 얼마나 자유로운 의식 체계를 갖고 살아간 인물인지 알 수 있다. 그는 철저한 자연주의자였다. 인위적인 모든 절차와 의식을 부정했다. 장자는 인생의 모든 것이 하나, 즉 도(道)로 통한다는 것을 인식해야 깨달음을 얻을 수 있다고 했다.

장자가 예시한 가장 유명한 우화는 '나비의 꿈(胡蝶之夢)'이다. 장자는 상대성을 다음과 같은 말로 설명했다. "언젠가 나 장주(莊周ㆍ

장자의 본명)는 나비가 되어 즐겁게 하늘을 나는 꿈을 꾸었다. 나는 무척 즐거웠음을 알았지만, 내가 장주였던 것을 몰랐다. 갑자기 꿈을 깨고 나니 나는 분명 장주였다. 그가 나비였던 꿈을 꾼 장주였는지, 그것이 장주였던 꿈을 꾼 나비였는지 나는 모른다. 장주와 나비 사이에는 어떤 차이가 있음은 틀림없다. 이것을 일컬어 사물의 변환이라 한다." 이렇듯 장자의 저술 '장자'는 주로 자유로운 사상에 관한 내용을 담고 있다. 풍부한 상상력을 바탕으로 글을 썼고 문체가 아름다워 훗날 낭만주의 문학에 큰 영향을 끼쳤다. 장자는 지시적으로 가르치는 방법보다는 우화를 통해 스스로 깨달을 수 있도록 했다. 장자는 우리가 가진 상식, 고정관념, 이분법적 사고방식, 인위에 기초하여 길든 세계관이나 종교관이 갖는 모순을 스스로 들여다보고 그것에서 깨어나 자유로운 삶을 살 수 있도록 유도했다.

노자의 사상을 계승한 장자는 자연의 도를 추구하며 무위(無爲)로 돌아갈 것을 주장했다. 정형화된 인간관계를 요구했던 유가 사상과는 대립할 수밖에 없었다. 그래서 장자는 유학자의 도덕적 가르침을 비판했다. 장자는 인간이 사물 전체를 살피지 못하고 사소한 일에 일희일비(一喜一悲)한다고 지적했다. 세계의 유동성을 이해하고 사물의 진실을 연구한다면 자유로운 인간으로 거듭날 수 있다고 했다. 이를 위해 인간이 일상적이고 상식적인 의식을 바꾼다면 사물을 더 깊이 이해할 수 있고, 그것을 있는 그대로 볼 수 있으며 죽음과 삶도 초월할 수 있다고 주장했다. 장자는 인간이 환경을 통해 얻은 지식으로 형성된 인위(人爲)를 부정하여 사람을 얽매고 있는 사고를 전환해야 한다고 주장했다. 인간이 사물의 실재를 파악하지 못하는 것 즉, 도의 의미를 알지 못한 채 인위로만 세상을 보기 때문에 세상이 복잡해지고 혼란스러워진다고 했다. 그래서 더는 인위적인 제도나 예법을 만들지 말고 무위(無爲) 상태로 있어야 한다고 주장했다.

장자는 아내가 죽은 뒤 그나마 갖고 있던 고향의 작은 벼슬을 그만두고 여러 곳을 유랑했다. 그는 세상의 권세나 부귀 등을 아주 우습게 여겼다. 장자는 세상에 일어나는 모든 일이 한쪽의 완성은 한쪽의 파멸을 의미한다고 보았다. 그래서 전체적 질서는 유지된다고 보았다. 그러니 인간이 생사화복에 집착할 이유가 없다고 했다. 유가가 주장하는 인위적 도덕에 대해서는 강한 거부감을 드러냈다. 그러면서 생명을 지키고 몸을 보존하는 일보다 위대한 도덕은 없다고 했다. 아울러 본성에 따라 분수에 맞게 사는 윤리를 강조하기도 하였다. 장자도 백성을 불쌍히 여기고 세상을 바로잡아야 한다는 생각은 다른 사상가와 같았다. 다만 공자와 묵자는 직접 사회개혁에 뛰어들어 문제를 해결하고자 했지만, 노자와 장자는 인위적인 어떤 행동도 부정하여 자연적으로 치유되고 미화되기를 바랐다.

노자와 장자는 도가 사상을 이끌었지만 둘 사이에도 차이는 있다. 노자가 정치와 사회의 현실에 어느 정도 관심이 있던 반면, 장자는 개인의 평정한 마음 상태인 안심입명(安心立命)에만 관심을 가졌다. 노자가 혼란한 세상을 구하기 위해 무위자연에 처할 것을 가르쳤지만, 장자는 속세를 초탈하여 유유자적하고자 했다. 노자가 자연의 원리와 그 응용을 가르쳤다면, 장자는 천지와 하나 되는 원리를 설파했다. 노자의 '도덕경'은 깊은 사색을 해야 하는 철학적 작품인 데 반해 장자의 '장자'는 읽는 사람이 작품에 도취해 자신을 잊게 하는 단계의 문학작품이라 할 수 있다. 장자의 사상에 대한 허무주의니 회의주의라는 평가도 있지만, 세상을 향한 그의 통렬한 비평은 세상에 대한 미련을 반영하기도 한다. 세상사에 그토록 관심이 없었다면 굳이 비웃거나 비판하는 일조차 없었을 것이기 때문이다.

장자(BC 369~BC 289?)

제자백가
諸子百家

흔히 중국의 사상이나 역사에 관해 이야기할 때 가장 많이 거론되는 시기가 춘추 전국 시대다. 우리가 알고 있는 중국 고사의 대부분이 춘추 전국 시대 이야기를 기반으로 한다. 춘추 전국 시대는 중국 역사상 가장 혼란스럽고, 삶이 고통스러웠던 시기로 꼽는다. 그러면서도 가장 왕성한 학문과 사상의 발전을 이룬 시기다. 이 시기 중국에서는 지식의 대폭발이 일어났다. 그 개화의 결실이라고 할 수 있는 지식의 대폭발을 주도했던 이들이 바로 제자백가(諸子百家)이다. 제자란 여러 각 학파(학단)의 대표적 인물들을 말한다. 각각의 학파를 통칭할 때 백가라고 한다. 제자백가란, 여러 학파의 학설을 만들고 학단을 이끄는 대표적 리더와 그를 따르는 무리인 각 학단을 통칭하는 말이다. 백가쟁명(百家爭鳴)이란 각 학파가 저마다의 논리와 주장을 가지고 경쟁하며 자신들의 사상을 수용해 달라고 세상을 향해 외치는 모습을 표현한 말이다.

제자백가를 어디까지 인정해야 할지는 이견이 분분하다. 제자백가는 대개 어떤 사상을 가지고 어떤 도덕적 기준을 가졌는지가 중요한 논쟁의 대상이었다. 하지만 도덕이나 사상과 무관하게 현실정치에 적용 가능한 실용기능을 연구 대상으로 삼는 집단도 있었다. 병가(兵家), 음양가(陰陽家), 명가(名家) 등이 그 사례이다. 제자백가의 출발은 공자의 유가로 보는 것이 일반적이다. 유가는 제자백가의 중심에 자리 잡고 있었고, 그래서인지 타 학단의 집중적 공격을 받았다. 타 학단에서 유가를 공격하고 유가의 핵심 논리를 반박하는 것은 보편적이었지만, 그 나머지 다른 학단끼리 사상을 공격하는 일은 거의 없었다. 유가와 표면적으로 대립했던 대표적 학단은 묵가(墨家), 법가(法家) 등이다. 제자백가는 춘추시대와 전국시대로 나누어 전개 과정을 살펴보면 한결 이해하기 쉽다. 춘추시대는 공자와 노자, 유가와 도가가 사실상의 주축이었고, 다른 학단은 융성하지 못했다.

그러나 전국시대에 이르러서는 다양한 학단이 형성되기 시작했고, 사상논쟁도 뜨겁게 진행됐다. 전국시대 초기에는 묵적(墨翟)의 사상을 기반으로 하는 묵가가 성행했다. 묵가는 유교의 예(禮)와 그 번잡함을 집중적으로 비판했다. 또한, 유가 사상의 핵심이라 할 수 있는 친소관계에 따른 차등적 사랑을 비판하며 모든 사람을 똑같이 사랑하는 겸애(兼愛)를 강조했다. 유가의 제례, 장례 등이 사치스럽다고 비판하며 검소와 절약을 강조하기도 했다. 유가와 묵가의 논쟁을 유묵논쟁이라 한다. 유묵논쟁은 전국시대 초기의 대표적 사상논쟁이다. 묵자와 비슷한 시기에 활동한 대표적 사상가로 양주(楊朱)를 들 수 있다. 양주의 사상을 따르는 이들에 대해서는 양가라는 학파명을 주지 않는 것이 일반적이다. 양주의 사상은 쾌락주의 또는 극단적 이기주의로 알고 있는 경우가 많은데 그것은 훗날 유가 학자들이 그 사상을 매도하고자 한 면이 없지 않다. 양주의 사상은 지나침을 거부하는 자연주의 사상이라고 봐야 한다. 욕심을 버리고 자연 속에서 진정한 쾌락을 찾으라는 것이 핵심이다. 비난받아야 할 만큼 유치한 사상이라고 볼 수 없다.

묵자와 양주가 한동안 사상계의 주류를 형성하고 있던 시기에 나타나 이들을 신랄하게 공격한 이가 바로 유가의 아성 맹자다. 맹자는 틈나는 대로 이들 양주와 묵자를 비난했다. 양주에 대해서는 극단적 이기주의로 '남을 위해서는 손톱만큼도 배려하거나 베풂이 없다.'라고 지적하며 몰아붙였다. 특히 나라와 군왕조차도 부정하는 무군주의(無君主義)라고 비난했다. 묵적에 대해서도 '자신의 아버지와 타인의 아버지를 동일시하고, 내 나라 군왕과 다른 나라 군왕을 차등하지 말라는 것은 천하의 질서를 교란하는 행위.'라고 비난을 퍼부었다. 맹자는 양주와 묵적을 사이비(似而非)라고 싸잡아 비난했다. 맹자는 "이기주의자인 양주는 의(義)에 혐의가 있어 사이비가 되고, 겸애(兼愛)주의자인 묵적 또한 인(仁)에 혐의가 있어 사이비가 된다."라며 성토했다. 그러면서 "양주와 묵적의 도가 종식되지 않는 한 공자의 도는 드러나지 않는다."라고 주장했다. 천하주유(天下周遊)[25]를 하며 세상에 양주와 묵적의 사상이 널리 퍼져있는 것에 관해 맹자는 크게 분노했다.

맹자와 비슷한 시기에 세상에 이름을 알린 이가 도가의 장자다. 장자는 타 학단과 사상논쟁 등에 관심을 보이지 않았다. 장자의 사상을 한마디로 정리하면 '너도 맞고, 너도 맞고'라고 할 수 있다. 장자는 자신과 다른 사상을 내세우는 여타의 학단에 대해 공격하거나 평가하는 일이 없었다. 그런데도 맹자와 더불어 전국시대의 양대 사상가로 부상했다. 맹자가 양주와 묵적을 집중적으로 비판하는 사이 그 뒤에서 맹자를 향해 공격한 것은 순자(荀子)였다. 순자는 사람의 본성은 선하다는 맹자의 성선설(性善說)을 반박했다. 순자는 인간의 본성은 악하다고 보았다. 그래서 사회질서 유지를 위해 예(禮)를 정할 필요가 있다고 했다. 하지만 순자가 말하는 예는 법(法)에 가깝다. 순자는 유가 사상가로 분류된다. 하지만 그의 제자인 한비자(韓非子)와 이사(李斯)에 의해 법가 사상이 싹 터 순자를 법가사상의 원류로 보기도 한다.

　한비자가 완성한 법가 사상은 진(秦)나라가 받아들여 중국 최초의 통일왕조를 세우는 데 사상적 뒷받침을 했다. 한비자는 한(韓)나라 귀족 출신이었지만, 조음장애(말더듬)를 갖고 있어 벼슬길에 나가지 못했다. 자신의 출신국인 한나라가 위태로워지자 제후에게 충언하는 내용을 담아 엮은 책이 '한비자'이다. 한나라 제후는 이 책에 별 반응을 보이지 않았지만, 훗날 시황제가 되는 진나라 영정(嬴政)은 그 책을 읽고, 전쟁을 무릅써가며 그를 데려와 극진히 대접하며 국정의 자문을 구했다. 본래 한자(韓子)라고 불렸지만, 그보다 무려 1000년 뒤인 당대(唐代)에 태어나 학문과 문학으로 이름을 날린 한유(韓愈)와 구분하기 위해 한비자로 불리기 시작했다. 법가사상을 완성해 진(秦)이 천하를 통일하는 기반을 다질 수 있게 해준 한비자는 자신과 순자 문하에서 동문수학한 친구인 이사의 음모에 휘말려 죽음을 맞았다.

중국 최대의 역사기록인 사마천의 '사기(史記)'는 제자백가를 유가(儒家), 도가(道家), 묵가(墨家), 명가(名家), 법가(法家), 음양가(陰陽家)의 6가로 구분하였다. 반면 '한서(漢書)' '예문지(藝文志)'는 사마천이 분류한 6가에 종횡가(縱橫家), 잡가(雜家), 농가(農家), 시부가(詩賦家), 병가(兵家), 수술가(數術家), 방기가(方技家)를 추가하여 14가로 구분하였다. 소설가(小說家)를 제자백가에 포함하는 이들도 있다. 이토록 왕성하던 전국시대의 사상은 진시황제가 모든 경전을 소각하고 유학자를 생매장하는 분서갱유를 일으키며 종지부를 찍게 된다. 진시황제는 민간의 학문 활동을 차단하고, 관이 학문을 관장하는 주나라 시대로 회귀하는 시대 역행적 정책을 선택한다. 그러나 진(秦)이 곧 멸망하고 한(漢)이 건국한 뒤로 다시 제자의 시대가 열린다. 하지만 7대 황제인 무제에 이르러 사상통일 여론이 형성되며 동중서(董仲舒)의 건의로 유가 사상이 국가 통치사상으로 받아들여졌다.

이때부터 유가 사상은 유교로 탈바꿈했고, 이후 현재에 이르기까지 중국 사상의 핵심 원류가 된다. 도가사상은 국가 통치 사상으로 수용된 적이 없지만, 유가 사상과 더불어 중국 사상의 양대 산맥을 형성하고 있다. 유학이 국가 통치 사상이 되면서 자학(子學)의 시대가 종말을 고하고 경학(經學)의 시대가 열리게 되었다. 한나라 이후 유학 사상은 중국은 물론 한국과 일본, 베트남 등 한자문화권 국가에 지대한 영향을 끼쳐 2500년간 사상을 지배하는 역할을 했다. 춘추 전국 시대 중국을 휩쓸었던 제자백가 사상은 인간 문제에 관심을 집중했다는 점, 형이상학인 인간과 우주의 관계에 소홀했던 점, 상고시대의 통치를 이상적 통치형태로 보고 그 시절로 돌아가야 한다는 복고주의적 성격을 가졌다는 점 등이 공통점이다.

09

석가모니

釋迦牟尼

흔히 석가모니 또는 부처라고 부르는 불교의 창시자로 본명은 고타마 싯타르타(悉達多喬達磨)이다. 그는 기원전 563년 인도 북쪽 네팔 근처 카필라바스타 왕국의 왕자로 태어나 입적했다. 29세까지 평범한 삶을 살다가 출가하여 갖은 고행 끝에 깨달음을 얻고, 이후 그 깨달음을 기반으로 불교를 창시하였다. 그는 80세가 되던 해 기원전 483년 입적할 때까지 45년간 여러 지방을 돌며 여러 사람을 교화할 목적으로 불교의 교리를 설파하였다. 그가 창시한 불교는 당시 인도사회를 지배하던 브라만교나 힌두교와는 큰 차이가 있었다. 불교의 가장 핵심적인 가치는 '누구나 수행만 하면 깨달음을 얻어 부처가 될 수 있다.'와 '계급은 중요하지 않고, 값진 재물을 바칠 필요도 없다.'로 카스트 제도의 엄격한 신분제도 아래 고통받던 많은 인도 하층민에게 희망을 안겼다.

고타마 싯타르타는 보리수 아래서 49일간 참선을 한 후 깨달음을 얻었고, 그 뒤부터 석가모니라고 불렸다. '석가(釋迦)'는 그가 속한 민족인 샤키아(Ssakya)족을 일컫는 말이다. '모니(牟尼)'는 성자라는 의미의 무니(muni)의 음사이다. 그래서 석가모니란 말은 '석가족 출신의 성자'라는 뜻이다. 그러니 그의 이름이 아니라 별칭인 셈이다. 한국인이 '부처'로 발음하는 '붓다(佛陀)'도 '깨달은 사람'이란 의미로 역시 그의 이름이 아닌 별칭이다. 중국에서는 약칭하여 '불(佛)'이라고 부르기도 한다. 같은 의미로 '세존(世尊)' 또는 '석존(釋尊)'이라는 별칭도 많이 사용된다. 이 또한 깨달음을 얻은 존귀한 사람이란 의미다. 싯타르타라는 이름 앞에 붙는 고타마는 그의 성씨이다.

싯타르타의 아버지는 카필라바스타의 왕 슈도나다였고, 어머니는 마야 부인이었다. 마야 부인은 그가 태어난 지 이레 만에 산후병으로 세상을 떠 이모의 손에서 자랐다. 16세가 돼 동갑 사촌인 아쇼다라와 결혼하였고, 아들 라훌라를 얻었다. 20대 후반까지 그의 삶은 왕자라는 신분 외에는 아주 평범했다. 그는 왕자의 신분으로 궁 안에 살다가 사문출유(四問出遊) 또는 사문유관(四門遊觀)이라 불리는 경험을 통해 궁 밖 백성의 처참한 생활을 목격하게 된다. 인간의 생로병사(生老病死) 고통을 목격한 그는 '인간은 어떤 존재이며, 괴로움에서 벗어나기 위해서는 어떻게 해야 하는지' 고민하게 된다. 그러다 29세가 되던 해 가족과 왕자라는 신분을 모두 버리고 깨달음을 얻기 위해 출가한다.

출가 후 남쪽으로 내려가 마가다국에서 알라라칼라마와 우다카라마푸타라는 두 명의 성인을 찾아가 정신통일을 통해 하늘에 이르는 방법인 선정(禪定)을 배웠다. 하지만 그는 이런 방법으로 생사의 괴로움에서 벗어날 수 없음을 깨달았다. 그래서 산으로 올라가 당시 보편적인 출가자들이 했던 방식으로 극단적인 절식과 금욕 생활하며 다시금 해탈에 나섰지만, 역시 육체적 고통만 다가올 뿐 깨달음은 없었다. 그래서 금욕생활이 깨달음으로 가는 길이 아니라고 판단하게 된다. 그래서 다시 시작한 것이 좌선(坐禪)이다. 그는 49일간의 좌선을 통해 마침내 고통과 괴로움의 원인이 무엇인지 알게 돼 진리에 도달하게 되었다. 이후 입적할 때까지 무려 45년간 그는 깨달음을 통해 얻은 진리를 세상 사람에게 설파하였다.

부처의 가르침은 인간 고통의 근본 원인이 애착과 욕심이라고 본다. 그것을 떨쳐 마음의 평정을 얻고 나아가 높은 지식의 상태로 나아가 '열반(涅槃)'에 이르러야 고통에서 벗어날 수 있다고 보았다. 부처는 당시 인도의 고질적 계급구조인 카스트 제도를 부정했다. 누구나 참선을 통해 해탈에 이를 수 있다는 만민평등사상을 설파했다. 참선과 정진만이 유일하게 도를 얻는 길이라고 제시하였다. 당시 인도에 만연했던 브라만교는 개인의 운명을 결정하는 데 신이 간여하는 것으로 믿었지만, 불교는 신의 존재를 부정했다. 무신론적 견해를 밝히면서 운명은 전생의 죄업이라고 여겼다. 부처는 인도의 전통 종교관인 윤회(輪廻)와 업(業)사상은 수용했다.

부처 사후에 불교는 점차 주변국으로 퍼져나가다가 기원전 3세기경 아소카왕이 불교로 개종한 뒤 인도 전역으로 급속히 확산하였다. 그 후 한국·중국·일본을 비롯한 아시아 전 지역과 아프리카 일부 지역까지 교세가 확장되었다. 그러나 정작 인도 본국에서는 그 세력이 점차 쇠퇴하였다. 급기야 기원전 500년경부터는 소멸이 가속되었고, 기원후 1200년대에는 완전 소멸하였다. 불교가 소멸한 자리는 힌두교가 대신했다. 하지만 여전히 동남아시아 지역은 압도적인 불교문화권을 형성하고 있어 여전히 세계 4대 종교 중 하나로 자리를 지키고 있다. 기원전 5세기부터 현재에 이르기까지 2500년 동안 불교는 원시불교, 부파(部派)불교, 소승불교라 불리는 남방불교, 대승불교라 불리는 북방불교 등으로 아시아 여러 나라에서 다양하게 발전하였고, 경전도 여러 가지로 새롭게 편찬되었다.

부처의 가르침을 법(法)이라 하여 불교를 불법(佛法)이라고도 한다. 부처가 되는 길이라는 뜻으로 불도(佛道)라고 부른다. 불교는 교조인 싯타르타가 35세 보리수 아래 달마(達摩, dharma, 진리)를 깨우쳐 붓다(깨우친 사람)가 된 뒤 여러 지방을 다니면서 여러 사람을 교화할 목적으로 말한 설교다. 오랜 시간이 흐르며 교리나 의식이 국가와 지방마다 달라졌다. 그래서 한 마디로 "불교는 이것이다."라고 묶어 말할 수 없는 지역이 됐다. 이는 다른 종교에서 찾을 수 없는 불교의 특징이다. 싯타르타는 브라만의 정통 교리사상이 흔들리던 무렵에 출생했다. 이 무렵 새로운 사상을 표출하고자 신흥사상가들이 많이 출현했고, 이들을 사문(沙門)이라고 불렀다. 불교도 이런 신흥사상 중 하나라고 말할 수 있다.

불교는 대승불교와 소승불교로 구분한다. 하지만 근래에는 선후 또는 우열을 나타내는듯한 대승과 소승이라는 표현 대신 북방불교와 남방불교라는 명칭을 사용한다. 북방불교는 널리 대중을 구제하는 데 목표를 두어 신앙의 실천을 강조하는 특징을 갖는다. 중앙아시아를 거쳐 중국-한반도-일본 등 동북아시아 지역으로 세력을 키웠다. 반면 남방불교는 개인의 수양에 힘쓰는 불교로 스리랑카를 거점으로 동남아시아 쪽으로 퍼졌다. 한반도에는 고구려 소수림왕(372년) 때 중국으로부터 불교가 들어왔다. 그리고는 백제와 신라로 확산했고, 다시 일본으로 건너갔다. 삼국시대, 통일신라시대, 고려시대를 거치며 한반도에서는 원효, 의상, 혜초, 의천, 지눌 등 거목에 비유할 만한 이 난 승려를 대거 배출하였다. 불교는 1000년 넘게 한반도에서 국가종교의 지위를 유지했다.

석가모니(BC 563?~BC 483?), 봉정사괘불

10

예수
Jesus

  예수는 역사상 인류에 가장 지대한 영향력을 행사한 인물이다. 그리스도교 신자는 예수를 인간이 아닌 신의 관점에서 이해하고 있지만, 여기서는 그가 인류에 남긴 역사적 사실을 바탕으로 소개하고자 한다. 21세기인 현재 전 세계인구 중 22억 명 가까운 인구가 예수의 말씀을 따르며, 그가 제시한 구원의 길을 걷고 있다. 그리스도교는 세계 곳곳에 그 영향력이 끼치지 않는 곳이 없다고 할 정도로 많이 분포돼 있고, 19세기 이후 세계사의 주도권을 잡은 서구 국가 대부분이 그리스도교 영향권이어서 실제로 세계문화를 선도하고 있다. 가장 많은 사람이 그리스도교 사상을 토대로 사유하고 또 생활하고 있으니 그 영향력은 형언하기 어려울 정도이다.

  예수라는 표현은 고대 그리스어 '이에수스'의 라틴어 표기로 이에수스는 히브리어 여호수아를 그리스어로 옮긴 것이다. 여호수아는 하느님이란 뜻의 'Je'와 구원이란 뜻의 'Hoschua'를 합성한 말이다. 예수를 가리킬 때 흔히 앞에 '나사렛'이란 표현을 붙이는데, 나사렛은 예수가 성장한 고장의 이름이다. 그리스도(Christ)라는 용어는 고대 그리스어로 '기름 부은'이란 뜻의 크리스토스(Khristos)라는 말을 라틴어로 옮긴 것이다. 유대인의 종교적 예법에 따르면 '기름 부은 사람'이란 이름은 '높은 사람', '왕이나 전지자', '제사장', '메시아'에게 붙이는 호칭이다. 기독교(基督教)라는 이름은 그리스도교를 이르는 다른 말이다. 우리나라에서는 개신교를 이르는 협의의 개념으로 쓰이기도 하지만 예수의 말씀을 따르는 모든 종교집단을 통합적으로 이른다.

역사를 기원전과 기원후로 나누는 기준은 예수 탄생이다. 그러나 엄밀히 예수는 서기 1년에 태어난 것이 아니라 그보다 몇 해 앞서 태어난 것으로 보인다. 고증하는 자료마다 다소 편차가 있어 어떤 문헌은 기원전 6~9년, 어떤 문헌은 기원전 4~6년으로 그의 탄생을 기록하고 있다. 예수는 유대인으로 팔레스타인에서 가난한 목수의 장남으로 태어났다. 하지만 그는 가업에는 아무런 관심이 없었고, 하느님(하나님)의 세상이 열릴 것이라며, 구원에 대해 설교하고 다니다가 정치범으로 몰려 33세의 나이에 십자가형이란 극형에 의해 처형됐다. 그로부터 3일 만에 부활했다고 하여 신자들은 그를 인간이 아닌 신이라고 굳게 믿고 있다.

예수의 33년 생애는 30년의 사생활과 3년의 공생활로 구분된다. 그가 공생활을 시작하기 전 30년 세월은 알려진 바가 거의 없다. 예수는 30세가 돼 요한으로부터 세례를 받았고, 이후부터 종전의 유대교와는 다른 방식으로 하느님의 말씀과 구원을 세상 사람들에게 전했다. 세례 이후 예수는 40여 일 동안 요르단강 너머

광야에서 자신의 앞날에 대해 진지하게 고민하고 인류의 구세주로 거듭난다. 40일간의 수행을 마치고 사람들에게 돌아온 예수는 "때가 되어 하느님의 나라가 다가왔다. 회개하고 이 복음을 믿어라."라고 말했고, 이후 많은 설교와 기이한 행적을 보이며 민중의 전적인 지지를 받았다. 당시 팔레스타인 지역은 로마제국의 통치를 받던 식민지로 유대 백성은 참혹하게 핍박받고 있었다. 여러 차례 반란을 일으켰지만, 번번이 실패해 좌절감이 매우 컸다. 그들은 구약성서의 기록대로 메시아(구세주)가 나타나 신으로부터 선택받은 민족인 자신들을 고통에서 구원해 줄 것이란 강한 믿음을 갖고 있었다.

당시 유대인의 신앙인 유대교는 몇몇 세력으로 분파돼 있었고, 그중 바리새파는 보수적 율법주의를 채택하고 있었다. 바리새파 관점에서 예수의 주장은 너무도 급진적이었고, 정통 유대교의 율법이나 예언서를 제멋대로 해석하는 위험한 존재였다. 결국, 바리새파는 '예수를 죽여야 한다'는 결론에 이르게 된다. 그들은 음모를 꾸며 예수가 사람을 현혹하고, 반 로마운동을 이끌고 있다는 죄목을 들어 당시 팔레스타인을 통치했던 로마의 본디오 발라도 총독에게 고발한다. 빌라도는 강력한 바리새파 유대인의 요청에 못 이겨 예수를 십자가형에 처해 죽게 한다. 예수는 처형을 당하며 "주여, 저를 버리려 하십니까? 저들을 용서하십시오."라는 말을 남기고 숨졌다.

이렇게 죽은 예수가 3일 만에 부활했다는 소식이 돌기 시작했다. 성경에 따르면 예수는 생전의 모습으로 다시 제자들에게 나타났고, 40여 일을 지낸 후에 하늘나라로 돌아갔다. 그리스도교에서는 그의 부활이 구세주로서 죽음을 극복한 증거라고 주장하며, 부활 신앙을 강조하는 교리를 발전시킨다. 로마의 지배에 협력하며 엄격한 유대교의 율법을 강요하며 형식에만 치중했던 바리새파에 대해 염증을 느꼈던 많은 유대인이 예수의 부활 이후 결집하기 시작했다. 가장 심한 핍박을 받던 하층민을 중심으로 예수를 믿으면 진정한 평화와 구원을 얻을 수 있다는 생각이 급속도로 확산했다. 예수가 생전에 "가난한 자는 복이 있나니, 천국이 너희 것이다."라고 했던 말은 그들을 결집하는 데 결정적 작용을 했다.

예수는 공생활 중 설교를 통해 여호와 하느님은 계율이나 율법으로 사람을 옥죄는 존재가 아니라는 사실을 설파했다. 하느님은 특별한 민족에게만 구원을 주는 것이 아니고 누구에게나 사랑과 구원의 마음을 갖고 대한다고 주장했다. 예수의 가르침은 보편적이고 무조건인 사랑이었다. 예수는 바리새파 사람들이 겉으로만 율법을 지키고 경건한 체하는 위선을 강하게 질타했다. 그러면서도 "나는 율법을 없애러 온 것이 아니라, 율법을 완성하러 왔다."라고 말해 계율을 외면하지 않겠다는 뜻을 비쳤다. 예수가 죽은 뒤 절망에 빠져 있던 제자들은 그의 부활로 인해 생기를 되찾기 시작했다. 특히 세찬 바람과 불길이 제자들에게 내린 후 그들이 각기 다른 외국어로 방언을 하기 시작한 오순절 성령 강림 사건 이후 제자들은 확실한 신념을 갖고 예수의 가르침을 전파하기 시작했다.

이후 그리스도교가 교리상으로 정립되는 사건이 벌어진다. 그

것은 사도 바울의 개종이었다. 그리스도교인을 박해하는 데 앞장
섰던 바울은 특별한 종교체험 후에 열렬한 그리스도교인이 된다.
예수의 열두 명 제자는 학식이 부족해 종교적 체계화를 이루어내
지 못했지만, 바울은 로마 시민으로 그리스 철학에 정통한 지식인
이었다. 바울은 신학을 정립했고, 체계를 세워 그리스도교가 세
계적 종교로 성장할 수 있는 기틀을 마련했다. 그리스도교의 기본
교리는 바울에 의해 완성돼 지금까지 전해 내려오고 있다. 그렇지
만 그리스도교인에 대한 박해는 계속됐다. 로마 황제의 동상을 숭
배하는 일을 거역하고 축제에 참여하는 일도 거부해 많은 그리스
도교인이 사자 밥이 되는 비참한 일이 빈발했다. 그런 박해가 무
려 300년 가까이 이어졌다.

그러다가 4세기인 313년 로마 콘스탄티누스 황제가 밀라노칙
령을 반포해 그리스도교 신앙을 허용했고, 380년 테오도시우스
황제는 아예 그리스도교를 로마의 국교로 채택하는 칙령을 반포
하였다. 늘 박해받던 그리스도교는 이때부터 정치권과 결탁하여
권력화하는 모습을 보이기 시작했다. 그러면서 1000년 이상 유럽
전역의 문화와 유럽인의 생활에 절대적 영향을 끼치게 된다. 중세
라 불리는 5세기부터 15세기까지 그리스도교는 막강한 권력으로
성장해 유럽의 모든 사상과 문화를 장악한다. 이 기간 교황의 세
력은 황제 세력을 능가해 국가권력을 뛰어넘는다. 그런 와중에 11
세기에는 그리스도교가 로마 가톨릭과 콘스탄티노플의 동방정교
회로 분열된다. 이들은 성상 숭배를 놓고 의견대립을 보이다가 끝
내 분열에 이르렀다. 동방정교회의 주된 세력은 그리스 정교회와

러시아 정교회인데 본부는 콘스탄티노플에 두었다. 16세기에 콘스탄티노플이 이슬람 지배하에 들어가자 동방정교회의 중심이 모스크바로 옮겨갔다. 이후 동방정교회는 러시아 공산화 이후 종교적 행동에 제한을 받아 포교나 자선사업 등에 발목이 잡혔고, 개인 기도만 허용받는 소극적 모습으로 변화했다.

16세기 초에는 종교개혁이 발발해 그리스도교는 다시 종전의 로마 가톨릭과 동방정교회에 이어 개신교가 삼각 편대를 이루는 형국으로 변했다. 17세기에는 영국 개신교도들이 종교박해를 피해 아메리카대륙으로 이주해 미국을 건국했다. 미국이 세계의 중심 국가로 성장하면서 개신교는 급성장하게 되었다. 개신교는 17세기 중엽부터 장로교, 감리교, 침례교, 퀘이커교 등의 교파가 속속 등장하며 끊임없이 분열하게 되었다. 이러한 교파는 미국을 경유해 대한민국에 전파되었다. 미국의 절대적 힘과 권위를 인정하는 대한민국에서 개신교는 급속히 확산하였고, 사회 각 분야에 엄청난 영향을 끼치는 세력으로 성장하였다. 특히 개신교 전래 초기에 구호에 힘쓰고, 학교와 병원을 집중해서 보급한 것이 한국인의 마음을 사로잡는 데 주효했다.

현대 그리스도교의 대변혁은 1963년 로마 가톨릭의 제2차 바티칸 공의회에서 시작된다. 이 변혁은 종교개혁에 버금가는 영향력을 행사했다. 당시 교황 요한 23세가 시작한 대변혁은 교황 바오로 6세에 이르러 집행되었다. 변혁은 주요 내용 중 첫째는 2000년간 고수해온 미사에서 라틴어만 사용하던 관습을 포기하고 당해국의 언어를 사용할 수 있도록 한 점이다. 둘째는 '교회 밖에서도 구원을 얻을 수 있다.'라는 표현을 사용하기 시작했다는 점이다. 이는 다른 문화나 종교와 진지한 대화를 하겠다는 것으로 풀이된다. 한국의 경우, 그리스도교의 가장 큰 제약이던 조상에 대한 제사가 받아들여진 계기가 됐다. 이런 개방적 분위기 속에 로마 가톨릭은 동방 정교회와의 화해를 시도하는 한편 영국 국교회의 성례전을 인정하는 등 고립에서 벗어나려는 시도를 계속하고 있다. 이 때문에 가톨릭이 신교가 되고, 개신교가 구교가 되었다는 평가까지 나오고 있다.

예수(BC 4?~AD 30)

11

무함마드
Muhammad

무함마드(570~632)는 이슬람교의 창시자이다. 마호메트(Mahomet)라고도 하는데 이는 무함마드의 아랍어 발음이다. 무함마드가 창시한 이슬람교를 믿는 전 세계의 신도 수는 17억 명으로 그리스도교(22억 명)에 이어 세계 두 번째이다. 그래서 그리스도교와 이슬람교를 세계 종교의 양대 축이라고도 한다. 이슬람교는 인류 역사상 가장 짧은 기간에 가장 빠르게 교세를 확장한 종교다. 그토록 빠르게 세계인의 종교로 자리 잡을 수 있던 것은 분명, 이슬람교의 종교적 완성도가 높다는 것을 의미한다. 하지만 유독 한국 사회에서는 이슬람교가 테러를 일삼는 호전적 종교라는 부정적 인식이 강하다. 이는 우리가 주로 서구 그리스도교 국가들을 통해 이슬람교 관련 정보를 습득했기 때문이라고 문화 학자들은 지적한다.

무함마드는 메카 쿠라이시 부족 출생으로 아버지 아브드 알라는 그가 출생하기 전에 세상을 떴고, 어머니도 그가 6세 때 세상을 떴다. 고아가 된 무함마드는 할아버지 아브드 알 부탈리브의 손에서 자라다가 할아버지마저 세상을 뜨자 숙부인 아부 탈리브의 손에서 자랐다. 12세 되던 해 그는 숙부를 따라 시리아로 갔다. 그곳에서 만난 바히라라는 기독교 수도사는 무함마드가 예언자 징후가 있다고 알아봤다. 직업도 없고 가난했던 무함마드는 숙부의 소개로 과부인 카디자가 경영하는 무역상에 취업하게 된다. 그곳에서 무함마드는 그녀를 대신해 시리아 지역으로 무역을 다니며 사업적으로 성공해 능력을 인정받는다. 그의 능력을 알아본 카디자는 당시 40세였지만 15세 연하로 25세였던 무함마드에게 청혼한다. 카디자와 결혼한 무함마드는 일시에 돈과 명예를 거머쥐게 되었다.

경제적 여유가 생긴 무함마드는 수시로 진리를 갈구해 금식하며 사색하기를 즐겼다. 그 이전에도 무함마드는 메카 교외의 산중에 혼자 들어가 며칠씩 틀어박혀 기도와 명상으로 시간을 보내는 일이 많았다. 무함마드의 숙부는 카바신전의 관리인이었다. 카바신전은 검은 돌 조형물과 갖가지 벽화를 비치해 놓고 그것을 우상으로 섬기는 곳이었다. 무함마드는 "과연 저것들이 신일까?"라는 회의감을 가졌다. 그러던 어느 날 그는 히라산 동굴에서 신의 계시를 받았다. 그는 그것이 신의 계시인지도 모르고 겁에 질려 집으로 돌아왔다. 카디자는 남편 무함마드를 진정시키고 자신의 사촌인 이비아니교 사제 와라카 이븐 나우팔을 찾아가 사정 설명을 했더니, 와라카 이븐 나우팔은 "무함마드가 만난 것은 천사 가브리엘이었다. 무함마드는 예언자다."라고 말했다. 카디자는 집으로 돌아와 무함마드에게 이 같은 사실을 절하고 그 앞에 무릎을 꿇으며 최초의 무슬림[26]이 되었다.

이후 무함마드의 양자인 사촌 알리를 비롯해 친구들이 줄지어 무슬림으로 개종하였다. 신의 계시를 받고 3년이 지난 뒤부터 무함마드는 무슬림이 된 친척과 친구들을 모아 놓고 유일신 알라(하느님)의 전능함, 만물의 창조, 최후의 심판 및 천국과 지옥 등을 주장하며 그에 관한 설교를 시작했다. 그러나 지인 중에도 상당수는 세속적 종교에 길들어 있었기 때문에 무함마드의 설교를 수용하지 않았다. 무함마드는 치욕적 비난을 받기도 했다. 그러자 무함마드는 메카를 찾아온 순례객을 상대로 알라 유일신 사상을 전하기 시작했다. 이때 카바신전을 지키며 순례객을 상대로 수입을 얻었던 부족원들이 무함마드를 탄압하기 시작했다. 무함마드는 창조주인 알라만이 유일신이라며 우상을 버리라고 설교했지만 받아들이지 않았을 뿐 아니라 오히려 탄압받았다.

무함마드는 52세 되던 622년 메카의 탄압을 피해 메디나로 갔다. 무슬림은 이때를 헤지라(Hegira)라고 하여 이슬람 원년으로 삼는다. 이슬람에서 헤지라는 대단히 각별한 의미가 있는 해이다. 메카에서 탄압받던 무함마드는 메디나에서 이슬람의 예언자이며 정치적 지배자로 인정받기 시작해 하늘의 계시를 전하였다. 무함마드를 따르는 무리는 종교법을 제정하고 사회·경제적 여러 규정을 정하기도 했다. 또한, 그는 군사적으로도 힘을 키워나가 메카와 시리아를 연결하는 통상로를 위협할 수준에 이르렀다. 624년에는 매년 메디나를 공경하는 메카군을 격파하여 무슬림의 사기를 한껏 끌어 올리기도 했다. 이 무렵 무슬림 세력이 급성장하는 것을 의식해 유럽인이 '한 손엔 칼, 한 손엔 꾸란[27]'이란 말을 만들어 내 그들의 정체성을 훼손했지만, 이는 사실과 다르다. 무함마드는 폭력이 아닌 평화적 방법으로 이슬람 신앙을 넓혀 나갔다.

630년에 이르러 무함마드는 외교협상을 통해 메카에 입성하였다. 메디나 세력이 비대해짐에 따라 메카세력이 항복한 것이다. 그는 메카에 입성한 후 가장 먼저 카바신전에 가서 모든 조형물과 벽화 등 우상화 상징물을 파괴하였다. 이때부터 메카는 명실공히 이슬람의 중심 성지가 된다. 그는 이슬람 신앙을 포교하려면 힘이 강해야 한다고 생각했다. 그런 그의 생각은 정복 전쟁으로 이어졌다. 그는 수년 만에 아라비아반도 대부분을 통일하였다. 메카 점령 2년 뒤인 632년 무함마드는 돌연 세상을 뜨게 된다. 그가 세상을 뜰 때 곁은 지킨 것은 그의 애처로 3번째 부인인 아이샤였다. 첫째 부인 카디자 사망 후 얼마 지나지 않아 그는 51세 때 6세인 아이샤를 아내로 맞이했다. 무함마드의 유해는 검소하게 장례를 치러 메디나의 모스크[28]에 매장되었다.

무함마드에 의해 창시된 이슬람교를 믿는 무슬림은 두 가지 확실한 믿음을 가져야 한다. 첫 번째는 '알라 외에 다른 신은 없다.'라는 것이다. 유일신교인 이슬람은 알라 외 다른 신을 상정하는 것 자체가 죄악이다. 둘째는 '무함마드는 알라의 사도이다.'로 무함마드는 알라의 예언을 완성한 마지막 예언자임을 의심 없이 믿어야 한다. 무슬림은 또 다섯 가지 기본 의무를 지켜야 한다. 첫째는 앞서 제시한 두 가지 신조를 고백하고 성실하게 외워야 한다. 둘째는 하루에 다섯 번 메카를 향해 절을 하며 알라를 찬양해야 한다. 셋째는 '자카트'라는 자선을 하는 일이다. 무슬림은 자신이나 가족의 수입 중 2.5%를 자선금 형태로 가난한 자에게 나누어 주어야 한다. 넷째는 '라마단'이라 불리는 성스러운 달에 한 달간 단식하는 것이다. 이 기간 해가 있는 낮에는 음식을 먹을 수 없고, 저녁에만 다음날 견딜 수 있을 만큼만 음식을 섭취한다. 다섯째는 일생에 한 번은 반드시 메카로 순례하러 가는 것을 권고한다.

무함마드는 후계자 문제에 대한 언급 없이 죽었지만, 아부 바크르라는 것이 제2대 칼리파[29]로 취임했다. 그가 통치하는 시기에 이슬람은 비잔틴제국과 페르시아제국을 무너뜨리고 교세를 확장한다. 그 뒤 7세기 중반까지 시리아, 예루살렘, 팔레스타인, 이집트 이라크와 스페인까지 정복한다. 여기서 그치지 않고 우마이야 왕조와 압바스 왕조가 아랍제국 시대와 이슬람제국 시대를 연다. 이어 이란의 사파비 왕조, 인도의 무굴 왕조, 오스만의 튀르크 왕조의 3대 제국이 형성돼 이슬람 제국을 완성한다. 이렇듯 왕성하게 이슬람 세력을 확대해 정복한 지역은 이슬람 문화가 정착한다. 한번 이슬람으로 개종한 지역이 다시 다른 종교로 개종하는 일은 여간해 없다. 그래서 이슬람은 역사상 가장 빠른 기간에 가장 넓은 지역으로 교세를 확장할 수 있었다.

이런 확장과 발전 속에 이슬람은 분열한다. '시아파'와 '수니파'가 그것이다. 분열의 직접적인 원인은 무함마드 사후에 칼리프의 계승권을 놓고 의견이 갈렸기 때문이다. 수니파는 무함마드의 계승자가 반드시 그의 가족일 필요는 없다는 정통파로 전체 무슬림의 80~90%를 차지한다. 사우디아라비아, 터키를 비롯한 세계 각국에 분포돼 있다. 이에 반해 시아파는 계승자가 꾸란의 내적인 의미를 이해하고 가르칠 수 있는 예언자 집안사람이어야 한다고 주장한다. 시아파는 이란과 이라크에 집중돼 있다. 이들 둘 외에 이슬람 신비 사상을 대표하는 '수피파'가 있다. 이들은 개인적이고 독자적인 방법으로 신 혹은 절대적 실재와 신비적인 합일을 경험하는 것을 중요시한다.

중세 동안 이슬람문화는 여러모로 유럽의 그리스도교문화보다 우위를 차지했다. 특히 11세기부터 13세기에 이르는 기간 스페인에 거주한 무슬림 학자들은 고대인과 동방인의 지혜에 대한 지식을 공유했다. 이들의 저작을 통해 지적 자극을 받은 서구 기독교인이 그리스 고전을 재발견하여 르네상스로 가는 길을 열었다는 평가를 받고 있다. 이러한 문화적 우월성에도 불구하고 유럽인이 동진을 감행할 때 무슬림은 이에 대해 적절히 적응하지 못해 몰락의 길로 접어들게 되었다. 이에 대한 자성의 목소리가 커지고 있지만, 무슬림은 여전히 효과적인 대응법을 찾지 못하고 있다.

이슬람권은 전통적 부족 중심의 사회 체제를 유지해 근대국가로 발전하는 데 일정한 한계를 보였고, 석유 자원이 개발되면서 빈국과 부국이 생겨났지만, 이를 둘러싼 갈등을 해결하지 못했다. 특히 2차 세계대전 이후에 서방 제국주의자들은 이스라엘을 독립시켜 갈등을 부추겼고, 석유 자원 확보에 유리한 거점을 얻기 위해 민족이나 부족의 생활권을 고려하지 않고 아랍지역을 자신들의 편의대로 분할하여 독립시켰다. 이 때문에 종교 분파로 인한 갈등과 석유 자원 분배를 놓고 언제 전쟁이 발발할지 모르는 화약고 같은 지역이 되었다. 그러면서 이슬람 세력은 서구 그리스도교 세력과 갈등 양상에서 벗어나지 못하고 있다. 무슬림 인구가 지속 증가하는 데 반해 서구 그리스도인의 인구는 감소세를 면치 못하고 있다. 일정 시점이 되면 서구가 세력상 우위를 지켜나가는 데 한계를 보일 수 있다고 다수의 문화 학자는 예측하고 있다.

무함마드(570~632)

12

17·18세기
서양철학

독일의 철학자이자 인류학자인 야스퍼스는 기원전 9세기부터 기원전 2세기까지를 인류 문명 축의 시대라 하여 인류 역사를 뒤흔든 사상가가 동시다발적으로 나타나 인류에 대한 보편적인 사랑과 문명의식을 싹틔웠다고 했다. 실제로 이 시대에 인류는 지식과 이성의 대폭발을 경험했다. 축의 시대 이전과 축의 시대 이후의 인류 삶은 확연히 달라졌다. 인류는 축의 시대를 겪으며 한층 인간다운 생각을 하게 됐고, 인류가 보편적으로 추구해야 할 가치에 대해 통찰하기 시작했다. 이러한 인류의 변화는 축의 시대를 이끈 선각자들에 의해 이루어졌다. 야스퍼스가 말했듯 인류는 축의 시대 이후 단 한 번도 축의 시대를 뛰어넘는 통찰을 하지 못했다. 그들이 구축한 사상적 기반 위에서 생각하고 행동했다.

축의 시대에 이르지는 못하지만, 인류는 그에 못지않은 지식과 사유의 대폭발을 일으킨 또 한 번의 시대를 맞는다. 그것은 16세기부터 20세기에 이르는 동안 서구 유럽 중심으로 진행된 서양철학의 융성이었다. 축의 시대 인류의 각성은 동서양에서 동시다발적으로 이루어졌다. 하지만 16세기부터 20세기에 이르는 철학의 융성은 유럽 중심으로 400여 년간 이루어졌다. 현생 인류의 보편적 사고는 축의 시대 성인들이 이룬 사상의 기반에 근대 서양철학자들이 이룬 학문적 성과를 보태 공고해졌다. 지금 우리가 누리고 있는 민주주의, 인본주의, 자유사상 등은 근대 유럽 철학자들이 주도한 사상 위에 다져졌다. 그래서 혹자는 이 시대를 인류가 맞은 두 번째 축의 시대라고 칭한다.

중세를 암흑기라고 말하는 것은 이 기간에 전혀 인간을 위한 사유체계가 성립되지 않았기 때문이다. 오로지 신을 위한 철학과 종교가 존재했을 뿐이다. 하지만 근대를 맞이하면서 영국의 경험론, 대륙의 합리론, 계몽사상, 독일의 관념론, 공리주의, 실용주의, 유물변증법과 실존주의 등 다채로운 철학 사상이 싹을 틔우며 인류의 의식을 진화시켰다. 근대 서양철학을 장식하는 30명 안팎의 사상가는 근대사상을 발아시켰을 뿐 아니라 인류를 자각하게 했다. 이들이 인간의 관점에서 새로운 철학 체계를 구축할 수 있는 원동력은 신의 세계를 마감하고 인간 중심의 세계로 회귀하자고 부르짖은 르네상스 시대의 사상가와 종교개혁을 주도한 사상가가 단초를 제공했다. 철학 관련 학습할 때 들어본 이름 대부분이 이들이라고 생각하면 된다.

첫 신호탄은 루터와 칼뱅이 주도한 종교개혁이 영향을 받은 영국의 경험론(經驗論) 철학자들이 이끌었다. 경험론의 전통은 베이컨(1561~1626)부터 시작해 홉스(1588~1679), 로크(1632~1704)가 확립하고, 버클리(1685~1753), 데이비드 흄(1711~1776), 아담스미스(1723~1790)가 발전시켰다. 모든 지식은 경험에서 생긴다고 주장하며 합리론이 주장하는 이성 생득설(生得說)을 반대하였다. 형이상학적 신학 이데올로기를 대신하는 시민 사회의 내면적 윤리형성에 기여하였다. 낱말이나 개념이 온전한 의미가 있으려면 반드시 경험 가능한 사물과 연결돼있어야 한다는 의미론과 믿음을 정당화하기 위해서는 궁극적으로 경험에 의존해야 한다는 인식론으로 갈린다.

경험론에서 가장 중요한 인물은 귀납의 원리를 체계화한 베이컨이다. 그는 앞선 지식이 있다는 사실을 부정하지 않았지만, 진정한 지식은 자연 세계에 대한 경험에서 얻을 수 있다고 주장했다. 홉스는 개념에 관한 경험론과 지식에 대한 합리론을 결합하여 모든 관념은 물질이 감각을 자극함으로써 생겨나지만, 지식은 그 관념에 관한 연역적 계산에서 생겨난다고 보았다. 존 로크는 모든 지식이 감각작용 또는 반성작용에서 생겨난다고 주장하며 본유관념의 가능성을 부정했다. 버클리는 정신 외부 물질세계의 존재를 부정하면서 물체를 지각된 관념의 복합체로 보는 현상론을 내놓았다. 흄은 경험론의 원칙을 더욱 철저하게 고수하여 물질·정신·인간관계 등의 개념 속에는 경험으로 확인되는 내용 이외의 것이 들어있지 않다고 주장했다.

경험론이 제기된 비슷한 시기에 르네상스의 영향을 받은 철학자 사이에는 이성을 지식의 중요한 근원 및 검증 수단으로 보는 대륙 합리론(合理論)이 등장했다. 합리론은 데카르트(1596~1650)

를 필두로 파스칼(1623~1662), 스피노자(1632~1677), 라이프니츠(1645~1716)로 이어졌다. 합리론자는 실재 자체가 논리 구조를 가지고 있으며 이성으로 파악할 수 있는 진리가 존재한다고 보았다. 모든 지식은 감각적 경험에서 비롯한다는 경험론자의 주장에 맞서 이성이 감각 인식의 한계를 초월하여 진리를 파악할 수 있게 한다고 주장하였다. 경험론을 비롯한 모든 비합리주의에 대립하는 개념이어서 합리론이라고 명명하고 있다.

데카르트는 수학의 엄밀성과 명증성을 철학에 도입하려 한 수학자이다. 그는 의심할 여지가 없는 궁극적 지점에 도달하기 위해서는 모든 것을 의심했다. 이러한 그의 사상이 가장 정확히 드러난 말은 "나는 생각한다. 고로 나는 존재한다."이다. 그는 진리를 계시가 아닌 인간 이성의 판단에 속하는 것으로 보았다. 그러면서도 이성과 계시가 갈등 관계에 있다면 진리 자체가 자기모순에 빠지기 때문에 양자 모두 진리의 궁극적 원천일 수 없다고 생각했다. 데카르트의 생각에 동조한 스피노자와 라이프니츠는 사물의 구조는 선천적 사유를 통해 알 수 있다고 보았다. 다만 자신의 정신을 부정할 수 없던 데카르트와 달리 이들은 사물의 구조를 우주라는 실체로 보았다.

경험론자인 존 로크의 철학은 볼테르(1694~1778)에게 영향을 끼쳤고, 이어 몽테스키외(1699~1755)와 루소(1712~1778)에게 이어져 계몽사상(啓蒙思想)이 된다. 계몽사상의 핵심은 이성 중심이다. 이성의 힘으로 인간은 우주를 이해하고 자신의 상황을 개선할 수 있다는 것이다. 지식·자유·행복이 합리적 인간의 목표라고 보았다.

맨 처음 고대 그리스 철학자의 사상을 이어받은 것으로 볼 수 있다. 중세 유럽을 장악한 그리스도교의 지적·정치적 체계는 인간중심으로 되돌아가자는 르네상스와 종교개혁으로 공격받았다. 특히 르네상스는 고전 문화의 가치를 재발견했으며 그 과정에서 인간을 창조적 존재로 이해하는 인식이 부활하였다. 종교개혁은 로마 가톨릭 교회의 권위에 대한 직접적 공격이었다.

계몽사상은 처음으로 종교에서 떨어져 나온 심리학·윤리학이라는 근대적 이론을 탄생시켰다. 계몽사상은 비판과 개혁을 지향했고 급기야는 혁명에 직접적 영향을 끼쳤다. 영국의 로크와 벤담, 프랑스의 몽테스키외와 볼테르, 미국의 토머스 제퍼슨 등이 독단적이고 권위주의적으로 운영되는 국가에 대한 비판을 가했다. 계몽주의 사상가는 국가의 올바른 기능에 대해 자연권에 기초를 두고 정치적 민주주의 기능을 하는 좀 더 높은 단계의 사회조직을 제시하였다. 계몽사상은 프랑스혁명과 미국혁명을 일으키는 원동력이 되었다. 영국의 개혁도 계몽주의의 영향 아래 시행되었다. 자유와 평등의 이념에 기초한 새로운 문화교육 프로그램을 설정한 것도 계몽사상가였다. 혁명을 통해 인류 역사는 진정한 시민사회를 이루는 데 성공하였다. 그래서 계몽사상은 시민이 주인인 근대국가를 열어젖힌 결정적 동기가 되었다.

경험론과 합리론, 계몽사상을 수용하여 칸트(1724~1804)가 완성한 철학이 독일 관념론(觀念論)이다. 칸트는 흄, 라이프니츠, 루소의 영향을 받아 독일 관념론을 열어젖혔다. 헤겔(1770~1831)은 칸트와 더불어 관념론의 쌍벽이다. 칸트가 시작하여 헤겔이 완성하였다고 본다. 독일 이상주의라고도 불리는 관념론은 자연에 대해 정신을 우위에 두며, 세계를 보편적 이념에 따른 체계로 구축하고 파악하려는 경향을 보인다. 칸트의 철학은 이성의 자유를 핵심으로 한다. 이러한 의식은 프랑스혁명에도 직접적 영향을 끼친다. 관념론은 실제의 관념성을 주장하는 형이상학적 관념론과 인간은 인식할 때 마음 안에 있는 것만 파악할 수 있어 인식 대상은 지각할 수 있는 것에 한정한다는 인식론적 관념론의 두 형태로 나타난다. 형이상학 영역의 인식론적 관념론은 유물론과 대립하게 된다.

관념론자는 소크라테스와 플라톤의 전통에 따라 논증을 중요시했다. 칸트는 1787년 저술한 그의 획기적 저서인 '순수이성비판'에서 인식의 형식을 부각해 선험적 관념론을 제시했다. 칸트는 선험적 자아인 주관이 감각 인상을 질료(質料)로 삼고 이 질료에 어떤 보편개념을 부과함으로써 지식을 구성해낸다고 생각했다. 그래서 자신의 관념론을 선험적 관념론이라고 규정했다. 헤겔은 칸트 철학에 기초하여 객관적 관념 체계를 구성하였다. 서구문화 속에서 관념론의 전통은 많은 역사적 혼란기를 겪으면서도 끈질기게 살아남아 사회상황에 따라 다시 출현했다. 관념론은 인간 정신의 불멸하는 어떤 측면을 반영한 것이어서 소멸하지 않고 계속 살아남을 것으로 학자들은 입을 모은다.

영국 경험론의 사상은 벤담(1748~1832)과 J.S. 밀에 영향을 끼쳐 공리주의(功利主義)를 탄생시킨다. 공리주의는 행위의 기준을 행복 증진에 두었다. '최대다수의 최대 행복'이란 말은 공리주의를 가장 직설적으로 표현한다. 행복을 증진 시키는 행위는 옳은 행위이고, 반대는 그른 행위로 보았다. 벤담과 밀은 쾌락과 고통이 인간 행위에 동기를 부여한다고 믿었다. 벤담은 인간은 행동할 때 항상 자신의 쾌락을 최대화하고 고통을 최소화하려 하며, 그러한 행동이 개인뿐 아니라 사회에 최대 행복을 가져다준다고 보았다. 밀은 행복이 인간 행위의 유일한 목적이기 때문에 행복 증진은 모든 인간 행위를 평가하는 기준이라고 보았다.

공리주의는 각자가 자기 이익을 추구해야 한다는 이기주의에 반대하며 어떤 행위를 그 결과와 무관하게 옳거나 그르다고 여기는 윤리이론과 대립한다. 행위자의 동기를 바탕으로 옳고 그름을 따지는 윤리이론과도 다르다. 공리주의는 이후 법학, 정치학, 경제학에 큰 영향을 끼쳤다. 공리주의에 따르면 범죄에 대한 처벌은 범죄자를 교화하고 사회를 보호하는 기능을 수행한다. 또한, 정치적으로는 자연법, 자연권, 사회계약 등의 이론에 대안을 제시한다. 경제를 바라보는 관점은 초기와 후기가 다소의 차이를 보인다. 초기에는 정부가 무역과 산업에 개입하는 것을 반대했지만, 후기에는 적절한 공권력의 개입에 반대하지 않았다.

공리주의는 제임스(1842~1910)와 듀이(1859~1952)에 전달돼 실용주의(實用主義)를 탄생시켰다. 실용주의는 추상적, 궁극적 원리의 권위에 반대하는 태도를 유지한다. 실용주의는 미국의 철학 사조로 사회 전반에 막대한 영향을 끼쳤다. 실용주의는 지나치게 현학적이면서 폐쇄적 체계를 유지하던 19세기 관념론 철학에 대한 반발이 확산하는 가운데 생겨났다. 특히 당시 태동한 진화론은 실용주의 측면에서 볼 때 자연·생명·성에 대해 비 관념론적인 새로운 해석을 요구하고 있었다. 삶의 목적과 우주 일반에 관한 거창한 관념론적, 합리론적 설명보다는 인간 삶에 유용한 변화를 가져올 기술의 성장과 개발을 더 중요하게 받아들였다.

이후 실용주의는 미국을 중심으로 급성장하며 미국 사회발전에 크게 기여했다. 하지만 실용주의는 미국 기업 정신을 합리화하는 데 이용됐다는 비판을 받았다. 특히 진리를 유용성과 똑같이 보는 실용주의 진리관은 더욱 거센 비판의 대상이 되었다. 실용주의는 이제 하나의 철학 사조로는 더는 남아 있지 않다. 하지만 미래의 학문 탐구와 발전에 여러 중요한 기여를 하고 있다. 사고의 의미를 목적 지향적 활동형태로 해석한 점, 지식을 규범적·기술적 요소가 한데 통합된 평가 절차로 본 점, 과학적 탐구 논리를 인간사에서 일어나는 지성적 행위의 한 규범으로 본 점 등이 특히 인정받고 있다.

독일 관념론은 키에르케고르(1813~1855), 니체(1844~1900), 하이데거(1899~1976), 사르트르(1905~1980) 등에 영향을 끼쳐 실존주의(實存主義)로 발전한다. 실존주의는 세계 내의 인간실존에 대한 해석에 힘쓰며 인간실존의 구체성과 문제적 성격을 강조하는 철학이다. 실존주의는 모든 인간 현실의 불안정과 위험을 강조하고 인간이 세계에 던져져 있다는 점과 인간의 자유는 그것을 공허하게 만들 수 있는 한계에 의해 제한돼 있다는 점을 인정했다. 고통·타락·질병·죽음 등과 같이 19세기 낙관주의가 진지하게 고려하지 않았던 실존의 부정적 측면들이 인간 현실의 본질적 특성으로 보았다.

인간의 실존을 강조하는 실존주의 사상운동이 전개된 이유는 다음 두 가지로 요약된다. 첫째는, 자본주의제도나 사회주의제도가 근대의 기계문명과 메커니즘적 조직 속에서 인간이 개성을 잃고 평균화·기계화·집단화되어, 20세기 후반에 와서 인간의 교환가능성과 인간의 소외가 더욱 심각한 상황으로 드러났다는 점이다. 둘째는 1차·2차 대전으로 말미암아 인류의 진보라는 일체의 낙관론이 황폐해졌다는 점이다. 그래서 본질 탐구에 집중한다. 합리주의 철학을 반대하고, 개개의 단독자인 현실적 인간 즉 현실의 자각적 존재로서 실존의 구조를 인식·해명하려고 하다는 점이 특징이다. 그래서 실존주의는 문학사상에 큰 영향을 끼친다. 이념의 철학이나 사물의 철학이 아닌 인간의 철학 또는 체계적·과학적 합리주의에 대한 반역 철학이라는 특성을 갖는다.

헤겔의 철학은 마르크스(1818~1883), 엥겔스(1820~1895), 레닌(1870~1924)에 의해 유물변증법으로 탄생했다. 유물론은 정신적인 것이 1차적이며 근원이라고 보는 관념론이나 유심론에 대립하는 철학 개념이다. 헤겔의 변증법은 모순과 대립을 통해 더욱 높은 종합으로 전개해가는 주체는 정신 또는 개념으로 보아 관념론적 성격을 띤다. 마르크스와 엥겔스는 헤겔의 관념론적 입장을 비판하면서 동시에 변증법을 계승했다. 변증법적 유물론 입장에서는 실제로 존재하는 모든 것은 모두 생성과 소멸의 과정에 있어 운동하고 변화하는 것으로 본다. 물질의 운동과 변화를 있는 그대로 파악하려 하여 거기서 모순과 대립의 계기를 발견하려 한다.

변증법적 유물론자에 따르면 정치, 법, 도덕, 종교, 형이상학 등의 관념은 현실적으로 물질생활을 하는 인간이 만들어 낸 것들이다. 따라서 의식이 생활을 규정하는 것이 아니라 생활이 의식을 규정한다고 보았다. 마르크스와 엥겔스는 유물론적 역사관을 구축하고 그것을 통해 변증법적 유물론의 기본적 입장을 세웠다. 변증법적 유물론은 모든 사상을 운동하고 변화하는 것으로 보지만, 그 발전 방법은 한결같이 연속적인 것이 아니라 급격한 비약을 내포하는 것으로 본다. 사상이 같은 성질을 유지하면서 발전하여 일정한 정도에 이르면 질적 변화를 가져오는 급격한 발전이 생긴다고 보았다. 양적 변화에서 질적 변화로 진화를 내포하는 발전이 역사 속을 꿰뚫고 있다고 본다. 변증법적 유물론은 모든 사상을 변화와 상호 관련된 여러 과정을 파악하여 세계에 대한 일반적이며 통일적인 세계관을 제시하고 있다.

· 서양 철학 사상의 흐름 ·

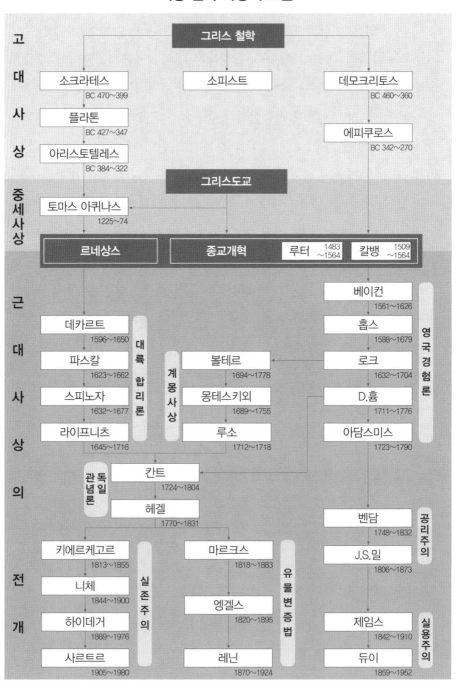

모더니즘Modernism과
포스트모더니즘Postmodernism

모더니즘은 1860년대부터 싹트기 시작해 제2차 세계대전이 끝난 1945년까지 성행했고, 포스트모더니즘은 1968년 프랑스를 중심으로 발생해 서구 전역으로 확산한 68혁명을 계기로 시작해 현재에 이르기까지 진행 중인 사조(思潮)이다. 모더니즘과 포스트모더니즘의 관계는 단순히 연속성이나 단절이라는 관점만으로 파악할 수 없다. 포스트모더니즘은 모더니즘의 논리적 연속성으로 파악해야 하는 면이 있지만, 한편으로는 단절의 측면에서 파악할 수 있다. 그래서 양자는 계승적 관계, 발전적 관계, 대립적 관계, 적대적 관계의 네 가지 유형을 모두 갖는다고 할 수 있다.

실존적 위기와 소외감, 고립감과 같은 주제 면에서 바라보면 모더니즘과 포스트모더니즘은 크게 다르지 않다. 1000만 명 이상의 사람을 죽음으로 몰고 간 제1차 세계대전을 겪고 난 후 사람들은 극도의 위기감과 비극적 상실감에 빠질 수밖에 없었다. 그러나 얼마의 시간이 지나지 않아 더 큰 비극으로 5000만 명 이상의 사람이 희생당한 제2차 세계대전이 발발해 위기감과 상실감은 더욱 커졌다. 이런 측면에서 본다면 양자는 계승적 관계를 맺고 있다고 할 수 있다. 하지만 포스트모더니즘은 종전의 모더니즘보다 진화한 발전적 성격도 갖는다. 그러면서 대립적이거나 적대적인 면을 여러 방면에서 드러낸다. 보다 구체적으로 살펴보면 포스트모더니즘은 모더니즘에 대한 비판이라기보다는 근대성이나 현대성이라고 해석할 수 있는 모더니티(Modernity)에 대한 비판의 측면이 강하다.

우리가 사는 현대사회를 이해하려면 주류 사상이라 할 수 있는 포스트모더니즘을 이해해야 한다. 그러나 포스트모더니즘을 이해하고자 하면 모더니즘에 관한 이해가 선행돼야 한다. 모더니즘은 좁은 의미와 넓은 의미로 나누어 설명할 수 있다. 좁은 의미에서 모더니즘은 '기계문명과 도회적 감각을 중시하는 현대풍을 추구하는 현상'이라고 이해할 수 있다. 예술 분야에서는 '사실주의에 대한 반항해 감각적, 추상적, 초현실적 경향의 여러 운동'으로 본다. 반면 넓은 의미로 바라보면 '종전의 서구 사회가 갖고 있던 교회의 권위와 봉건성에 대한 반항, 과학이나 합리성을 중시하고 널리 근대화를 지향하는 현상'이라고 볼 수 있다.

포스트모더니즘은 '후기 모더니즘', '반 모더니즘', '탈 모더니즘' 등으로 다채롭게 해석된다. 앞서 밝힌 대로 계승적 관계, 발전적 관계, 대립적 관계, 적대적 관계의 네 가지 유형을 모두 갖기 때문이다. 포스트모더니즘은 정의 내리기 자체가 어렵거나 불가능하다. 무언가를 정의 내리고, 확실하게 선을 긋는 것 자체가 포스트모더니즘적 사고에 반하는 생각이기 때문이다. 포스트모더니즘적 사고는 각기 개인에 따라 개념과 의미를 달리하는 것이 특징이다. 하나의 해결 방법을 인정하지 않고 다양성을 존중하고 인정하는 것이 포스트모더니즘적 생각이다. 그러니 규정하고 해석하는 것 자체가 모순이라는 관점이다.

모더니티(Modernity)가 시작된 것은 18세기 계몽주의 사상이 태동한 이후이다. 과학기술의 발전으로 맞은 산업혁명은 자본주의의 기술 합리성, 기술 낙관주의를 탄생시켰다. 19세기 말과 20세기 초 서구 사회는 초기 자본주의의 모순이 극명하게 표출된다. 빈부의 격차가 극심해지고, 인간이 생산의 도구로 전락하는 인간성 상실이 나타난다. 과학기술과 인간의 능력을 절대 가치로 여기는 풍토에 대한 비판으로 포스트모더니즘은 시작되었다. 전통적 모더니즘은 계승하지만, 한계는 극복하겠다는 자세로 시작되었다고 이해하면 된다.

미디어와 기계문명이 인간성을 억압하는 거대 사회에 대한 반발이 포스트모더니즘의 핵심 가치이다. 상식과 지식이 마냥 행복을 가져다주지 않는다는 의심이 시작되었다. 세상에 절대 지식은 없다고 생각했다. 어떤 일의 해결 방법은 하나일 수 없고, 무수히 많을 수 있다는 가정이 시작되었다. 주류를 형성하는 가진 자, 배운 자, 힘 있는 자들이 제시하는 사회적 기준이 옳다고 단정할 수 없다는 생각이 퍼졌다. 칸트의 "나는 생각한다. 고로 나는 존재한다."라는 말처럼 각자의 자율성과 다양성을 인정하고, 프로이트가 주장하는 무의식과 잠재의식의 가치를 인정하면서 포스트모더니즘은 세계인의 의식 중심으로 파고들었다.

헤겔은 "역사에는 자유의 실현이라는 목적이 있다."고 했고, 마르크스는 "역사는 자본주의를 거쳐 공산주의로 갈 것이다."라며 역사의 계승성과 연관성을 주장했다. 이에 대해 포스트모더니즘은 둘을 모두 비판한다. 역사에는 아무 목적도 없고, 중세에서 현대가 된 것은 우연일 뿐이란 주장이다. 인간의 이성이 세계의 주체라는 사실도 부정한다. 인간은 자연의 일부일 뿐이라는 게 포스트모더니즘적 가치이다. 사물은 주체와 객체로 파악해선 안 되고, 정상과 비정상으로 구분하지 말아야 한다. 다만 일반과 비 일반이 존재할 뿐이라고 여긴다. 문제에 대한 해결도 거대 담론이 아닌 미시(微示) 영역에서 해결돼야 한다고 생각한다.

또한, 인간은 자신의 욕망을 성취하기 위해 살아가는 존재라는 사실을 인정하며 인간의 욕망을 죄악시해선 안 된다는 주장을 펼친다. '진리나 성실 등과 같이 모든 사람이 지켜야 할 하나의 모습이 있다.'라고 한 종전의 생각에도 반기를 들어 '진리는 복수가 가능하다.'라는 다원주의적 가치를 주장한다. '해체'를 기반으로 하는 포스트모더니즘적 사고는 종전의 어떤 가치와 비교하기 어려운 독특한 사고방식이다. 엘리트 취향과 비 대중성에 반대한다. 예술 분야는 전통과 현대, 상류문화와 하층문화의 경계를 인정하지 않는다. 장르의 구분이나 스타일, 관습 등에도 반기를 든다.

미술 분야를 예로 들어 포스트모더니즘을 설명하면 자신을 가장 잘 드러내서 재미있게 표현하는 것이 최선이다. 그림을 그릴 때도 꼭 캔버스나 종이에 붓과 물감으로 그리는 것을 절대시하면 안 된다고 생각한다. 꼭 그림을 그린다고 생각하지 않고, 사진을 찍거나 다른 어떤 도구 또는 수단을 이용해서라도 자기 생각을 표현하는 데 방점을 두어야 한다는 것이다. 그런 면에서 모더니즘 시대에 유행한 추상화를 비판하기도 한다. 작가의 세계가 너무 강하게 드러나 대중이 이해하기 어려워 권위주의적일 수 있다고 생각하기 때문이다. 함께 즐기고 재미있으면 그것으로 가치가 있다는 것이다.

진리는 누구도 부인할 수 없는 절대적 존재가 아니라, 기호에 의해 해석되고 만들어진 사회 구성원에 의해 합의된 개념에 불과하다고 본다. 인식의 주체 밖에 존재하는 실재가 언어나 기호를 통해 재현될 수 있다는 가정을 거부한다. 과학이 객관적이라는 인식, 중립적 태도가 가치 있다는 인식, 절대 지식이 존재한다는 인식을 모두 부정한다. 근대주의에 기반한 절대적 진리는 잘못된 개념으로 보아 해체를 주장한다. 개인 한 명, 한 명이 갖는 낱낱의 인식이 그 자체로 가치가 있다는 사실을 인정한다. 포스트모더니즘은 개인이 사회의 구성원으로 가치를 갖는 것이 아니라, 개인 자체로서 가치를 갖는다고 본다.

현대인의 의식을 지배하는 포스트모더니즘은 개방성과 다양성을 기반으로 한다. 정상과 비정상을 구분하지 않는다. 개성을 중시하며 종전의 가치와 질서에 관해 의심을 품고, 세상 만물이 갖는 독창적 의미에 주목한다. 그러니 소중하지 않은 것이 없고, 무가치한 것이 없다는 생각이다. 대중이 진정한 세상의 주인임을 강조한다. 포스트모더니즘은 지금도 진행형이다. 어떤 방향으로 진화하고 뻗어 나갈지 누구도 장담하지 못한다. 그래서 방향성 상실이란 비판을 받기도 한다. 또한, 상업적으로 남용되는 경향도 나타나, 일부 지식인이나 예술가 등이 자신의 작업을 홍보하거나 지나치게 합리화하려고 만들어낸 말에 불과하다는 비판을 받기도 한다.

제4장

문(文)의 영역

01

문자의
발명

지구상에 인류가 출현한 것은 대략 400만 년 정도로 잡는다. 학자마다 견해를 달리하지만 400만~500만 년으로 잡는 것이 통상이다. 하지만 우리는 인류의 역사를 말할 때 5000년이라고 한다. 그렇다면 399만 5000년은 어디로 간 것인가? 분명 그 엄청난 시간에 인류는 지구상에 존재했고, 활동했다. 수치가 너무 커 인지가 잘 안 되면 돈으로 생각하면 쉽다. 400만 원이란 돈이 있는데, 그중 399만 5000원은 알 수 없고, 단 5000원만 실체를 알고 있다고 보면 이해가 빨라진다. 인류는 5000년 역사를 말할 때 '유구한 역사'라는 표현을 사용한다.

현재를 기준으로 5000년 이전에 사람이 살았던 시대를 무엇이라고 할까? 우리는 역사 이전의 시대라 하여 선사(先史)시대라고 한다. 이후 기록에 의해 인류가 살아온 발자취를 알 수 있는 시대를 역사시대라고 한다. 그래서 흔히 5000년 역사라는 말을 하는 것은 기록이 남아있는 시기를 일컫는 것이다. 인간이 자신의 행적을 기록하는 방법은 무엇일까? 지금이야 영상물이나 녹음 파일을 비롯해 사진까지 다양하겠지만, 5000년 전 인류 역사 초기는 문자가 거의 전부라 할 수 있다. 벽화 등 그림도 일부 존재했다. 그러니 역사시대란 문자 발명 이후의 시대라고 보면 된다.

문자의 발명 이전에 인류는 언어를 매개로 소통했다. 언어는 인간만 가지는 독특한 의사소통 방법으로 아주 정교하고 섬세하며, 감정까지 전달할 수 있는 장점을 지난다. 하지만 언어가 갖는 결정적 단점은 휘발성이다. 언어가 휘발성을 가졌다는 것은 공간과 시간에 대한 대단히 큰 제약을 받는다는 것을 의미한다. 직접 만나 듣지 못하면 전달이 불가할 뿐 아니라, 시간이 흐른 뒤에도 전달은 불가하다. 이 두 가지 문제점을 동시에 극복할 수 있는 것이 바로 문자를 통한 기록이다.

문자를 통해 기록된 지식이나 정보, 감정이나 사상은 시간 및 공간을 초월해 전달할 수 있다. 그래서 문자가 발명되고, 널리 사용된 이후 지식과 정보, 사상과 감정은 확산이 가속하였다. 문자 발명 이후 인간의 소통 능력과 기록 능력은 이전과 비교할 수 없을 만큼 속도가 붙었고, 대량화하였다. 공간적으로 아무리 멀리 떨어져 있어도 지식·정보·감정·사상은 전달이 가능해졌다. 시간적으로도 아무리 오랜 세월이 흘러도 전달 기능에는 큰 문제가 발생하지 않았다.

이런 면에서 인류가 문자 생활을 시작하게 된 것은, 가장 먼저 맞은 문화적 혁명이라고 단정할 수 있다. 인간 개개인이 터득한 지식이나 생각은 덧붙여지고 수정되기를 반복하며 무궁무진하게 발달할 수 있게 되었다. 문자를 발명하면서 인류는 비로소 역사시대를 맞았다. 인류가 어떤 모습으로 어떻게 살았는지 정확히 이해하고, 문명을 일으켜 발전을 이어갈 수 있게 된 것은, 오로지 문자의 힘이다. 그러니 문자는 인류가 발명한 수많은 유무형의 자산 중 가치 면에서 으뜸이다.

단언컨대 문자가 발명되지 않았다면 인류는 지금과 같은 문명에 이르지 못했을 것이다. 문자를 통해 누군가 터득한 기술과 지식이 시간과 공간을 넘어 전수되고, 덧붙여져 발전을 거듭하고 있다. 인간은 언어로 생각하고 언어로 표현하지만, 언어는 기록성이 없다는 큰 단점을 갖고 있다. 이 단점을 극복한 것이 바로 문자이다. 문자가 있었기에 과거의 기록이 현재까지 전해질 수 있었고, 수천 수만 리 떨어진 곳으로도 지식과 감정을 전달하는 일이 가능했다.

신이 인간에게 내린 첫 번째 선물이 언어였다면, 두 번째 내린 선물은 분명 문자이다. 인간이 언어생활을 시작한 이후 삶의 질이 수직으로 상승하였고, 문자를 발명한 이후 그 질을 다시 몇 곱절 높은 수준으로 끌어올렸다. 현재 인류가 사용하는 문자는 대개 누가 어떻게 만들었는지 알 수 없는 경우가 대부분이다. 한글처럼 특정 시기에 특정인이 어떤 과정을 통해 창제했는지 명확하게 확인되는 사례는 드물다. 누가 언제 어디서 어떻게 왜 만들었는지 알 수 있는 문자는 아마 한글이 유일할 것이다. 이런 면에서 한글은 세계의 문자 학자들이 눈여겨보는 관심의 대상이다.

문자는 최초에 만들어진 이후 유구한 세월을 거치며 변형되고 발전하였다. 그 사례는 한자를 보면 명확히 알 수 있다. 한자는 최초에 상형으로 출발해 전서-예서-해서-행서-초서로 변형하였고, 현재는 중국 현지에서 간체자 형태로 변형돼 사용하고 있다. 창제한 지 600년이 채 되지 않은 한글도 초기 훈민정음과 비교하면 몇 차례의 변형 과정을 거쳐 현재에 이르고 있다. 예외 없이 모든 문자는 수백 수천 년의 세월을 거치며 모습이 시대에 맞게 변형하였다. 하지만 인류는 오랜 시간 많은 연구 과정을 거치며 과거의 문자를 해독하고 있다.

문자가 있어서 학문이 구축됐고, 소통과 교류가 가능해졌다. 그러니 인문학을 이해하는 데 문자의 특성을 이해하는 것은 필수이다. 언어를 언어 그대로 녹음하거나, 영상을 통해 저장하여 기록하고 전달하는 일이 가능해졌지만, 여전히 문자를 통한 소통과 전달이 주를 이루고 있다. 녹음 자료나 영상 자료는 문자를 보조하는 수단으로 기능할 뿐 주류라고는 할 수 없다. 문자를 통한 기록과 전달 기능은 앞으로도 지속할 것이다. 그러니 문자를 정확히 구사하는 것은 인문학을 비롯한 모든 학문 활동의 기본 중의 기본이라 할 수 있다.

02

그리스·로마 신화

유럽의 역사, 나아가 세계의 역사를 알고자 할 때 필연적으로 이해해야 할 것들이 많은데 그중 으뜸은 그리스·로마 신화이다. 그리스 신화와 로마 신화가 엄연히 따로 존재하는데 흔히 그리스·로마 신화라고 한다. 양자의 관계는 각기 독립적이기도 하지만, 복합적이기도 하다. 하지만 엄연히 본류를 따지자면 그리스 신화가 중심이 된다. 그리스인으로부터 시작한 그리스 신화는 그리스 일대를 배경으로 한다. 로마는 그리스와 물리적 거리가 있고 로마도 자체적으로 로마신화를 갖는다. 하지만 그리스 신화와 비교할 때 순수 로마 신화는 대단히 제한된 몇 편에 불과하다.

로마는 고대 동안 지중해 전체를 통치했던 국가다. 당시 로마는 핵심 문화로 그리스 신화를 채택했고, 로마의 영향력에 의해 그리스 신화는 전 유럽으로 퍼지게 되었다. 나아가 전 세계로 퍼져나갔다. 로마는 그리스 신화에 등장하는 신과 영웅의 이름을 로마식으로 바꾸는 데 집중했고, 그리스 신화에 로마 신화를 덧대어 새로운 신화를 창조했다. 그것은 로마의 문화가 되었다. 하지만 본류인 그리스 신화는 여전히 그 중심에 자리하고 있었다. 그래서 그리스 신화와 로마 신화는 하나인 듯 둘이고, 둘인 듯 하나여서 그리스·로마 신화라는 이름으로 융합되었다.

다른 모든 신화가 그러하듯 그리스 신화는 특정 시기에 일시에 만들어진 것이 아니다. 사람들 사이에 입으로 전해 내려오는 많은 이야기가 역사적 과정을 거치며 얽히고 융합되고 가공되었다고 보면 된다. 그런데도 굳이 집중적으로 신화가 완성된 시기를 특정한다면, 기원전 16세기에서 11세기 사이로 본다. 이 시기는 미케네 문명의 시대라고 불린다. 미케네 문명은 아주 노래 전부터 그리스 지역에 정착해 살던 원주민과 기원전 20세기 무렵 북방에서 그리스로 들어온 아리아인과 이오니아인의 문명이 흡수되면서 이룬 문명이다. 이전 그리스 원주민은 크레타 문명이라는 고도로 발전된 문명을 이루었으나, 북방인의 청동기 문명을 수용할 수밖에 없었다.

미케네 문명의 전성기인 기원전 16세기부터 기원전 11세기 사이에 그리스 신화가 형성되었다. 그리스 신화는 시간과 내용에 따라 신의 시대, 영웅의 시대, 역사의 시대로 구분한다. 신의 시대는 우주의 생성과 신의 탄생, 신의 영역과 지위 확립을 주 내용으로 한다. 영웅의 시대는 신의 자손인 영웅들이 활약하는 모습을 담아냈다. 신화 전체에 등장 영웅 중 가장 돋보이는 페르세우스와 헤라클레스의 활동상을 중심으로 신과 인간의 얽힌 이야기가 주를 이룬다. 역사의 시대는 트로이전쟁을 집중적으로 조명하고 있다. 아킬레우스와 오디세우스의 활동상이 주축으로 다분히 서사적이다.

인문학 분야에서 그리스 신화에 유별난 가치를 두는 이유는 거기에 역사·철학·문학·음악·미술 등 서양문화의 원천이 담겨있기 때문이다. 신화를 통해 서양인의 의식세계를 이해할 수 있고, 동양인과 근본적으로 다른 세계관을 인지할 수 있다. 그리스 신화는 서양에서 만들어진 모든 이야기의 원전이라고 할 수 있다. 그리스 신화가 만들어진 것은 지금부터 3000년이 넘는 과거지만, 신화의 이야기는 여전히 모든 문학과 영화·연극 등의 중심에 서 있다. 신화 속 주인공의 삶을 통해 '나는 어떤 삶을 선택하고, 어떻게 살아가야 할지' 고민할 수 있다. 그래서 그리스 신화를 인문학의 출발점이라고 평가한다.

그래서인지 그리스 신화에서 유래한 단어가 참으로 많다. 심리학 용어인 '오이디푸스 콤플렉스' 의학용어인 '아킬레스건' 사회용어인 '멘토' 등은 그리스 신화를 어원으로 한다. 과학 분야도 천체나 별자리 이름을 신화 속 인물의 이름에서 따온 사례가 허다하다. 서양인은 새로운 것을 발명했을 때 그리스 신화에서 따온 이름을 붙여주는 일이 많다. 그래서 유명 브랜드의 이름이 그리스 신화에서 비롯된 사례가 넘쳐난다. 우리나라도 유명 제품의 브랜드가 그리스 신화 주인공의 이름을 따서 지어진 예가 부지기수다. '박카스' '비너스' '메두사' '네이버' 등이 그 예이다.

오늘날 서양 사회를 지배하는 종교는 기독교이다. 기독교는 세계에서 가장 많은 신도 수를 보유하고 있고, 유럽과 미주 등 서양은 물론이고 세계문화에 가장 지대한 영향을 끼치고 있다. 기독교의 특징은 신의 절대성이다. 신은 오직 하나이며 전지전능하여 모든 것을 알고 모든 것을 행할 수 있는 능력을 갖추고 있다. 인간은 신에게 조건 없이 복종하여야 하고 신의 존재에 대해 의심을 해서도 안 된다. 유일신교의 특징이 그러하다. 하지만 그리스 신화에 등장하는 신은 인간의 모습을 하고 있을 뿐 아니라 인간의 본성을 갖고 있다. 기독교에서 절대적인 신으로 추앙하는 예수보다 1000년 ~1500년 앞선 시대를 살았던 고대 그리스인의 생각은 그러했다.

그래서 그리스 신화에 등장하는 신의 수는 수백에 이른다. 당시 그리스인의 사고는 만물에 신이 깃들어 있다고 여겼다. 절대 신에 맹종하는 유일신교와 대비되는 다신교 사상이다. 우리 조상도 부뚜막 신, 화장실 신, 장독대 신, 산신, 바다 용왕 등 만물에 신이 깃들어 있다고 생각하는 다신교 사상을 갖고 있었다. 그리스 신화에 등장하는 여러 신은 죽음을 초월한 것 외에는 인간과 크게 다를 바가 없다. 고대 그리스인은 인간에 집중했고, 인간의 고귀함을 인정하고 찬양했다. 그러다 보니 지식을 신앙보다 우월하게 여기는 풍토가 정착했다. 이를 바탕으로 철학·과학·수학·천문학·수사학 등을 발전시켰다.

동시대 다른 지역의 인간은 대개 자연이 가진 어마어마한 힘에 큰 두려움을 보였다. 하지만 그리스인은 그런 현상조차도 인간의 시각으로 이해하려 했고, 학문으로 해결하려 했다. 이러한 그리스인의 생각은 이후 로마가 유럽을 장악하고 제국으로 군림할 때 그대로 로마로 이식되었다. 이때 그리스 신화는 이미 존재하던 로마 신화와 결합한다. 결합이라고는 하지만 로마 신화는 그리스 신화만큼 방대하지 않았다. 그리스 신화를 그대로 수용하고 거기에 로마 신화를 덧댄 정도라고 할 수 있다. 이후 그리스·로마 신화라는 이름이 통용되었다. 로마의 막강한 국력에 기대어 유럽 전역과 세계로 뻗어가던 그리스·로마 신화는 유일신 사상이 세상을 지배한 중세를 맞으면서 서서히 쇠퇴하였다.

그러다가 15세기에 이르러 동로마 비잔틴 제국이 이슬람 세력에 의해 멸망하자 그리스·로마 문화는 다시 서진하여 유럽으로 유입되었다. 중세 암흑기를 보낸 유럽인은 그리스와 로마에서 자신의 정체성을 되찾으려 하였다. 이처럼 신이 아닌 인간이 중심되는 그리스와 로마 시대를 계승하려는 의식이 확산하기 시작했고, 이것이 '르네상스'로 이어졌다. 재탄생 또는 부활이란 뜻을 지닌 르네상스는 인간 중심이던 고대 그리스와 로마 시대로 회귀를 추구한다. 르네상스를 맞아 그리스·로마 신화는 음지에서 나와 다시금 빛을 보게 되었고, 인류의 사랑을 받기 시작했다.

오늘날에도 그리스·로마 신화를 전 세계인이 주목하고 사랑하는 이유는 인간에게 공감을 주는 인간의 이야기이기 때문이다. 신화에 등장하는 신은 전지전능한 존재가 아니어서 인간의 욕망을 반영한다. 고대 그리스와 로마인은 인간에 지대한 관심과 사랑을 보였다. 인간의 정체성에 끊임없는 의문을 가졌다. 그 정체성이 그리스·로마 신화의 고유 가치이며 현대적 가치이다. 자본주의의 등장 이후 인간의 모든 관심은 물질에 집중되었다. 인간의 정체성에서 벗어나 황금의 가치에만 몰두하고 있다. 그리스·로마 신화는 인간의 정체성을 바라보는 기회를 제공할 뿐 아니라 인간을 다시 바라보는 기회를 얻게 한다. 인간의 소중함을 일깨워준다. 그래서 그리스·로마 신화는 여전히 소중한 가치를 갖는다.

중국의 고사古事

예부터 전해 내려오는, 내력 있는 일, 또는 그것을 나타낸 어구(語句)를 고사(故事)라고 칭한다. 고사성어(故事成語)라고 부르기도 한다. 흔히 고사성어를 사자성어(四子成語)라는 말과 구분 없이 사용하는데, 엄밀히 분류하면 양자는 다른 말이다. 고사성어란 말 그대로 옛이야기에서 유래된 말이란 의미가 있다. 나아가 교훈이나 의미를 지닌 말이란 일반적 특징을 갖는다. 반면 사자성어는 꼭 과거에 있던 역사적 사실이나 문학 작품 등에서 유래를 찾을 수 없더라도 한자어 네 글자로 이루어진 말을 통칭한다. 사자성어는 고사성어와 달리 반드시 교훈적인 내용을 담을 필요도 없다.

고사성어는 네 자로 구성된 것이 가장 많지만, 꼭 네 자로 된 말만 있는 것은 아니다. 두 자, 세 자, 다섯 자, 또는 그 이상의 글자 수로 이루어진 것도 있다. 고사성어는 줄여서 고사라고 부르기도 한다. 고사는 옛이야기와 관련해 생겨난 말이다. 그러니 말을 이루는 한자를 모두 알아도 연관된 역사적 사실이나 이야기를 알지 못하면 도저히 해석할 수 없다. 고사가 어려운 이유이다. 그 말이 만들어진 배경을 완벽하게 이해해야 그 말의 참 의미를 알 수 있다. 고사를 많이 안다는 것은 풍부한 배경 지식을 갖고 있다는 것을 의미한다. 고사를 많이 알고 있으면, 그 자체만으로도 훌륭한 이야기꾼이 될 수 있다. 고사에 얽힌 이야기 하나하나가 재미있기 때문이다.

어원을 알기 위해 수많은 이야기를 알아야 하고, 역사적 배경 지식을 갖춰야 하니 고사를 제대로 이해하기란 쉽지 않다. 그러면 그토록 방대하고 내용도 어려운 고사를 알아야 하는 이유는 무엇일까? 이유는 많다. 우선 가장 명료하고 효율적으로 상황을 한마디 말로 정리할 수 있다는 점이다. 지금 눈앞에 처한 상황이 과거 역사나 이야기 속에 실재했던 상황과 흡사할 때, 고사를 통해 가장 효율적으로 비유하여 대처법을 찾을 수 있다. 장황한 설명이 필요 없이 그저 한 마디의 고사를 이용해 대화하면 아주 빠르게 상황이 정리된다. 글을 쓸 때도 마찬가지다. 고사를 이용하면 빠르고 정확하게 상황을 정리할 수 있다.

고사는 말을 할 때도 많이 활용하지만, 글을 쓸 때 활용도가 더 높다. 아주 장황하게 상황이나 배경을 설명해야 할 때 단 몇 글자의 고사를 적절히 활용하면 모든 것이 아주 쉽게 정리된다. 글을 쓸 때 전례와 고사를 이용하는 것을 전고(典故)라고 표현한다. 전고는 과거의 지식인이 글을 쓸 때 경쟁적으로 사용하던 수사법이다. 전고를 적극적으로 활용한다는 것은, 그만큼 폭넓은 역사·문화·사회적 배경 지식을 갖고 있다는 것을 의미한다. 그래서 과거의 지식인은 문학 작품을 짓거나 자기 생각을 전달하고자 하는 글을 지을 때 전고를 많이 활용했다. 과거시험을 볼 때도 될 수 있는 대로 많은 전고를 활용하는 것이 관례였다.

현대인은 동·서양의 문화를 아울러 살기 때문에 동양과 서양의 역사나 사회를 이해해야 한다. 그래서 지식인이라면 서양의 역사나 문화를 공부하면서 자연스럽게 서양의 고사도 알게 된다. 예를 들어 트로이 전쟁을 승리로 이끈 그리스 신화의 영웅이 발뒤꿈치를 제외하면 그 어떤 약점도 갖고 있지 않은 무적인데 공교롭게 전쟁 중 트로이의 왕자 파리스가 쏜 화살에 발뒤꿈치를 맞아 전사하게 되었다는 이야기를 알아야 아킬레스건의 유래를 알게 된다. 아킬레스가 발뒤꿈치 힘줄에 화살을 맞아 죽은 후 치명적인 약점을 칭할 때 '아킬레스건'이란 표현을 하게 되었다. 이는 대표적인 서양의 고사라 할 수 있다.

근대 이전 서양과의 교류가 없던 시절에는 주로 주변국과의 교류가 있을 뿐이었다. 삼국−통일신라−고려에 이르는 왕조 시절에는 비교적 활발하게 외국과 교역을 하였으나 오히려 조선조에 이르러서는 국제 교류가 대단히 위축되었고, 중국과의 교류에만 열중하였다. 더욱이 명 왕조 시기에는 절대적인 사대주의가 사회 전반에 정착해 오로지 중국 한족의 문화만 숭상하는 기류가 형성되었다. 명 왕조가 멸망하고 만주족이 세운 청 왕조가 들어선 이후에도 조선의 명 왕조에 대한 숭상은 이어져 조선 내내 한족에 대한 사대주의 문화가 뿌리 깊게 정착했다. 그러면서 중국의 고사를 최대한 많이 활용해 말을 하고 글을 쓰는 것이 지식인의 교양덕목이라는 생각이 강하게 파고들었다.

그래서 조선 이전의 왕조인 고구려·백제·신라·고려 등의 문헌에서도 중국 고사가 등장하기도 하지만 특히 조선조의 각종 문헌은 중국 고사를 알지 못하면 도저히 해석할 수 없는 것이 사실이다. 중국 못지않게 가까운 거리에 있는 일본과도 문화 교류가 있었지만, 하급문화로 취급하여 일본의 역사나 문화에는 큰 관심을 두지 않았다. 그래서 일본의 역사에서 비롯된 고사는 한국 문화에서 거의 찾아볼 수 없다. 그러나 중국의 역사에서 비롯된 고사는 오히려 한국의 역사에서 비롯된 고사보다 월등히 많다. 많은 중국 고사 중에는 지식인 사이에서만 활용되는 것도 있지만, 일반 대중이 대부분 알고 있고 실제로 흔하게 사용하는 고사도 많다.

중국의 고사는 주로 중국 고대사 기록에 어원을 두는 것이 많다. 특히 춘추 전국 시대 수많은 국가가 생기고 소멸하는 과정에서 민생이 혼란에 빠지고, 그 혼란을 구하겠다고 나서는 영웅이 우후죽순 생겨나며 그들과 얽힌 고사가 특히 많다. 그래서 중국의 고사를 많이 알고, 활용하고 싶다면 춘추전국 시대를 중심으로 한 중국 고대사를 이해해야 한다. 우리가 지금도 흔히 사용하고 있는 고사의 8할 이상은 중국 고대사에 기원한다고 해도 무방하다. 특히 춘추 전국 시대는 중국 역사상 가장 혼란했던 시기이기도 하지만, 가장 다양한 지식인이 동시다발적으로 쏟아져 활발하게 학문 활동을 하던 시기이기도 하다. 말하고 글 쓰는데 중국 고사를 적극적으로 활용해 효율적인 언어 활동을 하고 싶다면 중국 고대사에 담긴 많은 이야기를 알아야 한다.

중국 춘추 전국 시대의 이야기를 재미있고 폭넓게 알고자 한다면 '열국지(列國志)' 등의 고전을 읽는 것이 첩경이다. 열국지는 주나라가 호경에서 낙양으로 도읍을 옮겨 동주시대를 여는 때부터 진시황에 의해 중국 전역이 통일돼 최초의 통일왕조가 성립되는 과정을 담고 있다. '열국지'와 더불어 춘추 전국 시대의 혼란을 진(秦)나라 시황제가 어렵게 통일하고, 이내 무너진 것을 한(漢) 고조 유방이 다시 통일 왕조로 수립하는 과정을 그려낸 '초한지(楚漢志)'도 빼놓을 수 없다. 또 하나 빼놓을 수 없는 것은 한나라 패망기부터 위·촉·오 삼국이 패권 다툼을 하다가 결국은 사마의에게 주도권을 빼앗기게 되는 이야기를 담은 '삼국지(三國志)'도 빠뜨릴 수 없다.

'열국지' '초한지' '삼국지'를 숙독한다면 우리가 일상에서 사용하는 중국 고사의 절반 이상을 거침없이 이해할 수 있다. 그만큼 이들 고전에는 다양한 이야기가 담겨 있고, 그 이야기 하나 하나에 고사가 담겨있다. 열국지, 초한지, 삼국지는 명대에 쓰인 소설이다. 소설이라는 문학의 특성상 재미가 있다. 하지만 정통 역사서와는 확연한 차이점이 있다. 열국지, 초한지, 삼국지를 정통 역사서로 이해해선 안 된다. 중국 고대사를 액면 그대로 가장 잘 이해하는 방법은 정통 역사서를 읽는 것이다. 정통 역사서는 다양하겠지만, 흔히 중국의 고대사는 사마천이 지은 '사기'가 독보적이다. '사기'는 인류 역사상 가장 훌륭한 역사서로 손꼽힌다.

흔히 고사라 하면 한국인 대부분은 중국 고사를 떠올린다. 그만큼 중국 고사가 한국 문화에 깊이 뿌리 박혀 오랜 세월 활용됐기 때문이다. 고사는 오늘날에도 전달력 있게 말하고 글 쓸 때 필수이다. 앞서 밝혔듯이 고사를 활용하면 아주 복잡한 상황을 단 몇 글자로 정리해 설명할 수 있기 때문이다. 말하고 글 쓰는 이가 고사를 알고, 말을 듣고 글을 읽는 이가 고사를 알면 양자 간의 소통은 이심전심이 된다. 간략하게 설명하지만 깊게 이해할 수 있다. 그러니 고사가 만들어진 지 3000년이 지난 지금도 널리 사용하고 있다. '새옹지마(塞翁之馬)'에 얽힌 이야기를 알고 있고, 그 말이 '인간사는 복이 화가 되기도 하고, 화가 복이 되기도 한다.'라는 뜻을 화자와 청자가 모두 알고 있다면, 대화를 통한 소통은 그만큼 빨라진다. 아울러 전달력은 훨씬 향상된다. 우리가 말하고 글 쓸 때 고사를 외면할 수 없는 이유다.

그렇다면 우리 한국에서 사용하는 고사는 모두 중국에서 온 것일까? 그렇지 않다. 중국 고사만큼 수가 많고 다양하지는 않지만, 우리 역사를 통해 자연스럽게 생겨난 한국의 고사도 많다. 인색한 사람의 과도한 절약을 의미하는 '자린고비(疵吝考妣)', 왕자의 난 이후 낙향해 칩거한 이성계가 얽힌 이야기로 '심부름 간 사람이 아주 오래도록 소식도 없고, 돌아오지 않는 상황'을 표현한 '함흥차사(咸興差使)', 등은 널리 쓰이는 말이다. 갑신정변이 단 3일 만에 실패로 돌아간 것을 표현하는 '삼일천하(三日天下)', '진흙밭에서 싸움질하는 개'라는 의미로 정도전과 이성계의 대화에서 비롯된 '이전투구(泥田鬪狗)' 등도 일상 속에서 흔히 사용하는 고사이다. 근대사에서 이승만이 집권 연장을 위한 개헌을 추진하면서 의결 정족수를 채우기 위해 억지로 반올림하여 온 국민의 웃음을 샀던 사건에서 비롯한 '사사오입(四捨五入)' 등도 있다.

고사는 다양한 공간과 시간에서 존재하지만, 우리가 주로 사용하는 것은 중국 고대사에서 비롯된 중국 고사가 주류를 이룬다. 그래서 특별히 중국 고사라는 제목을 붙였다. 그만큼 중국 고대사에서 비롯된 고사가 절대 비율을 차지하기 때문이다. 사자성어라 해서 모두가 고사라고는 할 수 없다. '까마귀 날자 배 떨어진다'는 한자어로 옮긴 '오비이락(烏飛梨落)'을 예로 들면 속담을 그대로 한자어로 옮긴 것일 뿐 그에 얽힌 이야기가 전해지는 것은 아니다. 그러니 이런 것은 성어일 수 있지만, 고사라고는 할 수 없다. 고사가 되기 위한 첫째 조건은 관련된 이야기가 있어야 한다는 점이다. 나아가 이야기가 주는 교훈이 담겨 있어야 한다. 고사를 인용해 말하고 글 쓰는 것은 예나 지금이나 인문학을 공부하는 데 꼭 필요하다.

초한지
楚漢志

　우리나라 역사는 고대사가 대단히 빈약하다. 고려 중기 김부식이 편찬한 '삼국사기'와 일연이 지은 '삼국유사'에 고대사가 기록돼있지만, 내용이 대단히 소략하다. 그래서 고구려·백제·신라의 삼국 역사가 우리 역사의 시작인 것처럼 인식되고 있다. 하지만 우리의 역사를 5000년으로 볼 때 삼국이 나라를 열고 역사에 기록을 남기기 시작한 것은 2000년 남짓이다. 그 이전 3000년의 역사가 우리에겐 없다. 없는 것은 아니지만 대단히 빈약하다. 그래서 학교에서 한국사를 배울 때 고대사 부분은 고조선과 그 뒤를 이은 부여·옥저·동예·마한·진한·변한 등을 다룰 때 8조법과 제천행사 등에 관해 간략히 소개하고 넘어가는 수준이다. 그러니 우리 국민 다수는 고대사에 대한 지식이 얕을 수밖에 없다.

　그러나 중국의 고대사를 살펴보면 실로 방대하고 자세함에 놀라움을 금할 수 없다. 하·은·주 시대를 비롯해 춘추 전국 시대의 기록이 상세하게 남아있기 때문이다. 그뿐만 아니라 최초의 통일

왕조인 진(秦)이 들어서고, 이내 멸망한 후 한나라가 건국되는 과
정까지 생생하게 기록돼 있다. 고대사 기록이 빈약한 우리로서는
대단히 부러울 수밖에 없는 대목이다. 이런 이유로 우리 국민 다
수는 고조선에 대해 문명이 없는 허술한 국가로 인식하는 사례가
많다. 고조선과 기타 부족국가에 관한 지식이 부족하다 보니 그렇
게 생각할 수밖에 없다. 그러나 중국의 역사서를 살펴보면 고조선
이 만만한 국가가 아니었음이 드러난다.

　고조선은 기원전 2333년 개국해 기원전 108년 멸망할 때까지
2225년간 존재한 국가이다. 우리가 알고 있는 삼국 건국부터 현
재에 이르는 기간보다 긴 세월 존재했던 나라이다. 그러나 역사
기록이 빈약해 당시의 사회상을 자세히 알 수 없다. 고조선은 당
시 주변국과 활발히 교류하며 동아시아의 주인으로 성장했다. 그
래서 '삼국지 위지 동이전'을 비롯한 중국의 역사서에 기록이 남
아있다. 또한, 중국의 역사를 통해 당시 동아시아 국제관계나 문
화 수준, 생활양식 등을 파악할 수 있다. 초한지는 우리나라 고조
선 말기에 해당하는 시기의 동아시아 사회상을 제대로 알 수 있는
자료이다. 물론, 정사가 아닌 소설이어서 역사서로의 한계는 있지
만, 대략의 당대 사회와 문화를 이해하는 데 도움이 된다.

　흔히 '삼국지'를 제1의 필독서로 꼽지만, 개인적인 생각으로는
'초한지'를 꼽고 싶다. 초한지는 중국 최초의 왕조인 진나라가 건
국(BC 221년)된 때부터 시작해 고조 유방이 한나라를 건국(BC 201년)
하는 과정을 다룬다. 춘추 전국 시대를 주 배경으로 하는 '열국지'
와 한나라 멸망 후 위·촉·오 삼국 시대를 배경으로 하는 '삼국지'

사이의 시기가 초한지의 배경이다. 이 시기는 중국 고대사를 이해하기 위해 반드시 알아야 하는 시기이다. 초한지는 20년 남짓의 짧은 기간을 다루고 있지만, 한반도를 비롯해 동아시아의 고대사를 알고자 하면 초한지를 통해 전반적 상황을 이해하는 것이 가장 좋은 방법이다. 초한지는 전국시대 말기부터 진나라가 통일하는 과정, 진이 통일 후 중국 전역을 빠르게 하나의 통치 권역화하는 과정, 시황제가 죽고 진이 급격히 무너져 개국 후 불과 19년 만에 멸망하는 과정을 담고 있다.

아울러 한나라가 초나라와 경쟁하며 어렵게 패권을 차지해가는 과정도 그려내고 있다. 유방의 한나라와 항우의 초나라가 패권을 두고 경쟁하는 이야기는 오늘날 장기판에 그대로 살아남아 있다. 초한지에는 중국 5000년사를 통해 손에 꼽히는 전략가와 영웅이 다수 등장한다. 그들이 패권을 놓고 벌이는 한판 대결은 한순간마다 긴장감을 안긴다. 초한지의 최종 승자는 유방(劉邦)이지만, 주인공은 유방과 더불어 후반부까지 전체 이야기를 끌고 가는 항우(項羽)까지 포함할 수 있다. 유방과 항우는 출신 배경과 성장 배경도 다르고, 성격도 정반대이다. 흙수저 출신으로 성격이 온화한 유방이 최종 승자가 돼 천하를 거머쥐게 된다. 유방이 최종 승자가 되는 과정, 천하의 패권을 거머쥔 뒤 핵심 참모를 하나씩 제거해가며 왕조의 기틀을 세우는 과정이 소설에 담겨있다.

특히 초한지에는 다른 어떤 역사서나 소설에 찾을 수 없는 출중한 영웅이 다수 등장한다. 특히 유방을 도와 한나라 천하통일의 대업을 이루게 하는 수많은 책사와 충신이 등장한다. 이들 이름

하나하나는 지금도 동아시아인의 대화에서 자주 회자한다. '장량 (장자방)', '한신', '소하', '진평', '조참', '노관' 등은 보잘것없던 유방이 천하를 움켜쥐게 한 핵심 참모이다. 이들 대부분은 유방이 미천한 시골의 건달 생활을 하다가 하급 관료가 되었을 때부터 따르던 무리다. 내세울 것 없는 하찮은 존재였지만, 유방을 믿고 따르며 충성을 다한 핵심 측근이다. 유방이 중요한 결정을 할 때마다 그가 바른 판단을 할 수 있게 그를 인도한 진정성 넘치는 참모이다. 이들 한명 한명은 초한지에서 중요한 역할을 담당하는 주인공 무리이다.

실제로 소설 속에서 천하의 대업을 이룬 뒤 유방은 "계책을 꾸미어 천리 밖의 승부를 결정짓는 일은 짐이 장량을 당하지 못하고, 백성을 편안하게 하며 군량을 수송해 삼군을 형성하는 일은 짐이 소하보다 못하다. 백만대군을 지휘해 싸우면 반드시 이기고, 공격하면 반드시 점령하는 데는 짐이 한신을 따르지 못한다. 이 세 사람은 참으로 인걸이다. 짐이 천하를 얻은 것은 사람을 잘 쓴 까닭이다. 항우는 범증 한 사람도 잘 쓰지 못한 까닭에 천하를 잃어버린 것이다."라고 술회하였다. 유방의 이 말은 자신이 느낀 바를 가감 없이 술회한 것이다. 지금도 유방은 세계 역사를 통해 참모를 믿고 신뢰하는 유연한 위임 리더십의 상징으로 추앙받는 존재이다.

초한지는 한반도에 고구려·백제·신라가 건국한 기원전 1세기보다 200년쯤 앞선 시대를 배경으로 한다. 유방이 세운 한나라의 7대 황제인 한무제에 의해 고조선이 멸망했다. 무제는 고조선에

낙랑·임둔·진번·현도의 한사군을 설치하고 간접 통치하였다. 고대사 자료가 빈약해 국사에서 고조선에 관해 비중 있게 배우지 못한 우리는 삼국 건국 이전의 시대가 비문명적인 형태였을 것으로 잘못 이해하는 사례가 많다. 하지만 초한지 등을 통해서 비치는 중국의 모습을 견주어 보면 당시 고조선 문명이 어느 수준이었을지 짐작할 수 있다. 초한지는 중국을 포함해 동아시아 역사를 포괄적으로 이해하는 데 교과서 같은 작품이다. 아울러 영웅들의 삶과 용병술을 통해 인간관계의 기본과 삶의 전술을 이해할 수 있는 작품이다.

초한지는 무수히 많은 고사의 출원이다. 초한지 내용을 이해해야 알 수 있는 말 중 일상어로 자리 잡은 말이 족히 수십 개에 이른다. 정리해 보면 '용안(龍顏)', '배수진(背水陣)', '면목(面目)'을 비롯해 '지록위마(指鹿爲馬)', '두주불사(斗酒不辭)', '금의야행(錦衣夜行)', '사면초가(四面楚歌)', '토사구팽(兎死狗烹)', '다다익선(多多益善)', '건곤일척(乾坤一擲)', '권토중래(捲土重來)', '역발산기개세(力拔山氣蓋世)' 등이 모두 초한지에서 비롯된 고사들이다. 이들 고사를 일상어처럼 자연스럽게 사용하고 있다는 점은 그만큼 초한지가 우리 문화에 끼친 영향이 지대하다는 사실을 방증한다. 초한지는 소설이지만, 큰 줄기에서 역사적 사실을 근거로 한다. 중국 고대사를 이해하지 못하면 우리 역사와 문화를 내면화하기 어렵다. 이런 면에서 초한지는 인문학 공부를 위한 필독서라 할 수 있다.

05

삼국지
三國志

　'삼국지'는 중국인은 물론 한국인이 가장 좋아하고 즐겨 읽는 동양의 고전이다. 고전이라기보다는 소설이다. 방대한 영토와 다양한 민족이 국가를 이룬 중국은 통일왕조를 이루다가 어느 순간에는 여러 민족과 국가로 분열돼 혼란스러운 시기를 보냈다. 중국 역사상 혼란의 시기를 꼽으라면 춘추 전국 시대, 위진남북조 시대, 오대십국 시대 등을 꼽을 수 있겠다. 이들 혼란기 외에는 진·한·수·당·송·원·명·청 등 통일왕조를 이루어 발전했다. 이들 가운데는 정통 중국 한족이 국가를 세운 왕조도 있지만, 그렇지 않은 왕조도 있다. 널리 알고 있듯이 원은 몽골족, 청은 만주족이 세운 왕조이다. 나머지는 한족이 세운 나라로 알고 있지만, 자세히 따지면 통일왕조를 이룬 진나라 시황제 영정도 서융족 출신이다. 수나라와 당나라를 세운 양견과 이연도 탁발선비족으로 보는 것이 타당하다.

　삼국지의 시대적 배경은 한 왕조가 멸망하는 과정부터 시작해

위(魏)·촉(蜀)·오(吳)의 삼국의 분리되어 패권 다툼을 하던 시기를 거쳐 위나라가 통일왕조를 이루는 듯하지만, 끝내 사마의에게 왕조를 빼앗겨 사마염에 의해 진(晉)나라가 건국되는 과정까지이다. 열국지와 초한지는 기원전 시대의 이야기이지만, 삼국지는 기원후 대의 이야기이다. 황건적의 난이 발생하는 184년부터 시작해 사마염이 진나라를 세우는 280년까지의 기간이 배경이다. 그러니 소설의 배경 시간이 무려 96년에 이른다. 초한지와 비교하면 몇 곱절 긴 세월이다. 초한지의 갈등과 대립은 한나라와 초나라로 집약되지만, 삼국지는 위·촉·오의 삼국 대립이면서 무수히 많은 갈등이 드러난다. 그런 만큼 등장인물이 겪는 고난과 역경이 다채롭고 굴곡 있게 이야기 속에 투영된다.

소설 삼국지의 배경이 된 184년부터 280년까지 한반도에서는 무슨 일이 벌어졌나? 당시 한반도에서 무슨 일이 벌어졌는지를 생각하며 소설을 접하면 한층 이해도가 높아지고, 더불어 동아시아의 국제 정세를 폭넓게 알 수 있다. 삼국사기 기록에 의하면 삼국이 건국한 해는 신라 기원전 57년, 고구려 기원전 37년, 백제 기원전 18년이다. 삼국의 건국 이후 200~300년 동안의 이야기가 삼국지이다. 이때 한반도 삼국은 착실히 고대 왕국의 기초를 다져가고 있던 때다. 고국천왕이 한국사 전체에서 손에 꼽는 명재상인 을파소를 통해 백성 구휼책인 진대법을 시행한 것이 194년의 일이다. 중국은 삼국이 패권쟁탈전을 벌이며 혼란이 극심했던 시기에 한반도는 삼국이 착실히 중앙집권 국가의 기틀을 마련하며 성장하고 있었다. 이 시기인 226년 중동에서는 사산 왕조 페르시아가 건국하였다.

열국지나 초한지가 그러하듯 삼국지도 명나라 때 쓴 소설이다. 위·촉·오 삼국시대를 배경으로 하는 역사소설로 기본 골격은 정사에 기반을 두지만, 소설 특유의 허구가 곳곳에 반영돼 있다. 그러니 삼국지 내용 전체를 정사로 이해하는 것은 곤란하다. 중국에서 쓴 삼국지는 한반도를 비롯해 일본과 베트남 등 주변국으로 전파하였다. 삼국지를 통해 중국인은 중국이 천하의 중심이고 중국인이 제일이라는 중화사상을 퍼뜨리는 데 주력하고자 했다. 실제 삼국지를 통해 중화사상이 주변국으로 확산하였다. 당장 한국인만 해도 유비, 관우, 장비, 제갈량, 조조, 손권, 여포, 조자룡 등을 영웅시하는 풍토가 있다. 동아시아권에서는 삼국지가 필독서로 권장되는 한편, 읽지 않으면 지식인이나 지성인이 아니라는 편견이 만연해 있다.

삼국지에는 많은 교훈이 담겨있고, 세상 살아가는데 배워야 할 지혜가 녹아있다고 평하는 이들이 많다. 세상 어디에나 교훈은 있고 지혜도 녹아있다. 그러나 삼국지를 읽지 않으면 그 지혜를 얻을 수 없고, 진정한 지식인이 될 수 없다는 주장에는 동의하기 어렵다. 삼국지는 광활한 중국을 배경으로 해서 분명 우리 고전에서 찾기 어려운 스케일이 있는 것은 사실이다. 그러나 반드시 삼국지에서만 얻을 수 있는 고유한 지식과 교훈이 있다고 보기는 어렵다. 대개의 고전이 그러하듯 삼국지에는 온갖 권모술수와 간교한 계책이 수도 없이 쏟아진다. 수백 수천 수만의 인명을 거리낌 없이 살생하는 일도 자주 등장한다. 그러니 선택적으로 판단하여 받아들일 것만 받아들이면 된다. 삼국지는 불변의 진리를 담은 경전(經典)이 아니다. 그저 소설일 뿐인데 한국 사회에서 지나치게 성서화(聖書化)된 경향이 있다.

열국지나 초한지가 그러하듯 삼국지도 무수히 많은 고사를 쏟아낸다. 삼국지에서 어원을 찾는 고사는 무수히 많지만, 그중 일상어처럼 사용하여 보편화한 고사만 추려도 수십 개는 된다. 그만큼 삼국지가 쏟아낸 고사는 일반명사화했고, 그러면서 삼국지는 더 필독서란 명성을 얻게 되었다. 삼국지를 읽지 않고, 그 배경을 이해하지 못하면 받아들이기 어려운 말이 참으로 많다. 삼국지가 보편화한 고사를 대략 뽑아보면 '백미(白眉)', '계륵(鷄肋)'을 비롯해 '도원결의(桃園結義)', '읍참마속(泣斬馬謖)', '삼고초려(三顧草廬)', '양상군자(梁上君子)', '괄목상대(刮目相對)', '난공불락(難攻不落)', '수어지교(水魚之交)', '식자우환(識字憂患)', '우도할계(牛刀割鷄)', '파죽지세(破竹之勢)' 등 이루 헤아리기 어렵다.

삼국지에 출연하는 수많은 인물 중 한국인이 가장 호감을 느끼는 이는 누구일까? 구체적 통계는 없지만, 제갈공명과 관우가 아닐까 싶다. 제갈공명은 지금도 한국을 비롯한 동아시아인에게 최고의 명재상으로 각인돼 있다. 인간의 한계를 넘어선 지략과 유비와 촉나라를 위해 끝까지 충성을 다하는 모습까지 보여 많은 이들로부터 존경을 받고 있다. 특히 머리 좋은 사람을 추앙하는 문화가 정서 깊숙이 자리 잡은 한국인은 다른 어떤 인물보다 제갈공명의 신출귀몰한 재주를 높이 평가한다. 아울러 관우 또한, 한국인이 좋아하는 캐릭터이다. 관우는 누구도 범접할 수 없는 탁월한 무예 실력을 갖춘 데다 의리와 충성의 아이콘이다. 비범한 외모도 그에 대한 신비감과 호감을 높여주는 요인이다. 이밖에 온화한 리더십의 소유자 유비나 의리와 털털한 인간미를 보이는 장비도 인기 있는 등장인물이다.

정의롭지는 않지만 신출귀몰한 무예 솜씨로 천하무적이던 여포, 충성심과 더불어 자신의 책임을 끝까지 완수하는 의리파 조자룡 등도 삼국지에서 인기 있는 캐릭터이다. 한때는 잔꾀를 부려 비열함과 권모술수에 능하다는 부정적 인물로 인식했던 조조의 경우 현대사회에 이르러 능력 있는 전략가로 평가받으며 긍정적 이미지로 탈바꿈하고 있다. 삼국지의 주인공이 누구냐고 물으면 꼭 꼬집어 말할 수 없다. 하지만 대개의 한국인은 유비, 관우, 장비, 제갈공명의 촉나라 인물이라고 여기는 이들이 많다. 한나라 왕조의 후예인 유비가 이끄는 촉나라가 중심이라고 생각하고, 촉의 주요 인물이 주인공이라고 생각하는 경향이 강하다. 하지만 삼국지는 그런 편파성을 갖고 읽으면 안 된다. 균형감각을 갖고 읽어야 할 고전 소설이다.

삼국지를 단순히 전쟁과 패권 다툼, 신출귀몰하는 무장의 무예 실력 관점에서 바라보면 그저 단순한 무협소설에 지나지 않는다. 그러나 등장인물 한 명 한 명의 캐릭터에 영혼을 불어넣어 그들이 마주한 상황을 극복해가는 과정을 관찰한다면 인간사의 길흉화복과 새옹지마를 맞을 수 있다. 또한, 지략과 용병술의 관점에 포인트를 두고 읽는다면 훌륭한 처세술 책이 될 수도 있다. 이렇듯 삼국지를 바라보는 관점은 다양하다. 그러니 읽으면 재미에 덧붙여

유익함을 얻을 수 있는 소설이라는 사실은 분명하다. 그렇지만, 현대인의 복잡한 생활 속에서 맞닥뜨릴 수 있는 모든 문제를 해결할 비법을 제시해주는 비교 불가의 고전이라고 정의하는 것은 다분히 과장되다. 한국 사회에서 삼국지의 권위는 다소 과대 포장해 있는 것이 사실이다. 인간의 생명을 무엇보다 소중히 여기는 인간중심 사고로 볼 때 중국 무협 소설의 무자비함은 동경할 대상이 아니라는 사실을 잊으면 안 된다.

유비 어진(역대제왕도권)

06

종이의
발명

중국이 자랑하는 4대 발명품은 종이·화약·나침반·인쇄술이다. 무엇 하나 인류의 발전에 이바지하지 않은 것이 없지만, 굳이 최고의 발명품을 꼽으라면 개인적으로 종이를 꼽고 싶다. 종이는 한나라 말기인 104년 채륜이 발명한 것으로 알려져 있다. 그러나 여러 기록을 찾아보면 채륜보다 200여 년 앞서 식물의 섬유로 종이를 만드는 시도가 민간 차원에서 다양하게 시도되었다. 삼이나 모시풀을 소재로 종이 제작이 시도되었지만, 품질이 크게 떨어지고 값이 비싸 대중화하지 못했다. 이때 만들어진 초기의 종이는 글자를 적기에 부적합만큼 품질이 떨어졌다. 그래서 포장지 정도의 용도로 사용되었다. 채후지(茶候紙)라는 이름으로 불린 채륜이 발명한 종이는 문자를 적을 수 있는 양질의 종이였다. 그래서 역사는 종이의 발명가를 채륜으로 기록하고 있다.

중국 외 지역에서 종이를 발명하기 위한 역사는 이집트에서 찾을 수 있다. 이집트에서 갈대와 비슷하게 생긴 파피루스라는 식물의 줄기를 이용해 기록했다. 파피루스는 접을 수 없어 말아서 간직했다. 페이퍼(paper)라는 말의 어원은 파리루스에서 유래되었다. 파피루스를 대신해 양·염소·소의 가죽으로 만든 양피지를 쓴 기록이 있다. 중국에서는 기원전 20세기 무렵 상(商)과 주(周) 시대에 문자가 발명되면서 기록의 중요성이 절실해졌다. 거북의 등 껍데기나 짐승의 넓은 뼈에 문자를 적은 기록이 있다. 춘추 전국 시대 때는 죽간(竹簡)과 목편(木片)이 종이를 대신해 문자의 기록에 사용되었다. 그러나 엄청난 무게와 부피 때문에 불편이 이만저만이었다. 비단이 쓰이기도 했지만, 제작비가 너무 비싸 궁중이나 귀족 계급만 사용할 수 있었다.

채륜이 종이를 발명한 것은 2세기 초지만, 일반인까지 널리 종이를 사용하기 시작한 것은 그로부터 500년 이상이 지난 후였다. 한나라 멸망 이후 혼란의 5대10국 시대가 이어지는 동안 종이의 사용은 지속해서 이어졌지만, 비약적인 발전을 이루지는 못했다. 그러다가 역대 중국 왕조 중 문화가 가장 융성한 당나라에 이르러 제지술과 종이의 사용은 급격히 확산하였다. 당나라의 제지 기술은 8세기 때 실크로드를 통해 이슬람 지역으로 전파되었다. 당과 이슬람 아바스와 전쟁을 벌였고 751년 탈라스 전투에서 당나라군은 대패하였다. 이때 많은 당나라 군사가 포로가 되었고, 그들 중에는 제지 기술자가 포함돼 있었다. 이들을 통해 당나라의 제지술이 이슬람으로 전파되었다. 당나라 제지 기술자는 중앙아시아 최고 도시 중 하나로 현재의 우즈베키스탄에 있는 사마르칸트의 제지공장에서 일하며 기술을 보급했다. 제지술은 점차 서진하여 현재의 시리아에 있는 우마이야 왕조 다마스쿠스까지 보급되었고, 10세기에 이르러 이집트에까지 제지공장이 건립됐다.

이집트에서 북아프리카 전역으로 확산한 제지 기술은 지브롤터 해협을 건너 12세기경에는 스페인까지 건너갔다. 이후 13세기와 14세기를 거치며 유럽 전역으로 제지 기술이 퍼졌다. 그러니 제지술이 유럽까지 확대 보급하는 데는 대략 1100년의 세월이 흘렀다고 보면 된다. 1798년 프랑스 로베르가 종전보다 한층 진일보한 종이를 개발하였고, 산업혁명 시대인 1830년 영국 포드, 리니어 형제가 펄프를 이용하여 대량으로 종이를 생산하는 기술을 발명하여 종이의 보급은 크게 확대되었다. 한반도에 제지술이 전래한 것은 삼국시대였다. 중국과 거리가 가깝고 문화의 교류도 활발했던 한반도는 비교적 일찍 제지술을 습득할 수 있었다. 제지술은 백제를 통해 일본으로도 전파하였다.

우리가 제조한 종이는 한지라는 독특한 형태로 발전하여 지금까지 우수한 품질을 인정받고 있다. 우리나라에서는 닥나무를 이용해 종이를 만들었다. 닥나무 겉껍질을 벗겨내고 속대만 골라낸 후 절구에 찧는 것이 첫 번째 공정이었다. 그것을 물에 잘 풀어 곤죽을 만들어 솥에 넣고 삶아 섬유질 액체를 얻어냈다. 이 액체를 틀에 넣고 얇게 펴서 말려 종이를 얻어냈다. 이렇게 만든 종이는 책을 만들거나 글 또는 그림을 기록하는 용도에 그치지 않고 다양하게 사용하였다. 문풍지를 만들거나 부채를 만드는 데 사용한 것이 그 예다. 종이를 생산한 이후 우리 민족의 역사, 문화, 생활이 눈부신 발전을 이룬 것은 굳이 설명할 필요가 없다.

종이를 만들어 사용하게 된 후 세계 문명이 급속도로 발전하였다. 다양한 기록물을 만들어 그것을 대중에게 전달할 수 있게 되었기 때문이다. 종이의 발명을 통해 갖가지 종류의 책을 만들게 되면서 지식과 정보의 전달은 시간적 한계와 공간적 한계를 극복할 수 있게 되었다. 종이 발명 이전처럼 동물의 가죽이나 비단·목판 등에 문자를 기록했다면 정보의 대량 유통은 불가능했을 것이다. 또한, 보관이 쉽지 않아 방대한 기록을 후세에 전달할 수도 없었을 것이다. 그러니 종이의 발명이 인류 문명 발전에 끼친 영향은 형언하기 어려울 정도다. 종이가 없는 세상은 생각하기조차 힘들다. 현대 사회는 전자문서가 보편화하고 있지만, 여전히 종이를 이용한 기록은 진행 중이다.

종이를 발명한 채륜은 환관 출신으로 명제 때 입궁하였다. 88년 화제가 등극한 후 중상시라는 직책을 맡아 황제의 시중을 들고 문서를 관리하는 일을 맡았다. 97년에는 황실의 무기와 물건을 제작하고 감독하는 상방령으로 진급했고, 이때 종이를 발명한다. 채륜은 어느 날 궁녀들이 방직물을 만드는 것을 지켜 보고 힌트를 얻어 종이의 발명을 고안했다. 승승장구하던 채륜은 안제 즉위 후인 121년 독을 마시고 스스로 목숨을 끊었다. 안제가 직전 황제인 상제 재위 때 두태후가 후궁인 송귀인이 목을 매 자살하도록 한 사건에 채륜이 연관돼 있음을 알았기 때문이다. 채륜은 치욕스러운 죽음을 맞이할 것을 염려해 자결을 택했다.

중국을 위시한 동아시아의 문화는 유럽에서 18세기 산업혁명이 일어나고, 비약적인 발전의 토대를 마련한 후 19세기 제국주의 세

력으로 변모해 아시아와 아프리카 각국을 점령해나가기 이전 산
업과 문화에서 서양을 압도했다. 동아시아가 산업과 문화 등 다방
면에서 서양을 압도할 수 있던 것은 종이의 발명과 깊은 연관성이
있다. 종이의 발명을 통해 다양한 지식과 정보를 시공간을 초월해
전달하고 공유할 수 있었기 때문이다. 기록문화의 대국으로 칭송
받고 있는 우리나라도 일찌감치 종이를 사용해 기록을 남기기 시
작한 것이 찬연한 문화를 이루는 데 결정적 역할을 하였다. 종이
가 인류사를 통틀어 가장 위대한 발명품 중 하나라는 사실은 분명
하다.

종이를 만드는 과정을 그린 그림(왼쪽 상단부터)〈출처: wikipeida.org〉

인쇄술의
발명

　인쇄술에 관해 한국인이 갖는 자부심은 실로 대단하다. 세계 최초의 목판 인쇄물과 세계 최초의 금속활자 인쇄물을 모두 가진 민족이기 때문이다. 그런데 중국인은 자신들의 4대 발명품 중 인쇄술을 포함하고 있고, 독일은 구텐베르크의 인쇄술에 세계 최초라는 수식어를 붙이며 자화자찬을 하니 정리가 잘 안 된다. 개념을 제대로 잡으면 혼란이 정리된다. 인쇄술은 손으로 일일이 기록하는 필사(筆寫)에 대비되는 개념으로 붓이나 펜이 아닌 도구를 이용하여 대량으로 글씨나 그림을 찍어 내는 기술을 칭한다. 최초의 인쇄술은 목판에 글자나 그림을 새겨 거기에 먹물이나 잉크를 바르고 종이나 천에 찍어 낸 목판 인쇄술에서 시작한다. 목판 인쇄술은 동양에서 시작하였다. 세계 최초의 목판 인쇄물은 8세기 통일신라에서 만든 '무구정광대다라니경'이다.

　목판 인쇄술은 8세기 무렵 한반도와 중국에서 널리 사용한 인쇄술이었다. 이 무렵 석판이나 동판을 이용한 인쇄술도 목판 인쇄와 함께 이용되었다. 이를 통틀어 조판(組版) 인쇄라 하였다. 조판 인쇄는 책을 만들 때 일일이 손으로 베껴 쓰는 수고로움에서 벗어날 수 있게 해주었지만, 단점도 많았다. 서적을 출판할 때마다 무수히 많은 판을 다시 제작해야 했고, 조판에 한 글자라도 오류가 생기면 전체를 다시 새겨야 하는 것이 문제점을 지적됐다. 판을 제작할 때 시간, 인력, 물자의 소모가 심했을 뿐 아니라 보관과 관리도 매우 어려웠다. 그런데도 목판을 중심으로 한 조판 인쇄는 당대를 거쳐 송대에 이르도록 널리 애용하였다. 조판 인쇄의 단점은 글자 하나하나를 따로 새겨 조합하는 활자인쇄가 발명되며 해결할 수 있었다.

활자인쇄는 11세기 중국 송나라의 기술공이던 필승(畢昇)이 활자를 발명하며 시작되었다. 당시 활자는 진흙으로 만든 것으로 철판 위에 밀랍을 녹여 붓고 그 위에 활자를 놓은 다음 위에 종이를 대고 인쇄하는 방식이었다. 진흙 활자는 옮겨 배치할 수 있고, 재사용이 가능하다는 점에서 종전의 목판이 갖는 한계를 극복했다. 필승의 활자 발명에 관한 기록은 송나라 학자 심괄(沈括)의 저서 '몽계필담'에 자세히 기록돼 있다. 필승은 처음에 나무로 활자를 만들려 했으나 나무가 습기에 의해 변형이 심하다는 단점이 있어 점토를 사용하게 되었다. 점토의 내구성을 강화하기 위해 불에 굽는 과정을 거쳤다. 점토 활자도 인쇄할 때 철판 틀을 만들고 거기에 송진, 밀랍, 종이 재를 바르고 배열하는 방식을 썼다. 인쇄 후 철판에 열을 가해 접착액을 녹여 활자를 떼어 내는 것이 어렵다는 단점이 있었지만, 점토 인쇄는 송대에 이르도록 책의 대량 출간에 크게 기여하였다.

목판 인쇄의 단점을 보완하기 위해 처음 등장한 또 하나의 방법은 목활자였다. 나무판에 전체 면을 새기는 종전에 방식에서 탈피해 글자 하나씩 따로 새겨 이것을 틀에 넣고 연결해 인쇄하는 방식이다. 목활자는 나뭇결의 조밀도에 따라 습기에 의해 높낮이의 차이가 발생해 활자면이 고르지 않았고, 활자를 연결할 때 접착성 물질을 이용하게 되는데 사용 후 다시 활자를 하나씩 분리하기가 어렵다는 단점이 있었다. 이를 극복하기 위해 흙으로 빚은 활자를 사용하게 되었다. 한반도에서는 초기 목활자 사용에 관한 기록이 전해지지 않고 있지만, 금속 활자를 사용하면서 목활자를 혼용해 사용한 흔적이 발견되고 있다. 목활자는 금속 활자 발명 이후에도 사라지지 않고 조선조에 이르기까지 특정 목적을 위해 한정적으로 사용하였다.

이러한 전초 단계를 거쳐 본격적으로 금속 활자가 발명된 것은 15세기 고려였다. 문헌 자료에 따르면 고려는 1234년 인종의 명을 받아 최윤 등 17명이 고금의 예를 수집·고증하여 50권으로 엮은 예서 '상정고금예문'을 간행하였다. '상정고금예문'과 구텐베르크가 금속 활자를 이용해 간행한 성서와 비교하면 200년의 차이가 난다. 하지만 이 책의 간행은 문헌 기록에만 남아있을 뿐 아쉽게도 현재 전하지 않는다. 현존하는 금속 활자 인쇄 책은 승려 백운화상이 공민왕 때인 1372년 여러 경전과 석가·고승의 이야기 중 법문에 실린 내용 가운데 좋은 구절만 모아 편집한 불교 서적으로 1377년 청주 흥덕사에서 금속 활자로 인쇄하였다. 상권과

하권으로 제작된 이 책은 현재 2장부터 39장까지만 남았는데 프랑스 파리국립도서관이 보관하고 있다. 일부 목활자가 섞여 있고, 크기와 모양이 고르지 않다는 단점이 있으나 세계인류사에 미친 역사적 의미는 실로 크다.

이렇듯 초기 인쇄술은 대개 중국을 위시한 동아시아에서 시작되었다. 동아시아는 앞서 인쇄술을 발명했지만, 유럽처럼 혁명적 사회변화를 끌어내지 못했다. 여러 이유가 있지만, 일단은 동아시아지역이 한자 문화권이란 점이다. 글자 획수가 많아 복잡하고 글자 수가 수천 수만에 이르는 한자를 일일이 하나씩 활자로 만드는 일은 쉽지 않았다. 그러니 목판에 글자를 새기는 것이 오히려 경제적이고 합리적이었다. 이에 반해 알파벳에 기반한 자음과 모음 구조로 구성된 문자를 사용한 유럽은 활자를 만들어 사용하면 그만큼 효율적이었다. 30자 이내의 글자를 여러 개 새겨두면 무한정 문장을 만들어 낼 수 있었기 때문이다.

인쇄술을 앞서 발명을 하고도 획기적 사회변혁을 이끌지 못한 동양과 달리 서양은 혁명 이상의 파급효과를 유발했다. 서양은 14세기에 이르러 목판 인쇄술을 이용하기 시작했다. 그러다가 15세기를 맞아 금속판 인쇄를 시작했다. 금속판은 납에 주석과 안티몬을 섞어 만들었다. 본격적인 인쇄술의 혁명은 그로부터 멀지 않은 시점에 시작하였다. 1445년 인쇄업자인 구텐베르크가 마인츠에서 처음 인쇄기를 만들어 성경책을 대량 출간하였다. 그는 종전에 와인 가공에 사용하던 압축기를 변형시켜 금속 판형을 장착하고 활판을 찍어눌러 그 내용이 종이에 고르게 찍히게 하는 방식으로 하루 300장의 인쇄물을 생산했다. 인쇄기를 이용한 대량 출판의 시대가 열린 것이다.

고려는 세계 최초의 금속 활자를 만들었지만, 구텐베르크는 금속 활자를 활용한 인쇄기를 만들었다. 고려의 금속 활자는 모래 주형틀로 활자를 고정하는 것이 어려웠고, 모래 알갱이가 있어 인쇄상태가 고르지 못하다는 단점이 있었다. 반면 대량 출판이 가능했던 유럽의 인쇄기는 금속 주형틀로 만들어 고정하는 데 유리했고, 글자도 아주 선명하게 인쇄되었다. 한반도의 금속 활자는 왕실이나 관청에서 일부 책을 출간할 목적으로 만들었다. 반면 유럽의 구텐베르크는 성경을 대량 출간해 민간에 널리 판매해 수익을 올릴 목적으로 금속활자판과 인쇄기를 만들었다. 우리의 금속 활자는 목판인쇄의 보완재 성격이 강했던 반면, 유럽은 대량 인쇄 자체가 목적이었다. 고려 때 금속 활자를 발명한 후에도 조선에 이르기까지 한반도에서는 주로 목판인쇄를 했고, 금속 활자는 보조적으로 활용되었다.

구텐베르크 이후 독일을 비롯해 유럽 전역에 인쇄소가 속속 설립되었다. 1500년 무렵 독일에만 300개소 이상의 인쇄소가 생겨났다. 책 한 권 베껴 쓰는 데 2개월이 걸리던 것이, 인쇄기 발명 이후 1개월에 2000권의 책을 찍어 낼 수 있게 되었다. 인쇄기 발명 후 불과 50년이 지난 1500년 무렵 유럽 전역에서 900만 권이 넘는 책이 출간되었다. 다시 50년이 지난 1550년 무렵 인쇄업자들은 책 출판 활동을 완전히 장악해 활자 주조, 출판, 판매까지 겸하며 막대한 사업가로 성장하였다. 독일에서 출발한 출판업은 르네상스 시대 이탈리아에서 성숙하고 완성되었다. 인쇄기는 1462년 로마 근교 베네딕투스회 수도원을 통해 이탈리아로 보급되었다. 프랑스는 1470년 파리 소르본 대학이 학교 내에 인쇄기를 설치하며 본격적인 대량 출판의 시대를 열었다.

앞서 밝힌 대로 고려는 금속 활자 기술을 지식 혁명으로 이끌지 못했다. 이런 상황을 압축해 표현하면 '발명은 있었지만, 혁명은 없었다.'라고 하겠다. 유럽에서 인쇄기가 발명된 이후 폭발적으로 찍어 낸 책은 다름 아닌 성서였다. 누구나 성서를 가질 수 있게 되면서 종전에 소수의 통치자나 교회 성직자가 독점했던 정보를 모든 시민이 공유할 수 있게 되었다. 1517년 인쇄술은 또 다른 전기를 맞는다. 종교 개혁가 마르틴 루터가 우월적 지위를 앞세워 면죄부 판매 등 온갖 악행을 저지르는 교황에 맞서 95개 조로 이루어진 종교 개혁문을 인쇄해 독일 전역의 교회에 뿌리기 시작했다. 세계사적 의미가 있는 종교 개혁이 인쇄술을 바탕으로 시작된 것이다.

금속 활자 인쇄기가 없었다면 루터의 종교 개혁은 찻잔 속의 태풍으로 끝나는 사건에서 멈출 수 있었다. 하지만 반박문을 대량 인쇄해 대량 유포하면서 종교 개혁은 쟁점화하였다. 나아가 루터는 1522년 라틴어로 제작된 신약성서를 독일어로 번역하여 배포하였다. 이전까지는 오직 신부의 입을 통해서만 성서의 내용을 접할 수 있었지만, 독일어 성서는 일반 시민이 신부의 사상적 독점에서 벗어나 직접 성서를 이해하고 해석할 수 있게 했다. 이는 유럽인의 사상적 해방이란 의미가 있다. 루터는 1534년 구약성서까지 독일어로 번역해 대량 출간하고 시민들에게 보급했다. 이런 노력 끝에 교회의 권위를 무너뜨려 인류사에 한 획을 그은 종교개혁은 성공할 수 있었다. 인쇄술이 없었다면 불가능할 일이었다.

종교 개혁을 필두로 인쇄술은 단숨에 일반 대중의 의식 성장과 정보의 공유화를 끌어내 중세 봉건사회를 해체하고 근대 사회로 나아가게 하는데 지대한 공헌을 하였다. 인쇄술이 없었다면 소수의 지배계층만 지식과 정보를 독점하는 체제가 유지되었을 것이다. 그러니 인쇄술은 인류 계몽의 측면에서 대단히 중요한 발명품이라 할 수 있다. 인쇄술은 사회 구성원의 교육 기회를 확장했고, 소통이 폭발적으로 증가할 수 있게 했다. 다양한 정보가 사회의 모든 구성원에게 전달됐고, 대량의 정보가 저장되고 보관될 수 있도록 했다. 그러니 현대 문명을 여는 기폭제 역할을 했다고 보아야 한다. 인쇄술이 없었다면 종교 개혁은 불가능했다. 아울러 산업혁명과 시민혁명도 불가능했다. 104년 종이가 발명되고 지식과 정보 유통의 제1차 혁명이 일어나고, 1341년이 지난 1445년 인쇄기가 발명돼 지식과 정보의 유통은 대폭발이라 할 수 있는 제2차 혁명을 맞은 것이라 할 수 있다.

19세기에는 최초의 매스미디어라 할 수 있는 신문의 발행이 본격화했고, 이 무렵 원통을 돌려 인쇄하는 원압기와 두루마리 종이에 원통을 돌려 찍는 윤전기가 개발돼 더 많은 인쇄물을 더 빨리 생산할 수 있게 되었다. 컴퓨터 발명 이후에는 활자 없이 가느다란 잉크 줄기를 종이에 뿌리는 방식의 잉크젯 프린터가 보급돼 각 가정에서도 인쇄가 가능한 시대가 열렸다. 이어 잉크를 분말화해

레이저로 종이에 쏘는 방식의 레이저 프린터가 발명돼 개인 인쇄시대를 활짝 열어젖혔다. 이처럼 퍼스널 인쇄시대가 정착하며 정보의 유통은 한층 더 비약적으로 발전할 수 있었다. 지금은 가루를 뿌려 굳혀가며 입체적 모양을 복제하는 방식의 3D프린터까지 보급돼 인쇄술의 발전에 가속도를 붙였다.

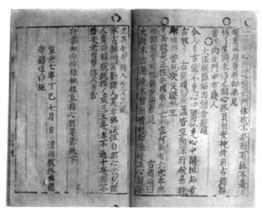

세계에서 가장 오래된 금속활자 인쇄본인 직지심체요절

08

르네상스
Renaissance

세계사의 시대를 구분하는 기준은 관점에 따라 차이가 있다. 고대-중세-근세-근대-현대로 구분하는 것이 통념이지만, 이에 대해 견해를 달리하는 이들도 많다. 시대 구분은 학자나 학계마다 다를 수 있지만, 유럽의 중세가 암흑기였다는 견해에 대해서는 대체로 의견이 일치한다. 중세를 언제부터 언제까지로 볼 것인가에 대한 구분 역시 견해를 달리하는 주장이 많지만, 대체로 서로마 제국이 멸망한 476년부터 동로마 제국이 멸망한 1453년까지로 보는 시각이 일반적이다. 중세를 암흑기라고 규정하는 이유는 이 기간에 인류 문명은 거침없이 앞으로 나아가기보다는 신에게 매달리며 정체하는 시간을 보냈다고 보기 때문이다. 중세를 암흑기로 규정하는 것은 서양 즉, 유럽에서 그리스도교에 매몰돼 인간이 신의 부속품에 불과한 세월을 보냈기 때문이다.

실제로 5세기 말부터 15세기 말까지 1000년의 세월 동안 인간의 눈에 인간은 없었다. 인간의 머릿속은 신에 관한 생각으로 가득했을 뿐 인간에 대한 성찰은 없었다. 교황으로 대변되는 종교의 권력은 황제로 대변되는 국가권력을 무력화했고, 모든 사람의 생활은 자아개념 없이 신에 대한 복종으로 채워졌다. 성지를 회복한다는 핑계로 십자군 전쟁을 일으켜 무모한 목숨이 산화했고, 학문도 신학에만 치우쳐 인류 문명은 한 걸음도 제대로 나아가지 못했다. 흑사병이라는 무시무시한 역병이 창궐했을 때도 인간은 신에게 기도하는 데만 열중했을 뿐 합리적으로 그 문제를 해결하려는 의지를 보이지 않았다. 그로 인해 유럽 전체인구의 30%가 넘는 사람이 목숨을 잃었다. 흑사병으로 인한 사망자 수는 적게는 7500만 명, 많게는 2억 명으로 추산하고 있다. 이러한 중세 암흑의 역사는 르네상스가 시작되며 비로소 종지부를 찍었다.

'문예부흥'이라고 번역하는 '르네상스(Renaissance)'는 14세기 후반부터 16세기 후반까지 이탈리아를 중심으로 서유럽에서 일어난 문화계의 큰 변화를 지칭한다. 르네상스는 '재생', '부활'이란 의미로 조르조 바사리가 그의 저서 '예술가 열전'에서 미켈란젤로의 작품을 해석하면서 '그리스와 로마의 재림'이란 표현을 사용한 것이 어원이 되었다. 스위스의 역사가인 부르크하르트가 다시금 '인문주의자가 신이 모든 것의 중심인 기독교의 신본주의적 세계관에서 벗어나 인간이 모든 것의 척도였던 고대 그리스와 로마 시대로 회귀하려 한 사회문화 운동'이라고 정의하며 개념이 더욱 명확해졌다. 이러한 움직임이 본격화하면서 중세문화가 쇠퇴하고 근세문화가 성립하게 되었다.

1517년 교회와 교황의 부패에 항거해 마틴 루터가 95개 조의 반박문을 살포하며 교황권은 큰 타격을 입었고, 1353년 흑사병의 창궐도 중세인이 새로운 세상을 갈망하게 하는 결정적 요인으로 작용했다. 상업과 도시가 발전하며 사람의 의식이 빠르게 성장하기 시작한 것도 르네상스를 싹트게 한 중요한 요인으로 지목된다. 중세 말기는 지동설이 천동설을 대체해 새로운 세계관으로 자리 잡기 시작했고, 대항로 시대가 열리며 유럽인이 신대륙을 점령한 것도 사회발전의 원인으로 작용했다. 인쇄술을 비롯한 신기술의 발명 또한 사람들이 새로운 시대를 갈망하게 하는 원인으로 작용했다. 그러나 중요한 것은 르네상스는 역사의 한 시대라기보다는 하나의 정신 또는 지적 운동으로 보는 것이 타당하다.

르네상스는 몇 가지 중요한 특징을 갖는다. 우선은 다양한 창작 활동을 하고, 표현함에 인간의 본성을 주제로 삼는다는 점이다. 둘째는 모든 철학·신학의 학파가 진리의 통일성과 조화성을 동시에 강조하는 혼합주의 양상을 보였다는 점이다. 셋째는 인간의 존엄성을 강조하여 인간이 창조를 위한 투쟁을 하고 자연을 정복하기 위해 하는 각종 시도를 의미 있게 받아들이기 시작했다는 점이고, 넷째는 새로운 지식과 정신에 대해 긍정적으로 바라보고 실제로 새로운 학문을 발달시키기 시작했다는 점이다. 르네상스는 전통적 종교 교리가 강조한 정신적 억압상태에서 인간을 해방시켰다. 그러면서 인간의 자유로운 탐구와 비판력을 자극했고, 새로운 지식의 창출을 위한 창의력에 대해서도 자신감을 느끼게 했다.

인류사의 대변혁에 획을 그은 르네상스는 이탈리아에서 싹을 틔웠다. 이탈리아에서 르네상스가 태동한 것은, 여러 이유가 있다. 우선은 이탈리아가 고대 로마의 중심지였다는 점이다. 중세 내내 신의 세계가 이어지는 동안에도 이탈리아에는 로마제국의 전통이 남아있었다. 서로마 제국의 멸망 후에도 이탈리아인은 동로마 제국의 꾸준히 교류하며 고대 로마의 문헌과 기술력을 복원하는 데 집중했고 성과도 거두었다. 이런 이유로 동로마 제국이 멸망했을 때 동로마 제국의 지식인, 예술가, 기술자 등이 대부분 이탈리아로 이주했다. 이들은 이전부터 이탈리아 지역에 거주했던 이들과 더불어 르네상스를 이끌었다. 이탈리아는 수많은 도시국가 형태로 분열돼 있어 봉건체제가 성행하지 못했다는 점도 이탈리아에서 르네상스가 발아하는 요인이 되었다.

12세기 이후 이탈리아 여러 해안의 도시민은 이슬람계 해적을 소탕하고 지중해를 장악했다. 그러면서 자연스럽게 이탈리아 도시들이 중개무역의 중심지로 부상했다. 그런 만큼 세계 각국의 다양한 문물이 이탈리아로 몰려들었다. 무역으로 재산을 축적한 상인은 문화적 수준이 향상했고, 예술가, 철학자, 문학가, 수학자 등을 적극적으로 후원했다. 부호들로부터 재정적 지원을 받은 지식인은 자유로운 창작활동에 매진할 수 있었다. 지식인을 후원한 세력 가운데는 피렌체의 패권을 차지하고 있던 메디치 가문을 빼놓을 수 없다. 메디치 가문의 적극적인 후원 덕에 피렌체는 르네상스를 태동시킨 도시가 되었다. 피렌체가 르네상스를 태동시킨 도시라면 베네치아는 르네상스를 중흥시킨 도시이다. 이 두 도시는 새로운 문화의 중심지가 되었다.

이탈리아반도에서 시작한 르네상스는 알프스를 넘어 유럽 전역으로 빠르게 확산했다. 프랑스·영국·독일·네덜란드·스페인에 이르기까지 구석구석으로 파고들었다. 200년 동안 유럽을 이끈 르네상스는 문화예술 분야에서 시작됐지만, 사회 각 분야에 영향을 미치지 않은 분야가 없었다. 특히 과학 혁명의 토대를 만드는 역할을 했다. 과학 혁명은 중세를 마감 짓고 근세를 열어젖히는 결정적 계기가 되었다. 르네상스 정신을 바탕으로 인간은 도전정신을 키웠고, 그 도전정신은 대항해 시대를 열었다. 대항해 시대의 시작은 유럽인의 삶을 암흑기에서 구출해냈다. 르네상스는 이처럼 유럽 전역에서 전 분야에 걸쳐 새로운 시대를 열었지만, 북유럽으로 치고 올라가지는 못했다. 스칸디나비아반도에 있는 현재의 스웨덴·핀란드·노르웨이 등에는 르네상스가 미치지 못했다.

르네상스 시대 전성기를 이끌어 꽃을 피운 인물 중 레오나르도 다 빈치(1452~1519), 미켈란젤로(1475~1564), 라파엘로(1483~1520)를 빼놓을 수 없다. 르네상스인 그 자체라는 평가를 받는 다 빈치는 해부학, 비행학, 생물학 등을 두루 연구하느라 미술에 많은 시간을 할애하지 못했음에도 '모나리자', '최후의 만찬', '암굴의 성모' 등 회화작품을 비롯해 '피에타', '다비드' 등의 위대한 조각작품을 남기기도 했다. 미켈란젤로는 조각가로서 명성을 얻었지만, 정작 최고의 역작은 바티칸 시스티나 성당의 천장에 그린 프레스코화[30]이다. 이 작품은 그리스도교 신학과 신 플라톤사상을 융합해 철학적으로 구성한 작품이란 평가를 받고 있다. 라파엘로는 미켈란젤로가 시스티나 성당 천장화를 그린 것과 같은 시기에 바티칸에 역시 프레스코화인 '아테네 학당'을 완성하였다. 라파엘로는 이 작품에 아리스토텔레스 학파와 플라톤 학파의 사상적 대표자들을 함께 담아냈다.

　문학 분야에서는 위대한 고전 작가에 대한 새로운 관심과 분석이 이루어졌다. 르네상스 학자들은 잃어버린 고전의 문헌을 찾아내 번역하였고, 1450년대 이후 발달한 인쇄술을 통해 책을 만들어 보급하였다. 르네상스 시대의 문학인들은 루터의 종교 개혁을 시발점으로 프로테스탄트의 눈길을 인간과 인간의 내적 경험으로 돌리게 했다. 또한, 대항해 시대의 개막에 맞춰 이탈리아 도시국가의 자유와 탐구 정신은 단테, 페트라르카, 보카치오 등 선구자에게 용기를 북돋아 주었다. 단테는 대표작 '신곡'을 통해 영혼의 정화를 통해 천국으로 승천할 수 있다는 내용을 담았다. 페트라르카는 '아프리카', '비밀' 등의 작품을 속어로 책을 쓰기 시작해 예술과 과학 등에 지대한 영향을 끼쳤다. 보카치오는 '데카메론'을 써서 단테, 페트라르카와 더불어 르네상스 시대 최고의 작가로 꼽힌다.

09

한글

인간과 인간의 소통은 다양한 형태로 이루어진다. 손짓, 눈짓, 몸짓, 표정부터 시작해 모든 신체와 도구를 동원한다. 많고 많은 소통 방법 중 가장 보편적이면서도 정교한 메시지 전달 방법은 언어와 문자이다. 언어와 문자는 오직 인간만이 갖는 소통의 방법으로 인간이 다른 어떤 생명체보다 적극적이고 세밀하게 뜻을 자기 뜻을 전달할 수 있는 수단으로 작용했다. 그래서 인간은 정교한 교감을 무기 삼아 다른 생명체를 지배할 수 있게 되었다. 인간이 언제부터 언어를 사용했는지는 자세히 알 수 없지만, 언어의 단점을 극복하기 위해 문자를 발명한 것은 대략 5000년 전으로 밝혀졌다. 문자의 발명 이후 인류의 발전은 가속도가 붙어 다른 어떤 생명체도 모방할 수 없는 문명을 탄생시켰다.

지구상에는 대략 시간과 공간을 달리하며 수를 헤아릴 수 없을 만큼 많은 언어가 존재했을 것으로 추정된다. 유네스코 자료에 따르면 지금도 지구상에는 6800종가량의 언어가 사용되고 있다고 한다. 그렇다면 모든 언어는 문자의 사용을 동반하고 있을까? 전혀 그렇지 않다. 6800여 종의 언어 가운데는 불과 100년 이내에 사라질 위기에 처한 언어가 전체의 90%에 이른다고 한다. 언어 가운데 문자를 동반하고 있다면 사라질 가능성은 그만큼 줄어든다. 학자들이 추정컨대 5000년 인류 역사상 사용했던 문자는 대략 300종 안팎으로 보고 있다. 현재는 28종의 문자가 사용 중이라고 한다. 현재 세계에는 200개가 넘는 국가가 존재하고 헤아릴 수 없는 수의 민족이 존재한다. 그렇지만 세계인이 사용 중인 문자는 30종이 채 되지 않는다.

그중 하나가 우리의 한글이니 우리는 자긍심을 가져도 된다. 더욱이 한글은 세계의 많은 문자 중에서 합리성, 독창성, 과학성, 편리성 등 여러 측면에서 으뜸이라는 데 이견이 없다. 한글이 가장 과학적인 글자라는 주장은 누구라도 여러 차례 들어보았을 것이다. 하지만 자국의 문자를 국수적 시각으로 바라보기 때문에 스스로 자화자찬해서 세계 으뜸이라고 칭하는 것이란 생각을 하는 이들도 많을 것이다. 그러나 그렇지 않다. 실제로 한글은 세계의 언어학 분야 석학들이 공통으로 인정하는 세계 최고의 문자이다. 배우기 쉽고, 쓰기 쉬울 뿐 아니라 무려 1만 1000개 이상의 소리 표현을 할 수 있어, 다른 어느 문자와도 비교 불가이다. 한글은 표현해내지 못할 소리가 없다. 지금껏 어디에서도 존재하지 않던 완벽한 표음문자이다.

한국어를 모국어로 사용하며 한글을 문자로 사용하는 사람의 수는 남북한 인구와 재외 교포를 합해 8000만 명가량이다. 이는 중국어, 스페인어, 뱅골어, 영어, 힌디어, 포르투갈어, 러시아어, 일본어, 광둥어, 자바어, 독일어 다음으로 12위다. 13위의 프랑스어를 앞선다. 한글은 음소문자로 글자마다 각기의 소리를 낸다. 그러면서 대문자와 소문자의 구분이 따로 없다. 영어를 공부하면서 경험했듯이 다른 문자는 묵음이 존재하기도 하고, 같은 스펠링이라도 다른 발음으로 읽는 사례가 많지만, 한글은 기본 구성만 익히면 그대로 읽어 발음할 수 있다. 역으로 발음을 듣고, 무엇이든 글자로 표현할 수 있다. 이런 면에서 한글을 세계 공통 문자로 사용하자는 세계언어학자들의 학술대회가 열리기도 했다고 한다.

영국의 존맨이라는 역사다큐멘터리 제작자는 세계 주요 문자 자모의 연원을 추적한 그의 저서 '알파베타'에서 "한글은 모든 언어가 꿈꾸는 최고의 알파벳이다."라고 소개하기도 했다. 존맨 뿐 아니라 세계의 언어학 분야 석학들은 한결같이 한글이 과학적이고 철학적인 면에서 타의 추종을 불허한다고 평가한다. 이런 평가에 힘입어 국어정보학회, 한글문화 세계화 운동본부 등의 단체는 한글을 국제 음성기호로 채택하자는 움직임을 보인다. 또한, 말은 있지만 글이 없는 소수 민족에게 한글을 보급해 그들의 언어가 소멸하지 않도록 지켜주어야 한다는 주장도 각계에서 제기하고 있다. 실제로 인도와 아프리카의 일부 소수민족이 한글을 공식문자로 채택하는 사례가 점차 늘고 있다. 한글에 대한 유네스코의 관심도 지대하다. 유네스코는 1989년 '세종대왕상'을 제정해 인류의 문맹률을 낮추는데 공적이 있는 기관이나 단체, 개인에 수상하고 있다. 또한, 1997년 10월 1일에는 훈민정음을 세계기록유산으로 지정하기도 했다.

미국의 언어학자 레어드다이어먼드는 1994년 과학전문지 '디스커버리'에서 "한글은 독창성 있고, 기호 배합 등 효율 면에서 특히 돋보이는 세계에서 가장 합리적인 문자"라고 주장했다. '대지'를 창작해 노벨상을 수상한 펄벅은 "한글이 세계에서 가장 단순한 글자이며, 가장 훌륭한 글자로 세종대왕은 한국의 레오나르도 다빈치"라고 극찬했다. 영국 리스대학 음성언어학과 제퍼리 샘슨 교수는 "한글이 발음기관을 상형하여 글자를 만든 것도 독특하지만, 기본 글자에 획을 더해 음성학적으로 동일한 글자를 파생하는 방법(ㄱ-ㅋ-ㄲ)을 사용한 것은 대단히 체계적이고 훌륭하다."라고 극찬하였다. 이후에도 샘슨 교수는 한글의 우수성을 알리는 일을 게을리하지 않았다.

　이렇게 배우기 쉽고 쓰기 쉬운 한글이 있는 덕에 우리나라 문맹률은 1%대이다. 세계 어느 나라에도 1%대의 문맹률은 없다. 문맹률이 낮다는 것은, 문자를 통해 공감하고 소통하고 이해하는 일이 가능하다는 것을 의미한다. 아울러 문자를 습득하고 있다는 것은 학습할 수 있는 최소한의 요건을 갖추고 있다는 것을 의미한다. 우리가 최단기간에 정치적 민주화를 이루고, 경제적 부국화를 이루어낸 것은 높은 교육열 및 학구열과 무관하지 않다. 학습열인 교육열과 학구열은 문자의 습득이 전제되어야 한다. 우리는 사상이나 감정, 지식이나 정보를 아주 섬세하게 전달할 수 있다. 그 장점은 한글이 학습에 최적화된 문자라는 것을 의미한다. 정확하면서도 빠르게 지식과 정보를 전달하는 것은 학문 발달을 이끄는 기본조건이다.

우리가 잘 알다시피 한글은 세종 즉위 25년인 1443년 완성하였고, 3년 후인 1446년 반포하였다. 반포 당시 명칭은 '훈민정음'이었다. 세종은 '훈민정음' 서문을 통해 창제의 동기를 명확히 밝혔다. 우리 말이 중국과 다른데도 중국 글자를 사용하다 보니 불편한 점이 많아 우리 글자를 만들게 되었다고 했고, 어리석은 백성이 쉽게 배워 편하게 사용하게 하고자 한다고 했다. 이처럼 누가, 언제, 왜, 어떻게 만들었는지 정확히 밝혀진 문자는 한글이 유일하다. 한글은 훈민정음을 줄여서 '정음'이라고 불리기도 했고, 이밖에 '언문', '언서', '반절', '암클' 등으로 불리기도 했다. 19세기 말에는 '국문'으로 불리기 시작했고, 1907년에 이르러 주시경이 설립한 국어연구학회(한글학회)가 1927년 기관지 '한글'을 펴내기 시작하면서 '한글'이란 명칭이 굳어졌다. 한글에서 '한'은 '큰', '하나'의 뜻이다.

　한글이 창제된 것은 15세기이다. 세계 각국에서 사용하는 다수의 문자는 언제 어느 때 누가 만들었는지 알 수 없다. 그러나 대개의 문자는 기원전에 만들어졌다고 보는 것이 타당하다. 특히 인류의 역사를 5000년으로 잡는 것은 문자에 의해 인간 삶의 기록이 남겨지기 시작한 때를 기준으로 한다. 즉, 최초의 문자가 만들어지고 문명이 싹트기 시작한 것이 지금부터 5000년 전이라고 보면 된다. 거기에 비하면 창제한 지 600년이 안 되는 한글은 최초의 문자와 무려 4400년의 시차가 발생한다. 인류의 문명이 한참 꽃을 피우던 시기에 창제한 것이다. 그러니 이전에 만들어진 다른 글자와 비교할 수 없을 만큼의 과학성과 체계성을 갖췄다는 것은 굳이 부정할 이유가 없다. 한글은 세상에서 가장 과학적인 글자임이 분명하다.

한글이 창제된 지 600년 가까운 세월이 흘렀다고는 하지만 정작 한글이 우리 생활 속으로 들어온 것은 1894년 갑오개혁 이후다. 1894년 11월 조선 정부는 기존의 한문 대신 국문을 공문으로 하는 내용의 칙령 1호를 공포했지만, 14조에는 국문을 본으로 하고 한문 번역 또는 국한문을 덧붙인다는 내용을 담았다. 이 조치는 제대로 지켜지지 않아 국한문이 주종이 됐지만, 이전까지 공문서에 전혀 사용되지 않았던 한글이 사용되기 시작한 점은 의미가 있다. 일제 강점기에도 한글의 사용이 제한적일 수밖에 없었던 것을 고려하면 온전하게 한글이 우리의 생활 깊숙이 자리 잡은 것은 해방 후 대한민국 정부가 수립된 이후라고 보아야 한다. 한글이 있어 우리는 독특하고 고유한 문화체계를 구축할 수 있었다.

오늘날 우리가 누리고 있는 경제적 성장과 민주적 국가운영은 온 국민이 수준 높은 의식이 있었기에 가능한 일이다. 이러한 이지적 능력은 활발한 문자 활동을 통해 가능했다. 빠르고 정확한 지식과 정보의 전달, 섬세한 감정의 표현 등은 한글의 뒷받침 속에 가능했다. 한문을 배제하고 한글을 우리의 주력 문자로 사용한 이후 대한민국의 성장은 괄목할 수준을 이어갔다. 지금 대한민국이 세계 10대 강국으로 자리매김하는 데 한글이 지대한 역할을 했다는 사실을 부정할 수 없다. 또한, 앞으로 대한민국이 더욱 성장해 초일류 국가로 도약하는 데도 한글은 중차대한 역할을 담당할 것이란 사실도 분명하다. 인문학에 관심을 두고 공부하려 한다면 한글의 가치와 역할에 관한 충분히 인지해야 한다.

10

왜
독서인가?

책을 읽으라는 주문은 동서고금에 한결같다. 독서를 해야 지식이 깊고 넓어지며 사고의 폭이 넓어진다고 한다. 이렇듯 오래전부터 줄기차게 일관되게 주문하는 것을 보면 독서가 주는 이익이 많은 것은 분명한 것 같다. 이처럼 책을 읽으라는 주문은 언제나 계속되는데 점차 인류는 독서를 멀리하고 있다. 영상매체가 발달하고 온라인 세상이 정착하며 새로운 시대에 빠르게 적응하는 세대는 이전의 세대보다 더욱 빠른 속도로 독서에서 이탈하고 있다. 영상을 10시간 시청하도록 독서는 단 30분도 안 하는 것이 현실이다. 그나마 독서에 익숙했던 기성세대도 일단 맛을 들이면 영상에 빨려 들어가 헤어나지 못하며 독서와 이별한다. 그러니 독서의 맛을 알기도 전에 영상매체의 현란함에 빠져든 세대는 독서로 발길을 돌리기가 쉽지 않다.

독서를 하지 않는 이유는 대략 서너 가지이다. 우선 독서의 즐거움을 경험하지 못했기 때문이다. 모든 일이 그러하듯 내가 진한 재미나 감동을 경험한 일은 다시 하고 싶고, 관심을 두게 마련이다. 재미있지도 않고 이로움도 없는 일, 더구나 지루하기 그지없는 일을 지속하기란 쉽지 않다. 그러나 반대로 어떤 일을 경험했는데, 이전까지 느껴보지 못한 짜릿함을 경험했다면 상황은 달라진다. 그 짜릿함을 더 맛보기 위해 그 일에 집중할 것이다. 독서도 마찬가지다. 한 권의 책을 읽고 진한 감동과 깨달음을 얻었다면 그 재미에 푹 빠져 계속 독서에 집중할 것이다. 대개의 사람이 독서에 빠져들지 않고 눈길조차 주지 않는 것은, 그런 경험을 못 했기 때문이다. 아주 감동적으로 책을 한 권 읽었다면 하지 말라고 떠밀어도 독서를 할 것이다.

이전 세대와 비교하면 현재 펼쳐지는 세상은 온갖 재미있는 일로 가득하다. 눈을 돌리면 이것저것 새로운 것, 신비로운 것, 재미있는 것 천지인 세상이다. 과거에는 새로운 일, 신비로운 일, 재미있는 일을 접하기가 참으로 어려웠을지 몰라도, 현대 사회는 널린게 그런 것들이다. 과거 사람이 현대인보다 더 많은 독서를 한 것은, 그만큼 재미있는 일이 없었기 때문이라고 봐도 무방하다. 그나마 책을 읽는 일이 다른 어떤 일을 하는 것보다 재미가 보장되는 일이었으니 책 읽는 인구가 그만큼 많았다. 과거 사람이 현대인보다 지적 호기심이 많고, 탐구하려는 호기심이 유난히 많았을 것으로는 생각하지 않는다. 그들 역시 지금처럼 눈만 돌리면 온갖 재미있는 일이 넘쳐나는 세상에 태어났더라면 독서에 집중하지 않았을 것이다.

이런 불리한 상황에도 여전히 독서를 즐기는 이들은 있다. 그들은 앞서 밝힌 대로 독서를 통해 남들이 경험하지 못한 일을 경험했다고 보면 된다. 독서를 즐기는 이들은 안다. 10권, 20권의 책을 읽었을 때 자신이 읽은 모든 책이 재미있고, 유익하지 않다는 것을. 앞서 밝힌 대로 이전에 느껴보지 못한 재미나 감동으로 희열을 느끼게 해주는 책은 여간해선 만나기 어렵다. 10권 중 1권을 만날 수도 있고, 20권 중 1권을 만날 수도 있다. 아니면 더 많은 책을 읽더라도 만나지 못할 수도 있다. 그러나 여러 권을 읽다 보면 반드시 내 입맛에 꼭 맞는 책을 만나게 된다. 독서에 습관을 들이기 위해서는 반복적으로 책을 읽다가 내가 원하는 지식이나 정보, 감동을 안겨주는 책과 만나는 경험이 중요하다. 그렇게 몇 번 내 입맛에 맞는 책과 우연히 만나고, 그 책을 통해 얻은 지식을 직접 생활 속에서 활용하는 성과를 얻으면 독서의 즐거움은 배가한다. 몇 차례 이런 경험을 하고 나면 좋은 책을 고르는 혜안이 생기고 자신이 필요한 지식이나 감동을 제공하는 저자의 윤곽이 잡힌다. 그러면, 더 빠르고 정확하게 내가 원하는 책을 찾게 되고 그만큼 독서의 재미에 빠져들게 된다.

결국, 다수의 사람이 책 읽기를 멀리하는 것은 독서를 통해 짜릿한 경험을 누려보지 못했기 때문이다. 큰맘 먹고 시간을 내 지루함을 견디며 몇 차례 독서를 시도했는데, 아무런 감동도 얻지 못하고 새로운 지식도 발견하지 못한 것이다. 이렇게 되면 독서의 즐거움은 찾지 못한 채 지루하고 힘들었던 기억만 남게 돼 독서에 흥미를 잃을 뿐 아니라 오히려 독서에 혐오감을 느끼기도 한다. 그러니 내 수준에 맞고, 내가 필요한 내용으로 가득하며, 이해하기 쉬운 간결한 필체로 쓴 책을 만나야 한다. 읽는 이의 사정은 전혀 고려하지 않고, 온갖 현학적 내용으로 채워진 책이나, 글쓴이 혼자 감동하고 혼자 황홀감에 빠져 글을 써놓고는 독자가 자신과 같은 감동을 하기 바라며 만든 책은 많은 이들을 독서에서 멀어지게 한다.

과거에는 전업 작가나 대학교수를 비롯한 연구자들이 책을 집필했다. 전문성이 있고 나름대로 수준도 있는 양질의 책이 출판시장의 주류를 형성했다. 하지만 지금은 사정이 다르다. 전 국민 초고학력 사회이다 보니, 석사나 박사 학위를 가진 지식인이 넘쳐난다. 그들 중 일부는 전문성을 갖추고, 체계적인 연구 능력 또는 집필 능력을 갖추지도 못한 채 성급하게 출판시장에 뛰어든다. 그래서 독자가 원치 않는 함량 미달의 책을 쏟아낸다. 견고하지 못한 지식과 경험을 갖고 무리해서 출판시장에 뛰어드는 이들도 많다. 그들은 책이 세상에 어떤 영향을 끼치고 얼마나 양질의 정보나 지식을 전해줄 것인가에는 별 관심이 없다. 오로지 자신의 이름으로 책을 출간해 이력서에 한 줄 더 쓰는 것이 목적일 뿐이다. 그들이 쏟아내는 재미없는 책이 많은 사람을 독서에서 멀어지게 한다.

흔히 책을 읽을 때는 양서를 읽으라고 한다. 양서는 교양서라고도 한다. 많이 공부하고 많은 경험을 한 선각자가 심혈을 기울여 제작한 책은 읽는 이의 인생을 바꿀만한 내용으로 채워진다. 그러나 이러한 책 가운데는 '고전'이라는 이름의 책이 있다. 이를테면 중고생 시절 교과 학습하면서 한 번쯤은 들어본 저자와 책이 대개 고전이다. 마키아벨리의『군주론』, 마르크스의『자본론』, 애덤스미스의『국부론』, 칸트의『순수이성비판』, 사마천의『사기』, 이이의『성학집요』, 이수광의『지봉유설』, 정약용의『목민심서』등이 그 예이다. 사실 이런 종류의 책은 선각자가 평생을 거쳐 작성한 명저로 내용이 대단히 어렵고, 당대의 사회나 문화적 배경 지식이 없으면 도저히 이해할 수 없다. 이런 책을 섣불리 도전했다가 독서에 정을 떼는 낭패를 당할 수 있다. 너무 어려운 책도 피하는 것이 좋다. 반대로 자기계발서란 이름으로 쏟아지는 성공을 향한 동기 부여 책도 피하는 것이 좋다. 그런 책은 마음에 양식을 보태 주기보다는 혼란만 안기는 예가 많다. 별 내용도 없는 말로 자극 주기에만 열중한다. 대개 카피에 카피가 반복돼 수백 수천 권의 내용이 비슷하다.

독서의 효과를 얻기 위해서는 첫째 좋은 책을 고르는 방법을 알아야 한다. 독서 경험이 많은 이들로부터 조언을 얻는 것도 좋겠지만, 인내심을 가지고 다양한 책을 읽으면서 스스로 깨치는 것이 효율적이다. 독서의 방법도 중요하다. 여러 권의 책을 읽다가 내가 원하는 정보가 가득하고, 나에게 새로운 지식을 안겨주었거나 진한 감동을 준 게 분명한 책을 발견하면 그 책에 집중해야 한다. 한 번 읽고 그칠 것이 아니라, 반복해서 두어 번 읽기를 권한다. 중요하다고 생각하는 부분에 밑줄을 그으며 한 번 더 읽고, 밑줄 그은 내용에 방점을 두고 한 번 더 읽으면, 책 읽은 효과가 크다. 한술 더 떠 밑줄 친 내용을 베끼어 쓰기를 한다면, 놀라운 책 읽기 효과를 경험하게 된다.

책을 많이 읽은 것을 자랑하는 사람을 만나게 된다. 그러나 책은 많이 읽는 것이 능사는 아니다. 자신의 지적 수준에 맞는 책을 정독해서 읽고, 책에 담긴 내용을 내면화해서 온전히 자신의 것으로 만드는 일이 중요하다. 독서의 가장 좋은 방법은 자신이 원하는 내용을 담은 책을 선정하는 것부터 시작한다. 물론 너무 어렵거나 너무 쉽게 쓴 책은 피하는 것이 좋다. 다음은 정독과 반복이다. 입에 맞는 책을 골랐다면 한 번의 독서로 만족해서는 안 된다. 두 번, 세 번 반복해 읽으며 필요한 부분을 옮겨 적기 하면 새로운 지식이 내게 흡수되는 것을 느끼게 된다. 더 중요한 것은 내가 새로운 지식을 아는 데서 그치지 않고, 그 지식을 활용하는 것이다. 습득한 지식을 자연스럽게 사용할 기회가 생겨 실제 활용하면 기쁨과 만족감이 커진다. 그런 경험을 하면 자신도 모르게 책에 손이 간다.

11

어휘력

처음 만나는 사이라도 누군가와 단 몇 분간 대화를 나눠보면 그의 지적 수준이나 전문성 여부를 가늠할 수 있다. 전문 지식을 가지고 있는가도 평가의 기준이 되겠지만, 그보다 중요한 것은 그가 구사하는 어휘력의 수준이다. 얼마나 교양 있고 세련된 고품격의 어휘를 사용하는지만 파악해도 그가 품위 있는 지식인인지, 혹은 상스러운 모리배인지 금세 알 수 있다. 물론 체계적인 학습 기회를 얻지 못해 지식은 짧지만, 공손하고 겸손하게 말해 품위가 있는 사람도 얼마든지 있다. 그렇지만, 사용하는 어휘의 수준에 따라 지적 수준이 드러난다는 사실은 부정하기 어렵다. 지적 수준이 높은 사람은 대화를 통해 그렇지 않은 사람의 지적 수준을 금세 파악할 수 있다. 하지만 반대일 때는 금세 파악이 어렵다. 다만 분위기는 느낀다. 또한, 지적 언어를 구사하는 이의 아우라(Aura)에 위축되게 마련이다.

말을 막 배우는 어린아이에게는 그들이 알아들을 만한 어휘를 사용해 대화해준다. 밥은 '맘마'라고 하고 과자는 '까까'라고 한다. 오줌은 '쉬', 똥은 '응가'라고 한다. 아이가 일정한 나이가 돼 어휘력이 향상되면 그때부터 일상어를 사용해 대화하기 시작한다. 그런데 어휘란 일상어에서 끝나지 않는다. 특수한 집단에서 사용하는 어휘가 있기도 하고, 일상어로 대화하는 게 불편할 정도로 대상의 지위나 높거나 나이가 많을 때는 거기에 맞는 어휘를 사용해 대화한다. 예컨대 어른에게는 밥이란 말보다 '진지'라는 말을 사용하고, 임금의 밥은 '수라'라는 말을 사용했다. 오줌이나 똥이라는 말을 사용하기 거북한 상황에서는 '소변', '대변', '용변', '인분' 등의 어휘를 쓴다. 특별히 임금의 얼굴을 '용안'이라고 부른 것도 이러한 이유이다. 이 같은 사례는 차고 넘친다.

초등학교에서 국어를 가르치고 배울 때 분리하여 자립적으로 사용할 수 있는 말을 일컬어 '낱말'이라고 한다. 같은 뜻이지만 중학생이 되면 단어(單語)[31]라는 말로 대처한다. 그래서 단어장, 단어 시험 등의 말을 쓴다. 그러다가 고등학생이 되면 단어라는 말 대신 '어휘(語彙)'라는 말을 쓴다. 모두 같은 말이지만, 미미한 어감의 차이가 있다. 고등학교 교과과정에 참여하지 않고, 중학교에서 학업을 멈춘 사람이라면 어휘란 말을 사용하지 않는다. 들어본 적이 없으니 머릿속에 저장돼 있지 않고, 자주 사용해보지 않았으니 내 입을 통해 밖으로 표출되지 않는다. 이처럼 어휘는 자주 사용하는 도중 자신도 모르게 내면화돼 있는 지식이다. 그러니 얼마나 다양한 어휘를 구사하는지는 그 사람의 지적 수준과 일치한다고 보면 무리가 없다.

일부러 어려운 어휘를 사용해 글 쓰거나 말할 필요는 없다. 그렇지만, 어휘 하나하나가 갖는 독특한 어감을 살려 생각이나 지식을 전달하려면 적재적소에 맞는 가장 합당한 어휘를 사용하는 게 효과적이다. 우리가 흔히 같은 말이라고 규정하는 어휘라도 아주 섬세한 차이는 분명 있게 마련이다. '낯짝'이라는 말과 '면상'이라는 말, '얼굴'이라는 말, '안면'이라는 말, '용안'이라는 말은 신체 부위 중 얼굴을 가리키는 같은 말이다. 하지만 상대에게 멸시적 표현을 쓸 때는 얼굴이란 말보다 낯짝이란 말을 쓴다. 같은 말이지만 듣는 어감의 차이는 확연히 다르다. "어디 낯짝 좀 보자"라고 하면 기분 나쁠 말도 "얼굴 좀 봅시다" 혹은 "안면 좀 확인하겠습니다"라면 기분 상하지 않는다. "용안 좀 보여주세요"라고 한다면 오히려 민망스러울 만큼 대접받는 기분이 들 것이다. 그러나 '용안'이란 어휘를 이해하지 못하는 이에게는 아무리 그런 말을 사용해도 기쁨을 느끼지 못한다.

그렇다면 어휘력을 쌓아 고급스러운 어휘를 선택해 사용하고 기품있는 말솜씨를 갖추는 길은 무엇일까? 각자가 주장하는 방법은 다양할 것이다. 하지만 결론은 독서로 귀결될 것이다. 책을 읽는 것만이 풍부한 지식과 간접 경험을 쌓게 해준다고 말할 것이다. 특히 풍부한 지식을 가진 부류, 세련되고 품격있는 화법을 구사하는 이들은 한결같이 독서를 강조할 것이다. 독서는 어휘력과 문장력을 길러줄 뿐 아니라, 논리력을 길러주는 길이라고 강조할 것이다. 맞다. 어휘력을 기르고 어휘를 연결해 문장을 만드는 기술인 문장력을 길러주는 가장 좋은 방법은 독서이다. 문장을 연결하여 설득력 있는 글을 만드는 논리력 또한 독서를 통해 기를 수 있는 능력이다.

　그럼 왜 어휘력을 기르는 방법은 꼭 독서일까? 어린아이가 말을 배울 때 어휘를 확대해가는 과정은 글을 알지 못해도 가능한데 왜 어휘력을 확장하는 단계에서는 꼭 독서를 해야 하는지 의문이 생긴다. 물론 대화를 통해서 어휘력을 키워나가는 것도 가능하다. 대화의 상대가 방대한 지식을 갖고 있고, 어휘력이 풍부한 사람이라면 그와의 대화 속에서 부지불식간에 어휘력이 성장하는 것은 가능하다. 하지만 그런 실력자를 내가 원하는 때에 만나 내가 원하는 시간만큼 대화하기란 쉽지 않다. 또 대화를 통해 얻은 어휘력은 휘발성이 강해서 몇 번을 반복해야 습득할 수 있다.

　반면 독서를 통한 어휘력을 확장은 내가 원하는 때에 원하는 만큼 시간을 확보할 수 있다는 장점이 있다. 더불어 대화를 통하는 방법보다 깊게 머릿속에 각인된다. 그래서 독서를 습관화하면 자신도 모르는 사이에 문맥을 이해하려는 노력 속에 어휘력이 확장된다. 또 하나의 이유는 대화는 누구나 하는 일상생활이지만, 책을 집필하는 일은 누구나 하는 일이 아니다. 집필해서 책을 만드는 사람은 일반의 사람보다 폭넓은 지식이나 전문적 지식을 가진 이들이다. 책을 쓰는 이들은 누구보다 책을 많이 읽은 이들이기도 하다. 그러니 그들은 당연히 대개의 사람보다 풍성한 어휘를 갖고 있다. 그 어휘를 집필의 과정에 무한정 풀어놓는다. 그러니 그들의 글을 읽으며 그들이 사용하는 어휘를 습득하는 것은 너무도 자연스럽고 당연한 일이다.

흔히 인문학을 문·사·철(文·史·哲)의 학문이라고 한다. 문(文)은 말과 글을 다루는 것을 의미하고, 사(史)는 인간이 살아온 발자취이다. 철(哲)은 어떻게 생각하고 판단할 것인지를 말한다. 말과 글을 통해 인간이 가진 생각과 감정을 표현하고 전달하는 것은 인문학의 기본이다. 말과 글을 다루는 데 있어 그 기본이 되는 어휘가 중요하다. 어휘가 풍부해야 말과 글을 자유자재로 구사할 수 있다. 신선한 재료가 많으면 빈약한 재료를 가졌을 때보다 음식을 잘할 수 있다. 다양한 종류의 그릇과 조리기구를 가졌다면 요리를 잘하는 데 그만큼 유리하다. 음식 재료이면서 조리도구가 되는 것이 바로 어휘이다. 구멍가게에서 구한 식재료를 가진 사람과 대형 시장에서 식재료를 구한 사람이 요리 대결을 한다고 생각하면 그 상황을 쉽게 이해할 수 있을 것이다.

글쓰기

누군가 어떤 일에 정통해 능숙한 모습을 보면 부러움을 산다. 어느 한 가지 일에 정통해 능숙한 사람을 달인이라고 한다. 어느 분야가 됐든 달인의 경지에 오르기는 쉽지 않다. 1만 시간의 법칙[32]은 이를 설명한 이론이다. 하루 3시간씩 꾸준히 10년을 갈고 닦으면 그 분야에 정통한 달인이 된다는 것이다. 이 이론은 동서고금의 진리이다. 무슨 일을 잘하려면 그 일에 1만 시간을 투자해 반복해 연습해야 한다. 아무리 재능이 둔한 자라 해도 1만 시간을 들여 연습하면 못할 수 없다. 우리가 흔히 달인이라고 부르는 이들은 하나같이 1만 시간 이상을 들여 그 분야에 종사하며 수 없이 반복 훈련을 한 사람이다. 단순히 자격증을 얻었다고 해서 달인이라고 하지는 않는다. 숙련도가 아주 뛰어나야 비로소 달인이라고 할 수 있다.

이런 말을 자주 듣게 된다. "나는 글 잘 쓰고, 말 잘하는 사람이 제일 부럽더라." 흔히 말 잘하고 글 잘 쓰는 재주는 타고난다고 생각하는 이가 많다. 그러나 말 잘하고 글 잘 쓰는 것은, 타고난 재능이 아닌 훈련을 통해 얻을 수 있는 재능이다. 말 잘하고 글 잘 쓰는 것은 말과 글을 통해 남을 설득할 수 있는 능력을 말한다. 그냥 아무 의미 없는 말을 한다고 해서 말 잘한다고 평가하지 않고, 메시지가 없는 글을 늘어 쓴다고 해서 글 잘 쓴다고 평가하지 않는다. 논리적으로 말하고, 글을 써서 상대가 내 생각을 이해하고 공감할 수 있게 만들 때 비로소 말 잘하고 글 잘 쓴다는 평가를 받을 수 있다. 말 잘하고, 글 잘 쓰는 기능 역시 1만 시간의 법칙이 적용된다.

특별한 상황에 부닥친 사람이 아니라면 누구나 하루 3시간 정도의 말할 기회가 있다. 그러니 말을 잘하는 것으로 보인다. 말 잘하는 것은 다른 어떤 기능보다 쉬울 거로 생각한다. 그러나 그렇지 않다. 말을 잘하려면 머릿속에 가진 생각이 가지런해야 한다. 글을 잘 쓰려고 할 때도 마찬가지다. 이런 상황을 일컬어 '논리정연하다'라고 표현한다. 논리가 있어 생각의 정리가 잘 돼 있다는 뜻이다. 논리가 정연하지 않으면 말을 해도 횡설수설하게 된다. 뭔가 많이 말하지만, 핵심적으로 전달하고자 하는 메시지가 전달되지 않는다. 학생 때 수업을 잘하는 교사와 그렇지 않은 교사 간의 수업 질 차이가 크다는 사실을 인정할 것이다. 전달력은 논리가 뒷받침돼야 한다. 양자의 차이는 논리력의 차이다.

글쓰기는 논리력의 차이가 더욱 확연히 드러난다. 말하기는 생활 속에서 자연스럽게 이루어지지만 글쓰기는 별도의 훈련 시간을 갖기가 쉽지 않다. 그러니 글쓰기는 말하기보다 기능으로 인정받는 면이 강하다. 글쓰기 역시 논리력이 뒷받침되지 않으면 달인이 될 수 없다. 매일 3시간씩 10년간 글쓰기를 했다면 그는 분명 글쓰기의 달인이 된다. 기자나 전업 작가 등이 글을 잘 쓰는 것은 글쓰기 자체가 직업이어서 매일 글쓰기 훈련을 하기 때문이다. 또한, 글쓰기의 좋은 소재를 찾기 위해 독서를 비롯한 읽기가 생활화돼 있기 때문이다. 무엇 하나 예사로 보지 않고 의미를 찾고, 인과관계를 밝혀내려는 탐구 자세가 습관이 돼 있기 때문이다.

글쓰기를 생활화한 사람은 남다른 탐구 자세를 갖고 있다. 독서하는 습관이 몸에 배어있다. 남의 말을 경청하는 자세가 돼 있다. 허투루 시간을 허비하지 않고 새로운 지식과 정보를 수용하려는 몸가짐이 돼 있다. 논리적으로 작성한 글을 반복해 읽으면 자신의 논리가 탄탄해진다. 지식인과 대화를 가지며 그가 가진 지식을 흡수하고, 논리를 축적한다. TV를 시청하더라도 오락 프로그램에 치중하지 않고, 새로운 지식과 정보를 얻을 수 있는 교양 프로그램에 집중한다. 이런 습관이 몸에 배어야 글을 쓸 수 있는 풍부한 소재를 갖게 되고, 언제라도 펜을 잡으면 술술 써 내려갈 수 있는 기능을 익히게 된다. 늘 생각하고 학습하는 버릇, 그것을 글로 쓰는 습관이 되면 비로소 글쓰기가 가능해진다.

자신이 생각하는 바를 논리적인 글로 작성할 수 있다면 그것은 누구나 부러워할 만한 기능이다. 그 기능은 하루아침에 쉽게 얻을 수 있는 것이 아니다. 앞서 밝힌 대로 늘 탐구하는 자세, 경청하는 자세, 독서하는 습관이 뒷받침돼야 한다. 덧붙여 틈나는 대로 글을 써야 한다. 세상에 해보지 않은 일을 잘하는 사례는 없다. 글쓰기를 어려워하는 것은, 경험해보지 못했기 때문이다. 훈련이 부족하면, 단 한 줄의 글을 쓰는 일도 쉽지 않다. 숙달된 이가 한 편의 글을 술술 써 내려가는 동안 훈련이 부족한 이는 제자리에서 맴돌기만 한다. 그나마 몇 줄 쓴 글도 갈피를 잡지 못한다. 모두가 훈련 부족이다. 송나라 학자 구양수가 말했듯이 많이 읽고, 많이 써보고, 많이 생각하는 다독 다작 다상량(多讀 多作 多商量)이 글쓰기를 잘할 수 있는 유일한 길이다. 훈련의 과정을 거치지 않고 잘하기를 바라는 것은 공짜를 바라는 심보다.

많은 시간을 투자하는 것만큼 중요한 것은 숙달된 이로부터 지도받는 일이다. 어느 정도의 실력에 도달해 스스로 글을 끌고 나갈 힘이 생길 때까지는 글쓰기 달인에게 지도받으면 한결 빠르게 실력 향상에 이를 수 있다. 어느 분야든지 마찬가지지만 달인에게 기능을 전수해야 빨리 달인이 될 수 있다. 혼자의 힘으로 일정 수준까지 이르기는 쉽지 않다. 숙달된 이가 방향을 잡아주고 훈련법을 설명해주면 훨씬 쉽게 목표에 도달할 수 있다. 그러나 주위에서 쉽게 글쓰기의 달인을 만나기는 어렵다. 그래서 독서 모임이나 글쓰기 모임 등에 가입해 활동하면 글쓰기의 달인에게 도움받을 수 있는 길이 생긴다. 평생학습관이나 문화센터 등에 등록해 활동하면 달인에게 지도받는 일이 가능해지고, 글쓰기 훈련을 할 기회도 생긴다.

그럴 만한 시간이 없다면 혼자 공부해야 한다. 혼자 글쓰기를 배우는 방법은 무엇일까? 그것은 베껴 쓰기 훈련이다. 글쓰기가 능숙한 이가 이미 쓴 글을 그대로 따라 쓰는 것은 아주 좋은 글쓰기 훈련법이다. 감명 깊게 읽은 책이 있다면, 그 책을 통째로 베껴 써보는 것을 권장한다. 컴퓨터 자판을 이용해 타이핑하는 것도 좋지만, 직접 펜으로 노트에 옮겨 적어보면 효과는 배가된다. 책 한 권을 베껴 쓰려면 엄두가 나지 않을 것이다. 하지만 못할 것도 없다. 도저히 엄두가 나지 않는다면 신문 칼럼 베껴 쓰기를 권해본다. 읽어보고 마음에 드는 칼럼이 있다면 그걸 베껴 쓰면 된다. 하루에 한 편씩 칼럼을 베껴 써보면 한 달 후 몰라보게 달라진 자신의 글쓰기 솜씨를 발견할 것이다. 1년을 꾸준히 훈련하면 훌륭한 글쓰기 전문가가 될 것이다.

인문학을 공부하면 철학적으로 생각하고, 문학적으로 표현할 수 있는 삶을 살게 된다. 어디서 누굴 만나든 유치하지 않게 고품격 언어를 사용하며 자기 생각을 논리정연하게 말하고, 글로 표현할 수 있게 된다. 인문학 공부를 했다고 자격증이 주어지는 것도 아니고, 인문지식을 가지고 생활에 보탬이 될 돈을 벌 수 있는 것이 아니다. 그래서 물질만능주의 시대에 인문학은 천대받는 학문 취급을 당하고 있다. 그렇지만 사람들은 인문적 소양을 갖고 싶어 하고, 교양인으로 대접받고 싶어 한다. 물질적 풍요가 채워주지 못하는 무언가를 채워줄 수 있는 학문이 인문학이기 때문이다. 먹고사는 문제를 해결하고 나면 사람들은 인문학에 눈을 돌린다. 인문학을 통해 확실한 삶의 철학을 갖게 된 사람은 남의 눈에 휘둘리지 않는 지조 있는 삶을 살게 된다. 가진 것이 부족해도 늘 풍족한 마음을 갖게 된다. 그래서 우린 인문학을 찾는다.

세 계 사	세기	한 국 사
△중동 농경 시작(9000년경) △메소포타미아 문명(3500년경) △인더스 문명, 황하 문명(2500년경)	상고	△신석기 문화(8000년경)
	BC24C	△고조선 건국(2333년)
△함무라비 법전 제정(1800년경)	BC19C	
△주나라 건국(1122년)	BC12C	
		△청동기 문화(1000년경)
△그리스 폴리스 시대(900년경)	BC10C	
△춘추시대(770–256년) △아시리아 오리엔트 통일(719년) △춘추시대(771년~453년)	BC8C	
△아케메네스 페르시아 통일(694년)	BC7C	
△석가모니 탄생(563년) △공자 탄생(551년) △로마 공화정 확립(509년)	BC6C	
△소크라테스 탄생(470년) △전국시대(453~221년) △펠레폰네소스 전쟁(431–404년) △플라톤 탄생(428년)	BC5C	△부여 성립(450년경) △철기 문화 수입(400년경)
△아리스토텔레스 탄생(384년) △맹자 탄생(371년) △알렉산더 동방 원정(334년)	BC4C	△철기 문화 보급(300년경)
△포에니 전쟁(264–146년) △진시황제 재위(246–210년) △진나라 중국 통일(221년) △한나라 건국(202년)	BC3C	
△한무제 재위(156–87년) △장건 서역 원정(138년)	BC2C	△위만, 고조선 왕위(194년) △고조선–한나라 전쟁(109–108년) △고조선 멸망(108년)
△사마천 사기 완성(97년) △예수 탄생(4년)	BC1C	△박혁거세 탄생(69년) △주몽 탄생(58년) △신라 건국(57년) △고구려 건국(37년) △백제 건국(18년)
△신나라 건국(8년) △유대인 로마 추방(18년) △후한 성립(25년) △1차 유대–로마 전쟁(66–73년) △중국에 불교 전래(67년)	1C	△고구려 졸본–국내성 천도(3년) △가락 건국(42년)

286

	세기	
	2C	△고구려–한 좌원대첩(172년) △고구려 진대법 실시(194년)
△후한 멸망(220년) △사산조 페르시아 건국(226년)	3C	
△밀라노칙령 로마 기독교공인(313년) △로마 콘스탄티노플 천도(330년) △게르만족의 대이동 시작(375년) △로마 기독교 국교화(380년)	4C	△한사군 철수(314년) △근초고왕 통치(346–375년) △고구려 불교 전래(372년) △고구려 태학 설치(372년) △백제에 불교 전래(384년) △광개토왕 재위(391–412년)
△서로마 제국 멸망(476년) △프랑크왕국 건국(486년)	5C	△백제, 일본에 한학 전파(405년) △장수왕 재위(412–491년) △광개토왕비 건립(414년) △고구려 평양 천도(427년) △백제 웅진 천도(475년) △부여, 고구려에 멸망(494년)
△돌궐 제국 건국(552년) △무함마드 탄상(570년) △수나라 중국 통일(589년)	6C	△신라, 금관가야 합병(532년) △백제 사비 천도(538년) △진흥왕 재위(540–576년) △백제, 일본에 불교 전파(552년) △수나라 1차 침입(598년)
△이슬람교 창시(610년) △당나라 건국(618년) △무함마드 헤지라(622년) △무함마드 메카 정복(630년) △무함마드 사망(632년) △이슬람, 예루살렘 정복(638년) △사산조 페르시아 멸망(642년) △꾸란 완성(650년) △우마이야왕조 수립(661년) △시아파–수니파 분열(661년) △이슬람군 아프리카 석권(700년)	7C	△수나라 2차 침입, 살수대첩(612년) △고구려에 도교 전래(624년) △고당전쟁(644–668년) △원효 귀국, 의상1차 당 유학(650년) △무열왕 김춘추 즉위(654년) △백제 멸망(660년) △의상 2차 당 유학(661년) △연개소문 사망(665년) △고구려 멸망(668년) △매소성 전투(675년) △기벌포 전투, 삼국 통일(676년) △신라 국학 설치(682년) △9주5소경 설치(685년) △발해 건국(698년)
△압바스 왕조 수립(750년) △압바스–당 탈라스 전투(751년) △안사의 난(755년) △카룰루스, 프랑크왕국 통일(771년) △카룰루스 황제 대관(800년)	8C	
△메르센 조약, 프랑크 분열(870년) △황소의 난(875년)	9C	△최치원 시무10조 저술(894년) △후백제 건국(900년)

		△후고구려 건국(901년)
△당나라 멸망(907년) △거란, 요나라 건국(947년) △송나라 건국(960년) △신성로마제국 건국(962년)	10C	△고려 건국(918년) △거란, 발해 멸망(926년) △신라 멸망(935년) △후삼국 통일(936년) △노비안검법(956년) △과거제 실시(958년) △최승로 시무28조 저술(982년) △12목 설치, 목사 파견(983년) △거란 1차 침입(993년)
△셀주크투르크 건국(1037년) △동서교회 분열(1054년) △카소사의 굴욕(1077년) △십자군 1차 원정(1096-1099년)	11C	△거란 2차 침입(1010년) △거란 3차 침입(1018년) △귀주대첩(1019년) △의천, 천태종 개립(1097년)
△여진, 금나라 건국(1115년) △북송 멸망, 남송 건국(1127년)	12C	△윤관, 여진 정벌(2207년) △이자겸의 난(1126년) △묘청 서경 천도 운동(1136년) △삼국사기 편찬(1145년) △무신정권(1170-1270년) △명학소 망이·망소이의 난(1176년) △지눌, 정혜 취지문 선포(1190년) △최충헌 권력 장악(1196년) △만적의 난(1198년)
△4차십자군 콘스탄티노플 약탈(1204년) △징기스칸 권력 장악(1206년) △영국, 의회정치 시작(1265년) △십자군 8차원정(1291년)	13C	△몽고 6차례 침입(1231-1259년) △팔만대장경 각자(1258년) △여몽1차 일본 정벌(1274년) △여몽2차 일본 정벌(1281년) △삼국유사 편찬(1285년) △안향, 주자학 수입(1289년)
△백년전쟁(1337-1353년) △유럽 흑사병 발생(1347년) △명나라 건국(1368년)	14C	△공민왕 재위(1351-1374년) △문익점 목화 도입(1363년) △최영, 왜구 토벌(1376년) △최무선, 이성계 왜구 토벌(1380년) △위화도 회군(1388년) △박위, 대마도 정벌(1389년) △조선 건국(1392년) △정종 즉위, 1차 왕자의 난(1398년) △2차 왕자의 난(1400년)
△정화- 남해 원정(1405-1433년) △교회 대분열(1409년) △구텐베르크 인쇄술 발명(1445년) △비잔틴 제국 멸망(1453년)	15C	△팔도행정구역 체제(1413년) △세종 재위(1418-1450년) △이종무, 대마도 정벌(1419년) △훈민정음 창제(1443년)

△일본 전국시대 개막(1467년) △콜럼부스 신대륙 발견(1492년)	15C	△계유정난(1453년) △성종 즉위(1469년) △경국대전 완성(1476년) △연산군 즉위(1494년) △무오사화(1498년)
△루터, 95개조 반박문 공포(1517년) △성공회 성립(1536년) △칼뱅 개혁 착수(1536년) △도요토미 히데요시 패권(1590년)	16C	△갑자사화(1504년) △중종반정(1506년) △조광조 등용(1510년) △기묘사화(1519년) △향약 실시(1519년) △을사사화(1545년) △선조 즉위(1567년) △동서분당(1575년) △임진왜란, 한산대첩(1592년) △정유재란, 명량해전(1597년)
△여진, 후금 건국(1616년) △후금, 청으로 국호 변경(1636년) △영국혁명(1642-1649년) △명나라 멸망(1644년) △명예혁명(1688년)	17C	△광해군 즉위(1608년) △동의보감 편찬(1610년) △계축옥사(1613년) △인조반정(1623년) △정묘호란(1627년) △병자호란(1636년) △삼전도 굴욕(1637년) △소현세자 사망(1645년) △효종 즉위(1649년) △경신환국(1680년) △노소분당(1683년) △기사환국(1689년) △갑술환국(1694년)
△프로이센 건국(1701년) △영국 산업혁명 시작(1736년) △유럽 산업혁명 시작(1760년) △미국 독립전쟁(1775년) △프랑스혁명(1789-1795년)	18C	△영조 즉위(1724년) △나주벽서, 을해옥사(1755년) △사도세자 사망(1762년) △정조 재위(1766-1800년) △천주교금지령 발표(1786년) △수원화성 축조(1796년)
△나폴레옹 즉위(1804년) △신성로마제국 멸망(1804년) △영국, 노예제 폐지(1833년) △아편전쟁(1840-1842년) △난징조약(1842년) △태평천국운동(1850-1864년) △일본 개국(1854년) △베이징조약(1860년) △남북전쟁(1861-1865년)	19C	△홍경래의 난(1811년) △동학 창시(1860년) △고종 즉위(1863년) △병인양요(1866년) △제너럴셔먼호사건(1866년) △계유상소, 대원군 하야(1873년) △운요호사건(1875년) △강화도조약(1876년) △임오군란(1882년)

△양무운동(1863년) △미국 노예해방(1863년) △메이지 유신(1868년) △수에즈운하 개통(1869년) △독일 통일(1871년) △전등 발명(1879년) △청불 전쟁(1884년) △텐진 조약(1885년) △청일 전쟁(1894년) △변법자강운동(1899년)	19C	△조일 통상 장정(1883년) △갑신정변(1884년) △한성순보 창간(1884년) △한성조약(1885년) △영국 거문도 점령(1885년) △함경도 방곡령(1889년) △갑오개혁(1894년) △동학 운동(1894년) △을미사변(1895년) △건양 연호(1896년) △독립협회 결성(1896년) △13도 체제 개편(1896년) △아관파천(1897년) △대한제국 수립(1896년) △광무 연호(1897년) △만민공동회 개최(1898년) △경인선 개통(1900년)
△의화단 운동(1901년) △러일 전쟁(1904-1905년) △1차 러시아혁명(1905년) △신해혁명(1911년) △중화민국 선포(1912년) △1차대전(1914-1918년) △파나마운하 개통(1914년) △2차 러시아혁명, 2월 10월(1917년) △5.4운동(1919년) △파리 강화 회의(1919년) △국제연맹 창설(1920년) △소련 창설(1923년) △오스만 멸망(1923년) △1차 국공합작(1924-1927년) △국민정부 수립(1927년) △제네바 군축(1927년) △세계 경제 공황(1929년) △만주국 성립(1932년) △중국공산당 장정(1934-1936년) △중일 전쟁(1937년) △2차 국공합작(1937-1945년) △2차대전(1940-1945년) △태평양 전쟁 발발(1941년) △미국, 소련 세계대전 참전(1941년) △포츠담 선언(1945년) △얄타 회담(1945년)	20C	△경부선 개통(1904년) △한일의정서(1904년) △을사늑약(1905년) △통감부 설치(1905년) △경의선 개통(1905년) △가쓰라-태프트 밀약(1905년) △천도교 설립(1906년) △국채 보상 운동(1907년) △헤이그 특사 파견(1907년) △고종 퇴위(1907년) △정미7조약(1907년) △군대해산(1907년) △한일 신협약(1907년) △간도협약(1909년) △이토 히로부미 사살(1909년) △기유각서(1909년) △한일합방조약(1910년) △경무총감부 설치(1910년) △박은식, 한국통사 편찬(1915년) △호남선, 경원선 개통(1916년) △3.1운동(1919년) △임시정부 수립(1919년) △조선일보, 동아일보 창간(1920년) △봉오동·청산리 대첩(1920년) △간도 참변(1920년) △조선공산당 창립(1925년)

		△6.10만세운동(1926년)

		△6.10만세운동(1926년)
		△광주 학생 항일운동(1929년)
		△손기정 베를린올림픽 금(1936년)
		△김구 주석 취임(1940년)
		△창씨개명(1940년)
		△광복(1945년)
		△제주4.3사건(1947~1954년)
		△남한정권 수립(1948년)
△원자탄 투하(1945년)		△여순사건(1948년)
△국제연합 창설(1945년)		△반민특위 출범(1949년)
△4차례 중동전쟁(1948~1973년)		△에치슨 선언(1950년)
△세계인권선언(1949년)		△한국전쟁(1950~1953년)
△이스라엘 건국(1949년)		△4.19혁명(1960년)
△중화인민공화국 창설(1949년)		△윤보선 취임(1960년)
△베트남 전쟁(1955~1975년)		△5.16 군사쿠테타(1963년)
△문화 대혁명(1967~1976년)		△박정희 정권수립(1964년)
△프라하의 봄(1969년)		△한-일 국교정상화(1965년)
△아폴로11호 달 착륙(1971년)		△동베를린 사건(1967년)
△중국 유엔가입(1972년)		△경인고속도로 개통(1969년)
△중-일 국교정상화(1972년)		△경부고속도로 개통(1970년)
△마오쩌둥 사망(1979년)		△새마을운동 시작(1970년)
△미-중 국교수립(1979년)	20C	△전태일 분신(1970년)
△중국, 실용주의 노선 채택(1981년)		△박정희 7대 취임(1972년)
△고르바쵸프 취임(1987년)		△석유파동(1973년)
△체르노빌 원전사고(1988년)		△김대중 납치 사건(1973년)
△소련 페레스트로이카 시작(1988년)		△긴급조치1,2호(1974년)
△베를린장벽 붕괴(1989년)		△민청학련 사건(1974년)
△천안문 사태(1989년)		△판문점 도끼 만행 사건(1976년)
△독일 통일(1990년)		△수출100억 달러 달성(1978년)
△소련 해체(1991년)		△YH사건(1979년)
△걸프 전쟁(1991년)		△부마항쟁(1979년)
△유럽연합 창설(1995년)		△10.26, 12.12군사쿠테타(1979년)
△WTO 출범(1995년)		△5.18광주민주항쟁(1980년)
△홍콩 반환(1997년)		△전두환 취임(1980년)
△덩샤오핑 사망(1997년)		△KAL기 피격(1983년)
		△아웅산 폭발(1983년)
		△이산가족찾기 생방송(1984년)
		△서울아시안게임(1986년)
		△박종철 사망, 6월항쟁(1987년)
		△서울올림픽(1988년)
		△노태우 취임(1988년)
		△한소 국교수립(1990년)
		△남북 유엔 동시 가입(1991년)

	20C	△김영삼 취임(1992년) △한중 국교수립(1992년) △김일성 사망(1994년) △금융실명제(1994년) △성수대교 붕괴(1994년) △삼풍백화점 붕괴(1995년) △OECD가입(1996년) △IMF 구제금융 지원(1997년) △김대중 취임(1998년) △정주영 방북(1998년) △금강산 관광 시작(1998년) △김대중 방북(2000년) △김대중 노벨평화상 수상(2000년) △인천공항 개항(2001년)
△9 · 11테러(2001년) △미국, 이라크 침공(2003년) △러시아, 우크라이나 침공(2020년)	21C	△인천공항 개항(2001년) △국가인권위 설치(2001년) △한일 월드컵(2002년) △연평해전(2002년) △노무현 취임(2003년) △대구지하철 화재(2003년) △노무현 탄핵 및 소추 기각 (2004년) △행정수도 이전법 위헌 판결(2004년) △KTX 개통(2004년) △호주제헌법불합치 판결(2005년) △태안기름유출사고(2007년) △이명박 취임(2008년) △노무현 서거(2009년) △박근혜 취임(2013년) △세월호 침몰(2014년) △김영삼 서거(2015년) △박근혜 탄핵(2017년) △문재인 취임(2017년) △평창 동계올림픽(2018년) △판문점 선언(2018년) △북미정상회담(2018년) △코로나19 발병(2019년) △기생충 아카데미작품상(2020년) △윤석열 취임(2022년)

미주

1. 불교 선종에서 조사(祖師)가 수행자를 인도하기 위하여 제시하는 과제와 그에 대한 수행자의 대답을 아울러 이르는 말

2. 작물 생육에 좋은 조건을 만들기 위하여 조직적으로 경지에 물을 대여서 하는 농업

3. 물건과 물건 사이의 틈에 박아서 사개가 물러나지 못하게 하거나, 물건의 사이를 벌리는 데 쓰이는 납작하고 뾰족한 물건

4. 기원전 3,000년경부터 약 3,000년간 메소포타미아를 중심으로 고대 오리엔트 지역에서 널리 쓰이던 문자

5. 고대 중국에서 일정한 영토(봉토)를 받고 그 영토를 통치하며 왕에게 의무를 지는 군주이다. 제후국은 그러한 제후들이 통치하는 나라이다.

6. 중국 상(商)대와 주(周)대에 제후들을 거느리는 왕을 일컫는다. 진(秦)이 중국 전역을 통일한 후 천자의 명칭은 황제(皇帝)로 바뀌었다.

7. 춘추 전국 시대 제자백가 가운데 하나이다. 여러 나라를 돌아다니며 독특한 변설로 책략을 도모하는 사상가들을 말한다. 이들은 여러 나라를 대상으로 연합체를 조직시켜 그 힘의 균형을 이용해 권력을 쟁취할 수 있는 방법을 제시한다. 귀곡자를 시조로 한다.

8. 길이, 부피, 무게 또는 이를 재고 다는 기구나 그 단위법을 이르는 말이다.

9. 편년체·기사본말체와 함께 동양에서 사서편찬법의 정통을 이루는 형식으로, 사마천이 편찬한 『사기』에서 시작하여 후한의 반고가 편찬한 『한서』에서 그 정형이 완성되었다. 체재는 본기·열전·표·지로 있으며, 표·지가 빠진 것도 있다. 본기는 천자의 전기·국가의 대사를 천자 재위의 연월에 따라 기록하고, 열전은 신하의 세가표, 전기, 외국의 것을 나란히 기록했다. 본기·열전이 통상 실리기 때문에 이를 따서 기전체라고 했다. 표는 연표·세계표·인명표가 있다. 지는 본기·열전에 들어가지 않는 사회의 중요 사항을 서술하고, 예·악·천문·오행·식화·형법·지리·관직 등의 통치제도와 문물·경제·자연현상을 내용별로 분류하여 기록했다. 우리나라에서는 김부식의 『삼국사기』가 현전하는 기전체 사서 가운데 가장 오래 되었다.

10. 기전체·기사본말체와 함께 역사의 3체라고 한다. 사마천이 기전체를 창출하기 전까지 역사책에 사용되었는데, 연도를 따라 사건을 기록하는 이른바 연대기 형식이다. 그때문에 『수서(隋書)』 경적지 편에는 편년체의 역사책을 사부 고사류로 분류하고 있는데 고사체라고도 한다. 대표적인 편년체 역사서로는 『춘추(春秋)』와 『자치통감(資治通鑑)』이 있다. 중국에는 서력과 이슬람력처럼 통일된 연대표기법이 없었기 때문에, 두 왕조 이상 병존하는 시대를 기록하려면 어느 왕조든 하나를 정통으로 인정

하지 않을 수 없었다.

11. 일본 역사의 중세 시대의 시대 구분 중 하나이다. 1336년 아시카가 다카우지가 고묘
천황을 옹립해 북조를 수립한 뒤 무로마치 막부를 개창했고, 고다이고 천황은 요시
노에 남조를 수립해 일본열도의 왕조는 둘로 분열되었다. 이후 1392년 남조와 북조
가 합쳐질 때까지의 기간을 남북조 시대라 한다.

12. 1336~1573년까지 무로마치 막부가 일본을 통치하던 시기이다. 아시카가 다카우지
가 막부를 세운 뒤의 무가 정권 시대로, 지방 분권적인 봉건제를 시행하고 쇼군이 통
치하였다. 무력에 의한 쇼군 쟁탈전으로 인해 정치적 혼란이 계속되었다.

13. 1493년의 메이오 정변, 더 이르게는 1467년의 오닌의 난에서 시작한다고 보며,
1573년에 무로마치 막부 제15대 쇼군 아시카가 요시아키가 오다 노부나가에 의해
교토에서 추방되어 무로마치 막부가 무너질 때까지의 시대를 가리킨다.

14. 훈구파는 조선 초기 세조의 집권을 도와 공신이 되면서 정치적 실권을 장악한 이후
형성된 집권 정치세력이었다. 1476년 성종이 세조비의 수렴청정을 철회하고 친정체
제를 구축하면서 훈구파의 지위는 약화하기 시작했다. 이것은 왕권이 강화되는 한편
사림파가 정치적으로 성장할 기회가 되었다.

15. 사림파는 조선 전기 집권세력인 훈구파에 대응하는 세력을 말한다. 사림파는 주자학
의 이기심성론·수양론·도학론 등을 연구하여 훈구파를 비판하면서 향촌에서 세력
근거지를 마련하려고 노력했다. 사림파의 본격적인 정계 진출은 1515년 이후에 가
능했다. 중종 대의 사림파는 삼대 이상사회를 지향하는 도학 정치를 내세웠다.

16. 프랑스어인 부르주아는 유럽 봉건 사회에서 농민층의 분해와 더불어 생겨난 중소 상
공업자 시민을 가리키는 말이었다. 오늘날과 같은 자본주의 사회에서는 자본가 계
급에 속하는 사람을 가리키는 말로 쓰이는데, 자본가는 곧 부(富)와 직결되므로 직접
부자를 일컫는 속어로도 쓰인다.

17. 고대 로마의 프롤레타리우스에서 유래된 말이다. 프롤레타리우스는 정치적으로 권
한도 없고 병역 의무도 가지지 않는 무산자를 일컫는 말이었다. 자본주의 사회에서
생산 수단을 소유하지 못한 채, 자신의 노동력을 상품으로 삼아 자본가에게 제공해
생계를 꾸려가는 임금 노동자 계급을 말한다.

18. 왕이 아닌 사람이 통치하는 체제. 역사적으로 공화정은 국가 원수가 세습적인 왕이
아닌 모든 형태의 정부를 의미한다. 공화정은 고대 그리스와 로마의 귀족정치에 연
원을 두고 있으나, 근대적인 의미의 공화정은 17~18세기의 미국 독립과 프랑스대
혁명 시기를 거치면서 발전하여, '헌법에 따라 정기적으로 정치적 지도자가 바뀌는
체제'를 뜻하게 되었다.

19. 개인의 자유를 억압하고 극단적으로 집단의 이익만을 강조하는 정치사상 또는 체제.

좁은 의미로는 제2차 세계대전 당시 일당 정부를 가리키며, 넓은 의미로는 억압을 통해 개인 생활의 모든 측면을 통제하고 지시하고자 하는 강력한 중앙집권 통치체제를 일컫는다. 전체주의 국가는 목표 달성을 위해서는 무엇이든지 정책적으로 지지하며, 목표 달성에 방해가 되는 것은 무엇이든 거부한다.

20. 군사조직의 '명령과 복종' 원리에 따라 국가를 통치하는 사상이다. 제2차 세계대전을 일으킨 독일과 일본에서 발견된다. 상무적 기풍이 전통적으로 존재했다는 점과 연이은 전쟁에서 승리함으로써 군부의 위신이 고양되어 있었다는 점 등은 군국주의 생성의 원인이 되었다.

21. '소피스트'라는 말은 그리스어 sophistes에서 유래했다. '영리한' 또는 '능숙한 사람'을 뜻했으나 점차 '현인'이라는 뜻으로 사용되었다. 로마 시대에는 일반적으로 수사학자·산문 작가를 뜻했다.

22. 등엣과, 노랑등엣과, 동애등엣과, 재니등엣과 등에 속한 곤충을 통틀어 이르는 말

23. 소수의 사람이나 집단이 사회의 정치적·경제적 권력을 독점하고 행사하는 정치 체제로 한 명의 군주나 독재자에 권력이 집중된 독재정치(autocracy)나 다수의 사회 구성원에게 권력이 분산된 민주정치(democracy)와 구분된다.

24. 시칠리아 섬의 동쪽 아래 부분에 위치한 도시

25. 천하를 떠돌아 다님

26. 이슬람교를 믿는 사람

27. 이슬람교의 경전. 영어식 발음으로 코란이라고도 하지만 학계는 본 발음대로 꾸란이라고 부르는 게 바르다고 한다.

28. 이슬람 사원

29. 이슬람 제국의 최고 주권자이자 지도자

30. 소석회에 모래를 섞은 모르타르를 벽면에 바르고 수분이 있는 동안 채색하여 완성하는 회화

31. 단어라는 말은 옳지 않다. 단사(單詞)라고 표현하는 것이 맞다. 어(語)는 영어, 중국어, 아랍어 등과 같이 언어의 단위를 사용할 때 쓰는 게 맞다. 품사, 명사, 동사, 조사 등과 같이 말의 단위를 나타낼 때는 사(詞)를 쓰는 게 맞다.

32. 특정 분야에서 이른바 달인의 경지에 오르기 위해선 적어도 1만 시간 이상은 투자해야 한다는 법칙이다. '워싱턴 포스트' 기자 출신 맬컴 글래드웰이 2009년 발표한 『아웃라이어』에서 빌 게이츠, 비틀스, 모차르트 등 시대를 대표하는 천재들(아웃라이어)의 공통점을 설명하기 위해 제시한 개념이다. 이 책에서 글래드웰은 타고난 천재성보다는 여건과 노력이 성공의 비결이라고 했다. 1만 시간은 대략 하루 3시간, 일주일에 20시간씩 10년간 연습한 것이다.

'행복에너지'의 해피 대한민국 프로젝트!

<모교 책 보내기 운동> <군부대 책 보내기 운동>

한 권의 책은 한 사람의 인생을 바꾸는 힘을 가지고 있습니다. 한 사람의 인생이 바뀌면 한 나라의 국운이 바뀝니다. 그럼에도 불구하고 많은 학교의 도서관이 가난하며 나라를 지키는 군인들은 사회와 단절되어 자기계발을 하기 어렵습니다. 저희 행복에너지에서는 베스트셀러와 각종 기관에서 우수도서로 선정된 도서를 중심으로 <모교 책 보내기 운동>과 <군부대 책 보내기 운동>을 펼치고 있습니다. 책을 제공해 주시면 수요기관에서 감사장과 함께 기부금 영수증을 받을 수 있어 좋은 일에 따르는 적절한 세액 공제의 혜택도 뒤따르게 됩니다. 대한민국의 미래, 젊은이들에게 좋은 책을 보내주십시오. 독자 여러분의 자랑스러운 모교와 군부대에 보내진 한 권의 책은 더 크게 성장할 대한민국의 발판이 될 것입니다.

NAVER 선정
**베스트
셀러**

동의보감에서 쏙쏙 뽑은

허준할매 건강 솔루션

최정원 한의
약초, 뜸,

YouTube
구독자
60만명

제 3 호

★★★

감 사 장

도서출판 행복에너지
대표 권 선 복

귀하께서는 평소 군에 대한 깊은 애정과 관심을 보내주셨으며, 특히 육군사관학교 장병 및 사관생도 정서 함양을 위해 귀중한 도서를 기증해 주셨기에 학교 全 장병의 마음을 담아 이 감사장을 드립니다.

2022년 1월 28일

육군사관학교장

중장 강 창 구